호텔경영론

Hotel Management

김성용 저

KIMOONSA 기문사
www.kimoonsa.co.kr

머리말

Preface

최근 우리는 지금까지 경험하지 못했던 코로나19 상황으로 인해 정치 · 경제 · 사회 · 문화 등 모든 부분에서 큰 변화가 진행되고 있다. 이러한 변화는 기업에게도 많은 교훈과 시사점을 제공하는데, 서비스산업 중 규모가 큰 산업인 호텔관광산업은 코로나19의 가장 많은 영향을 받은 산업이어서 호텔관광기업들의 경영은 코로나19 이전과는 다른 접근이 필요한 상황이다.

이러한 외부상황과 더불어 우리는 지금 서비스경제에 살고 있으며, 이러한 서비스의 비중은 시간이 지날수록 점점 증가하고 있다. 우리의 일상생활을 살펴보더라도 최근 급속한 수요의 증가와 발전을 보이고 있는 휴대전화서비스를 포함한 인터넷을 중심으로 한 정보통신서비스, 금융서비스, 법률서비스, 교육서비스, 호텔관광서비스 등이 없이는 일상생활이 매우 불편을 겪을 만큼 서비스와 더불어 살고 있다고 할 수 있다.

서비스의 중요성 증대로 제조기업들도 서비스와 관련된 부가서비스를 증가시키고 있을 뿐만 아니라 기존의 서비스 기업들은 치열한 경쟁으로 고객에게 제공하는 기술적인 수단만으로는 경쟁우위를 가질 수 없다는 판단으로 주서비스 뿐만 아니라 보조서비스를 통해서 자사의 경쟁력을 높이려고 노력하고 있다.

특히 모바일을 통한 유튜브 등의 일반화로 인하여 소비자들의 욕구는 점점 다양해지고 있기 때문에 서비스 기업의 경우는 다양하고 높은 수준의 서비스 품질을 희망하는 소비자들의 욕구를 충족시켜야 하는 어려움을 겪게 된다. 이러한 소비자들의 욕구를 충족시키지 못하는 기업들은 거의 무한경쟁을 하고 있는 최근 상황에서 생존하기 어렵다.

이러한 서비스산업과 관련된 급속한 경영환경의 변화로 서비스 기업들은 점점 더 고급화 · 전문화되어야 기업들과의 치열한 경쟁에서 생존할 수 있다. 또한, 서비스 기업들은 기업의 내부환경과 산업 전반에 걸친 외부환경 분석을 통해서 경쟁우위를 창출하고, 이러한 경쟁우위를 계속해서 유지해야만 하는 과제를 풀기 위해 계속 노력해야 한다. 뿐만 아니라 서비스 기업의 입장에서는 육체노동 · 정신노동과 더불어 정서적인 노동에 대한 부담감이 높은 서비스 기업의 인적 자원관리 부분에도 많은 신경을 써야 하기에 관리적인 측면에서도 비용과 시간에 대한 투입이 증가되어야 하는 문제에 부딪히고 있다.

이러한 내부 및 외부환경에서 다가올 포스트코로나 시대에 맞춰서 소비자들의 욕구가 가장 크고 빠르게 증가할 것으로 예측되는 산업은 호텔관광산업이라고 할 수 있다.

따라서 본 교재에서는 호텔경영을 위한 경영의 이해를 기반으로 호텔경영, 실무 등과 관련된 부분으로 구성해 보았다.

2022년 2월

저자 씀

차 례

Contents

Hotel Management

01

경영의 이해

호 텔
경영론

제 1 장

경영의 이해

1. 경영(management)

기업이란 이윤추구를 목적으로 재화와 용역을 생산하는 경제단위를 의미한다. 일반적으로 어떠한 기업을 운영한다, 관리한다, 경영한다는 의미를 내포하고 있는 Management의 어원을 살펴보면 여러 가지 내용들이 있는데 프랑스어 lemain(손), 이탈리아어 mannegiaire(정돈하다), man-age-ment 등 다양하다. 아무튼 경영(management)이란 조직 내의 나누어진 일과 인적 자원들, 그리고 그들이 사용하는 도구 및 원료 등 모든 자원들을 잘 배치하고 연결하여 조직의 공동목표를 최대한 달성하게 하는 복잡한 활동이라고 할 수 있다.

기업을 예로 들면, 기업을 운영하기 위해서는 기술, 자본, 설비, 정보 등 수많은 자원들이 투입되고 서로 상호작용을 통해서 어떠한 제품이나 서비스가 생산되어 고객들에게 공급된다. 이 때 경영이란 이들 자원을 어떻게 연결시킬 것인가에 대한 계획을 세우고(planning), 계획한대로 조직을 짜서(organizing), 그대로 실행되도록 진두지휘하고(directing) 서로 협조가 잘되도록 조정과 연결을 잘하며(coordinating) 마지막에는 계획대로 잘되었는지

조사, 감독(controlling)하는 것이다. 이를 간략하게 줄여서 계획(plan)-실행(do)-통제(see)의 과정이 바로 경영이라고 할 수 있으며 이러한 일을 하는 사람을 바로 경영자(manager)라고 한다(임창희, 2002, p.10).

영리조직(profit organization)은 이윤(profit)을 극대화하기 위하여 또한, 비영리조직(non profit organization)은 공공 고객에게 최대한의 편익을 제공하기 위하여 조직의 활동이 원활하게 운영되어야 하는데 이렇게 비즈니스를 효율적으로 운영하는 것이 경영(management)에 있어서 중요한 점이라고 할 수 있다.

이렇게 조직을 효율적으로 운영하기 위해서 경영자들은 경영마인드(business mind)를 갖는 것이 필요한데 경영마인드란 경영자가 조직의 목표를 달성하기 위해서 자원을 가장 효율적으로 활용하고 최대의 효과를 얻으려고 생각하며 노력하는 자세라고 할 수 있다.

특히, 글로벌화의 가속화, 정보통신기술의 발전, 무역장벽의 감소 등의 이유로 인하여 국제관광수요가 급증하면서 호텔관광산업의 비중이 매우 커지고 있는 상황에서 서비스업의 management와 호텔관광산업의 management는 매우 중요한 주제이며, 특히 호텔관광산업의 경우 인적 자원이 그 기업의 서비스품질에 가장 큰 영향을 미칠 뿐만 아니라 인적 자원에 대한 의존도가 매우 크기 때문에 호텔관광기업들에게 있어서 인적 자원관리는 기업의 전체적인 관점에 있어서 매우 중요한 부분이라고 할 수 있다.

1) 경영의 기능(management functions)

20세기 초에 프랑스의 Fayol은 모든 경영자들은 plan(계획), organize(조직구성), command(지휘), coordinate(조정), control(감독) 등 다섯 가지의 기능을 수행한다고 하였다. 그 이후에 일반적으로 여러 학자들이 planning, organizing, staffing, directing, controlling 등을 경영의 기능으로 받아들이게 되었다. 본서에서는 경영의 기능을 planning(계획), organizing(조직구성), leading(지휘), controlling(감독) 등으로 나누어 보았다.

(1) planning

경영에서 planning의 기능은 조직의 목표를 설정(defining goals)하고, 목표를 달성하기 위해서 전체적인 전략을 수립(establishing overall strategy)하고, 종합적으로 단계별 계획들을 조정하고 통합하는 활동 등을 발전시키는 것(developing a comprehensive hierarchy of plans to integrate and coordinate activities)을 포함한다.

(2) organizing

모든 경영자들은 조직구조(organization structure)의 디자인에 대한 책임을 가지고 있는데 이러한 기능을 우리는 organizing(조직구성)이라고 한다. organizing의 기능에는 어떤 업무를 수행할 것인가(what tasks are to be done), 누가 수행할 것인가(who is to do them), 업무를 어떻게 분류할 것인가(how the tasks are to be grouped), 조직구성원들 중 누가 누구에게 보고할 것인가(who reports to whom), 누가 의사결정을 할 것인가(where decisions are to be made) 등을 결정하는 기능을 포함한다.

(3) leading

모든 조직들은 두 사람 이상의 인적 자원들로 구성되어 있기 때문에 모든 경영자들은 이러한 조직구성원들에게 업무를 지시(direct)하면서 조직구성원들의 업무를 조정(coordinate)해야 한다.

이러한 기능이 leading(지휘)의 기능이라고 할 수 있다. 4가지 세부적인 leading의 기능들로는 경영자가 하급자들의 동기부여(motivation)를 시키고, 다른 사람들의 활동을 지시하고, 조직구성원들끼리 가장 효과적인 커뮤니케이션 경로를 선택하고, 조직구성원들끼리의 갈등을 해소(resolve conflicts)하는 기능 등이 leading의 기능에 포함된다고 할 수 있다. 최근에는 leading의 기능과 관련하여 관리자들의 리더십이 중요한 부분으로 떠오르고 있다.

(4) controlling

경영의 마지막 기능으로 controlling(감독)이 있는데 controlling은 위에서 언급된 대로 목표가 설정되고, 계획이 수립된 후 조직구성을 위해 인적 자원들을 채용해서 훈련시키고 동기를 부여시킨 후 다른 기능(functions)들이 제대로 작동됐는지 조직의 성과(performance)를 점검(monitoring)하는 기능을 의미한다.

2) 경영의 구성요소

재화와 서비스를 산출하기 위해서는 여러 가지 자원이 필요한데, 산업사회 초기에는 경영활동이 이루어지기 위해서 토지나 기계와 같은 물적 자원, 인적 자원, 자본 등이 필요한 요소들이었지만 현대사회의 복잡한 경영환경에서는 인적 자원, 물적 자원, 자본과 더불어 여러 가지 정보(information)와 전략(strategy)이 필요하게 되었다.

(1) 인적 자원

경영의 구성요소 중 인적 자원은 다른 구성요소들과 비교해서 특이성을 가지고 있는 자원인데, 그 특이성으로는 능동성, 존엄성, 개발성, 소진성 등을 들 수 있다. 능동성이란 인적 자원은 다른 자원과는 달리 어떠한 자극이 가해지느냐에 따라 능동적으로 반응한다. 존엄성이란 인적 자원은 다른 자원과는 달리 근로자들 간의 인간관계도 신경 써야 하고 작업으로부터 소외당하지 않도록 보살피고 경제적 보상이외에도 심리적 만족도 어느 정도 채워주어야 한다. 개발성은 인적 자원은 기업에서 교육개발을 통해서 잠재적인 능력을 개발하면 그 가치가 무한히 오를 수 있으며, 소진성은 인적 자원은 연령 등에 따른 한계가 있기 때문에 인적 자원이 제공할 수 있는 노동력은 사용하든 안하든 계속 소진될 수밖에 없다.

최근, 어떠한 조직을 경영하는데 있어서 인적 자원(human resources)의 중요성은 과거에 비해서 점점 더 커져가고 있다.

특히, 대표적인 노동집약적 산업 중 하나인 호텔업, 여행업 등 관광관련 사업에 있어서는 인적 자원에 대한 의존도가 높기 때문에 인적 자원 요소가 더욱 중요하다고 할 수 있다. 호텔업은 일반대중을 고객으로 하고 숙박과 음식을 제공하기 위한 인적서비스와 물적 서비스로 구성이 된다. 호텔기업의 상품은 객실, 식사, 음료, 부대시설 등과 같은 상품이 있지만, 궁극적으로 호텔에 대한 고객의 인식은 호텔에서 제공하는 무형의 인적서비스에 의해 많은 영향을 받는다. 다른 산업분야에서는 생산기능과 경영활동의 많은 부분을 자동화하여 인적요소를 감소시키려는 경향이 있지만 인적서비스는 기계화나 자동화가 불가능하다. 따라서 호텔업에 있어서 인적 자원은 제공하는 상품에 대해 절대적으로 책임을 지게 될 뿐만 아니라 고객의 반응에 의해서 자신의 업무를 성취함으로써 나타나는 결과에 만족하는 특수한 업무형태를 가지고 있다(고석면, 2001, p.39).

여행업은 산업의 특성상 여행사마다 소비자들에게 제공하는 기초상품의 종류가 거의 비슷하기 때문에 각각의 여행사의 경쟁력을 좌우하는 가장 중요한 요소 중 하나가 인적 자원의 역량이라고 할 수 있기 때문에 다른 산업에 비해서 상대적으로 인적 자원에 대한 중요성이 더욱 강조된다고 할 수 있다.

(2) 물적 자원

물적 자원(physical resources)이란 기업이 제품이나 서비스를 생산하는데 직접적으로 사용되는 유형의 자원을 의미한다.

하루가 다르게 경영환경이 급변하고 있는 최근에는 예전에 비해 부동산, 원재료, 생산설비 등과 같은 물적 자원의 비중이 상대적으로 감소하고 있는 상황이라고 할 수 있으며, 특히, 인터넷을 중심으로 한 디지털경제에는 더욱 이러한 현상이 심화될 것으로 예측된다.

(3) 자본

자본이란 기업을 창업하고 운용하는데 필요한 재무적인 자원(financial resources)을 의미하는 것으로 창업자가 자체적으로 조달할 수도 있으며, 주식이나 채권을 발행하여 투자자들에게 제공받을 수도 있고 금융기관 등을 통해서 마련할 수도 있다.

(4) 정보

요즘 기업의 경쟁력은 정보력이 좌우한다고 해도 과언이 아닐 정도로 현대사회에 있어서 기업을 경영하는데 가장 중요한 요소 중 하나가 정보(information)라고 할 수 있다.

정보란 정보이용자에게 가치를 줄 수 있는 유형과 무형의 모든 내용이라고 할 수 있는데 자료(data)는 정보의 원천이며 정보는 이러한 여러 자료를 처리하여 얻어지게 된다.

자료와 정보는 자주 상호교환적으로 사용되는데 자료는 정보를 제공하는 원자재(raw material)에 해당되며 정보는 특정한 의사결정의 상황에서 가치를 갖는 점에 차이가 있다고 할 수 있다.

정보는 공식적 정보(formal information)와 비공식적 정보(informal information)로 분류할 수 있는데 일반적으로 공식적인 정보가 비공식적인 정보보다 많지만 현실적으로 많은 경영자들은 비공식적인 정보들을 더 유용하게 사용하고 있는 것으로 여러 연구결과들이 나타내고 있다.

(5) 경영전략

경영전략(business strategy)이란 희소한 경영자원을 배분하여 기업에게 경쟁우위를 창출하고 유지시켜 줄 수 있는 주요한 의사결정을 의미한다. 대부분의 기업들은 희소한 자금이나 인력 등을 배분해야 하는 의사결정이 필요한데, 일반적으로 다른 기업들과의 경쟁상황하에서 어떻게 하면 자사에게 경쟁우위를 가져다 줄 수 있는가를 체계적으로 분석해주는 구체적인 사고 방법이라고 할 수 있다. 무한경쟁으로 치닫고 있는 현대의 경영환경 하에 경영전략에 대한 비중은 점점 더 커져가고 있다.

(6) 기업가 정신(entrepreneurship)

위험을 감수하더라도 기업을 운영하려는 사람이 없다면 아마 새로운 기업이 만들어지는 것이 불가능할지도 모른다. 따라서 기업을 설립하고 더 많은 이익을 내보겠다는 기업가 정신을 경영자들이 가지고 기업의 다른 조직구성원들에게도 이러한 기업가 정신을 심어주는 것이 필요하다고 할 수 있다.

2. 경영자(manager)

일반적으로 경영자(manager)라는 말은 넓은 의미로는 기업내에서 종업원들을 감독하는 관리자로부터 가장 중요한 의사결정을 담당하는 최고경영자에 이르는 집단을 총칭하지만 좁은 의미로는 최고경영자(CEO : Chief Executive Officer)를 의미한다고 할 수 있다.

1) 경영자는 누구인가?(Who is manager?)

경영자를 이해하기 위해서는 먼저 조직(organization)에 대한 이해가 필요하다. 조직이란 두 사람 이상이 서로 연결되어 상호작용을 하면서 공동의 목표를 달성해 나가는 모임을 말한다. 조직내에서는 분업(division of labor), 통합(coordination), 권한체계(hierarchy of authority), 공동목표(common goal) 등과 같은 요소들이 존재한다. 간단하게 정의하면, 경영자(manager)란 이러한 조직안에서 다른 조직구성원들의 행동을 지시하는 사람이라고 할 수 있다(Managers are individuals in an organization who direct the activities of others).

2) 경영자의 유형

(1) 소유경영자

산업화 초기에는 기업의 규모가 그리 크지 않고 전문적인 경영능력도 별로 요구되지 않아 출자자인 소유주가 직접 경영권을 가지고 경영기능을 수행할 수 있었다. 이와 같은 경우 소유주가 경영자를 겸하는 것이 가능하므로 출자자와 경영자가 분리될 필요가 없는데 이러한 경영자를 소유경영자(owner manager)라고 한다.

(2) 고용경영자

고용경영자(salaried manager)란 소유경영자 에게 고용되어 일부의 기능 혹은 대부분의 기능을 위탁받아 소유경영자에게 도움을 주는 형태의 경영자를 의미한다. 실질적으로는 소유경영자와 고용경영자의 차이가 별로 없다고 할 수 있다.

(3) 전문경영자

전문경영자란 전문적인 경영능력과 지식을 겸비하고 의사결정권한을 소유하여 실질적으로 조직을 운영해 나가는 경영자를 의미한다. 이렇게 전문경영자가 출현한 배경으로는 경영규모의 대규모화와 함께 급변하는 경영환경에 대한 대처, 복잡화된 관리체계, 다양화된 생산요소의 효율적 결합 등을 들 수 있다.

3) 경영자의 역할(What do managers do?)

민츠버그(Mintzberg)는 경영자들이 어떻게 시간을 사용하며, 어떠한 업무를 하느냐를 실증적인 관찰자료에 근거하여 설명하였다.

Mintzberg는 경영자의 역할을 크게 대인적 역할, 정보적 역할, 의사결정적 역할의 3가지로 분류하였다.

(1) 대인적 역할

경영자의 역할 중 대인적 역할이란 경영자가 기업을 지속적으로 원만하게 운영하기 위해 도움을 주는 역할을 말한다. 대인적 역할은 다시 3가지로 분류할 수 있는데 첫째, 기업의 외형적 대표자로서의 역할, 둘째, 종업원을 채용·훈련·동기를 유발시키는 리더로서의 역할, 셋째, 연락자로서의 역할 등이 있다. 연락자로서의 역할이란 기업 내의 조직구성원들은 물론 기업 밖의 공급자나 고객 등과 같은 여러 이해집단들과의 접촉을 함에 있어 연락자로서의 역할을 의미한다.

(2) 정보적 역할

경영자의 역할 중 정보적 역할이란 경영자가 정보를 수집하고 전달하는 역할을 의미하는 것으로 정보적 역할은 세 가지로 분류할 수 있는데, 첫째는 모니터로서의 역할인데 이는 경영자가 정보를 꾸준하게 탐색함을 의미한다. 둘째는 전파자로서의 역할인데 이는 부하들이 필요한 중요한 정보를 전달해주는 역할을 의미한다. 마지막으로 대변인으로서의 역할이 있는데 이는 경영자가 수집한 정보의 일부를 기업 내부나 외부인들에게 전달해주는 역할을 말한다.

(3) 의사결정적 역할

경영자의 역할 중 의사결정적 역할이란 수집된 정보를 바탕으로 여러 가지 경영과 관련된 문제들을 해결하는 역할을 의미한다. 의사결정적 역할은 기업가로서의 역할, 분쟁해결자로서의 역할, 자원배분자로서의 역할, 협상가로서의 역할 등으로 분류할 수 있다.

첫째, 기업가로서의 역할은 경영자가 기업의 성장과 발전을 위해 노력하는 것을 의미한다. 둘째, 분쟁해결자로서의 역할이란 노사문제와 같은 기업내부적인 상황이나 기업과 고객간의 법률적인 갈등 기업외부적인 분쟁상황이 발생됐을 때, 적극적으로 해결방안을 모색하는 역할을 의미한다. 셋째, 자원배분자로서의 역할이란 기업의 성과를 극대화시키기 위해 기업의 경영자원을 어떻게 배분할 것인가를 결정하는 역할을 말한다. 마지막으로 협상가로서의 역할이란 기업이 공급업자와 계약을 체결할 때 등과 같이 거래에 있어서 협상을 하는 역할을 말한다.

4) 경영층

경영활동의 내용이 많아지고 복잡해지면 한 사람의 경영자로서는 기업을 효율적으로 운영해 나가는 것이 어려워지게 된다. 따라서 여러 사람의 경영자가 서로 다른 경영기능을 나누어서 맡을 수 밖에 없게 되는데 이러한 집단을 경영층이라고 한다. 일반적으로 경영층은 최고경영층, 중간경영층, 일선경영층 등으로 나누어 볼 수 있다(임창희, 2002, p17).

(1) 최고경영층

조직의 전반적 경영을 책임지는 위치에서 조직의 외부환경과 상호작용하는 업무를 주로 맡으며, 회장을 비롯하여 사장이나 대표이사, 전무, 상무, 이사 등의 중역이 최고경영층에 해당한다.

(2) 중간경영층

최고경영층에서 결정한 방침과 계획을 일선 경영층에게 전달하고 지휘하며 중간에서 상하 경영층의 요구사항을 조율해 주는 역할을 한다. 팀장, 부장, 과장 등의 직급으로서 경영자율화에 따라 점차 중요성이 더해가고 있다.

(3) 일선경영층

자기가 맡은 실무 담당자의 과업을 감독하고 조언, 조정해준다. 감독자, 반장, 대리 등의 직급으로서 다른 경영자의 활동은 감독하지 않는다.

3. 기업

1) 기업의 유형

(1) 개인기업

개인기업(sole proprietorship)이란 한 사람이 단독으로 출자하고 지배하여 경영상의 모든 위험과 손실을 부담하는 대신 이윤도 한 사람이 모두 챙기는 형태의 기업을 말한다.

(2) 공동기업

공동기업(partnership)이란 두 사람 이상이 공동적으로 영리를 목적으로 만든 기업을 의미하는데 소수공동기업과 다수공동기업으로 분류할 수 있다.

먼저, 소수공동기업을 살펴보면, 기업의 유형은 여러 가지 관점에 따라 다양하게 나눌 수 있는데 법적으로 분류해보면 합명회사란 출자와 경영을 2인 이상이 공동으로 하고 회사 부채에 대해서 무한책임을 지는 형태이며 합자회사는 일부만 책임을 지는 유한책임자와 무한책임자가 공동을 설립한 회사이다. 유한회사란 모두가 유한책임 사원으로 출자만 하고 경영은 제3자가 하되 지분의 증권화나 타인에의 양도가 자유롭지 못한 것이 주식회사와의 차이점이라고 할 수 있다.

❶ 합명회사

합명회사(unlimited partnership)는 2인 이상의 사원이 공동으로 출자하여 각 사원이 회사의 채무에 대하여 연대하여 무한책임을 지는 회사를 말한다. 따라서 각 사원은 출자와 동시에 원칙적으로 사원 전부가 경영을 담당하게 된다. 출자는 현금이나 현물 등의 재산 뿐만 아니라 노무도 출자할 수 있으나 각 사원의 지분은 다른 사원의 승인을 얻지 않고서는 그것의 전부 또는 일부를 자유로이 다른 사람에게 양도할 수 없다.

❷ 합자회사

합자회사(limited partnership)란 무한책임사원과 유한책임사원의 두 종류로 구성되는 이원적인 회사로서 무한책임사원은 출자를 함과 동시에 경영을 담당하며, 유한책임사원은 출자만 하고 경영의 관리에는 참여하지 않는다. 출자에 있어서 무한책임사원은 합명회사의 사원과 마찬가지로 금전, 기타의 재산뿐만 아니라 노무도 출자할 수 있으나, 유한책임사원은 금전과 현물에 한하여 출자할 수 있다.

❸ 유한회사

유한회사(private company)는 사원전원이 그들의 출자액을 한도로 하여 기업채무를 변제한다는 유한책임을 부담하는 사원으로 조직되는 회사이다. 유한회사의 전 사원이 유한책임을 진다는 점은 주식회사의 경우와 같고, 전술한 합명회사 또는 합자회사와는 사원구성에 있어서 상이하다. 유한회사는 비교적 소수의 사원과 소수의 자본으로 운영되므로 중소규모의 기업경영에 주로 이용된다.

다수공동기업의 유형으로는 주식회사(corporation)가 있다.

(3) 주식회사

기업 활동이 점점 확대되면서 더 많은 자본이 필요하게 되어 한 두 명이 가진 자본으로 충당하기는 어렵게 되었다. 이때 기업의 신용을 담보로 하고 기업이 책임을 지는 기업명의의 증서(증권 혹은 주식)를 발행하여 수많은 사람들에게 나누어주고 자본을 모아서 설립된 기업이 주식회사이다. 특히, 산업혁명 이후 대량생산체제로 진입하면서 초대형기업의 필요성 때문에 거의 대부분의 기업들이 주식회사 형태를 취하게 되었다. 주식회사는 다음과 같은 특징을 가진다(임창희 2002, pp. 71~72).

❶ 유한책임제도

주식을 산 출자자(사실상의 소유자)들은 자신이 출자한 지분에 대해서만 유한책임을 지기 때문에 많은 사람들이 안심하고 자본을 투자할 수 있게 된다. 무한책임이라면 어느 누구도 선뜻 자본을 출자하려 하지 않을 것이기 때문이다.

❷ 주식제도

출자의 단위가 되는 주신의 단위당 금액을 소액(5천원, 만 원 등)으로 균등화하였기 때문에 적은 자금밖에 없는 소위 소액주주들도 참여할 수 있으며 또한 주식의 매매나 양도가 자유롭다. 그러므로 더 많은 사람들에게 출자를 유도할 수 있어서 주식회사로 자본이 집중되어 거대자본으로 회사를 운영할 수 있는 장점이 있다.

❸ 소유와 경영의 분리

주주들은 출자분 만큼 회사에 대해 권한을 갖지만 참여자본가의 수가 매우 크기 때문에 일부 주주들이 경영에 대한 결정권을 가지기 어렵다. 따라서 경영은 전문경영인에게 위탁한 셈이 되고 출자자는 배당이나 받으면 되기 때문에 경영능력이 없는 자본가들도 안심하고 투자를 할 수 있다. 그들은 또한 자신들보다 훨씬 경영능력이 뛰어난 전문경영자에게 회사운영을 맡길 수 있다는 장점도 있다.

4. 급변하는 향후 경영환경의 전망과 호텔경영

1) Platform Business

플랫폼 비즈니스(platform business)는 기차나 지하철에서 승객들이 타고 내리는 승강장에서 의미가 시작되었는데 소비자. 기업 등이 재화나 서비스를 사고팔거나 상호작용을 하는 일종의 시장의 개념이라고 할 수 있다. 최근에는 스마트폰의 일반화와 인터넷을 기반으로 한 다양한 형태의 모바일 플랫폼이 등장하고 있으며 이를 기반으로 한 각종 제품 및 서비스를 중개하고 수수료로 이익을 내는 사업을 플랫폼 비즈니스라고 한다.

플랫폼 비즈니스의 경제적 효과는 자원의 공유 및 재사용, 외부자원 활용, 네트워크 증대 등을 들 수 있는데 플랫폼 참여자가 증가할수록 자원의 공유 및 재사용이 활발해진다. 외부자원의 활용이란 특정한 제품이나 서비스를 기업이 보유하고 있지 않더라도 저비용으로 이용이 가능해진다고 할 수 있다. 이러한 점은 서비스경영에 있어서 전략적 제휴의 중요성이 증대되는 점과 많은 상관관계가 있다고 할 수 있다. 네트워크의 증대란 소비자와 판매자 등 플랫폼 구성원들간의 다양한 상호작용이 증대되는 현상이 심화될 것이라고 예측된다.

2) Gig Economy

빠르게 변화하는 외부환경에서 기업들이 정규직보다는 임시직으로 직원을 고용하는 현상이 확산되는 경제상황을 의미하는 용어로 많이 사용된다. 인적자원에 대한 의존도가 상대적으로 다른 산업에 비해서 많은 편인 호텔산업에서도 각 이코노미는 매우 중요한 개념이며 실질적으로 호텔기업들에게도 고민해야 하는 개념이라고 할 수 있다.

3) Agile Organization

Agile의 의미는 영어로 '민첩한', '기민한' 이라는 의미를 가지고 있으며, 최근 빠르게 변화하는 내부환경과 외부환경에서 기업들이 경쟁력을 확보하기 위하여 부서간의 경계를 허물어서 특정사안에 대해 소규모의 팀을 빠르게 구성하여 조직의 목표를 달성하고자 노력하는 조직문화를 의미한다.

애자일조직의 경우 특히, 코로나19로 인하여 급변하고 있는 외부환경에 적응하기 위해서는 고려되어야 하는 부분이며 호텔기업의 경우에도 포스트코로나 시대에 경쟁력을 확보하기 위해서는 중요한 개념이 될 수 있다.

4) 모바일 시대 서비스 기업의 전략적 제휴

최근 코로나19를 경험하면서 우리의 모든 환경이 많은 변화를 가지고 왔는데, 이렇게 변화하는 상황에서 기업의 입장에서는 전략적 제휴는(strategic alliances) 기업이 경쟁자들에 비해서 경쟁우위를 확보할 수 있는 중요한 부분이다. 이전에 비해서 상대적으로 많이 복잡해진 외부환경에서 기업들이 생존하기 위해서는 기업이 독자적으로 문제를 해결하는 것보다는 전략적 제휴를 통해서 다른 기업들과 함께 문제를 해결하면서 더욱 많은 변화를 가지고 올 것으로 예측되는 포스트코로나 시대를 대비하는 것이 매우 중요한 부분이다. 특히, 호텔기업의 경우 호텔관광산업이 코로나19 기간 동안에 가장 많은 타격을 받은 산업 중 하나이기 때문에 포스트코로나 시대에는 더욱 철저한 환경분석과 경쟁우위확보가 기업의 생존에 많은 영향을 미칠 수 있는 요인으로 작용하기 때문에 모바일경제(mobile economy)에서 접어든 최근 서비스 기업의 전략적 제휴는 매우 중요하다고 할 수 있다.

5. Management 이론의 발전과정

관리중심 management의 발전과정은 고전적 관리이론, 행동이론, 시스템이론, 상황이론 등의 네 가지 단계로 나누어볼 수 있다. 고전적 관리이론은 1890년대부터 2000년대까지 보급되었으며, 행동이론은 1930년대부터 2000년대까지 보급되었다. 그리고 시스템이론은 1940년대부터 2000년대까지 보급되었으며, 상황이론은 1960년대부터 2000년대까지 보급되었다. 이후 최근에 여러 가지 경영환경의 변화와 글로벌화 등으로 인하여 많은 현대경영이론들이 보급되었다.

1) 과학적 관리법

과학적 관리법(scientific management)이란 종업원의 능률을 향상시키기 위하여 작업과 작업장의 합리적이고 과학적인 연구에 초점을 맞추는 관리관점을 의미한다. 특히, 테일러(Taylor)는 생산능률을 향상시키기 위한 명확한 지침을 정의하였으며, 이러한 지침은 노동자와 사용자 모두에게 도움이 된다고 주장하였다. 과학적 관리의 아버지라 불리는 테일러는 작업자들이 일을 적당히 하려는 경향이 있다고 생각하여 작업현장에 직무수행 시 과학적인 방법을 적용함으로써 그러한 상황을 시정하려고 하였다. 그 당시에는 노동자나 사용자의 책임에 대한 개념이 분명하지 않았으며 실질적인 작업표준도 형성되지 않은 상황이었기 때문에 근로자들은 작업속도를 줄임으로써 노사가 상호 협력하기보다는 대결구도를 형성했다고 테일러는 판단하였다.

이러한 연구를 위하여 테일러는 실험을 실시하였는데 그것이 테일러의 선철실험(pig iron experiment)이다. 선철실험 내용은 다음과 같다. 베들레헴 제철소에 8만 톤의 선철이 방치되어 있다가 가격이 급등하였다. 75명으로 구성된 선철 작업자들은 레일카에 92파운드 무게의 선철을 실어서 운반하였는데 그들의 일일 평균 작업량은 12.5톤이었다. Taylor는 선철을 실어 운반하는 가장 좋은 방법을 결정하기 위하여 직무를 과학적으로 분석해 본 결과 작업자들의 하루 운반량을 48톤까지 끌어올릴 수 있을 것으로 분석하여 작업자들 중 4명을 선발하여 성격, 습관 등을 분석하였고 그중 한 명을 선발하여 하루에 1.15달러였던 임금을 1.85달러로 인상하여 주었다(박진우, 1994, pp. 44-48). 또한, Taylor는 근로자들이 옮기는 물건의 무게와 상관없이 같은 크기의 삽을 사용한다는 것을 인지하고 작업자들의 일일작업량을 극대화시킬 수 있는 최적의 작업량을 알아내기 위해 집중적으로 연구한 결과 21파운드가 최적의 삽 작업량이라 생각하였다.

위의 사례를 현재 기업들의 인적 자원관리 부분과 연결지으면 직무관리와 관련해서 생각해 볼 수 있으며, 이러한 관리이론을 인적 자원에 대한 의존도가 가장 높은 산업 중 하나인 호텔관광산업에 적용시켜서 가장 효율적인 인적 자원관리를 할 수 있도록 연구해 보는 것이 필요하다고 할 수 있다.

해 집중적으로 연구한 결과 21파운드가 최적의 삽 작업량이라 생각하였다. 위의 사례를 현재 기업들의 인적 자원관리 부분과 연결지으면 직무관리와 관련해서 생각해 볼 수 있으며, 이러한 관리이론을 인적 자원에 대한 의존도가 가장 높은 산업 중 하나인 호텔관광산업에 적용시켜서 가장 효율적인 인적 자원관리를 할 수 있도록 연구해 보는 것이 필요하다고 할 수 있다.

✔ 테일러(Taylor)의 4가지 관리원칙

1. 개별작업의 각 요소에 과학적인 방법을 사용함으로써 이전의 주먹구구 방식(rule-of-thumb)을 대신한다.
2. 근로자를 과학적으로 선발한 다음 교육훈련 및 개발을 한다(이전에 근로자들은 자신의 일을 선택한 뒤 최상의 수준을 발휘하도록 스스로 교육받았다).
3. 모든 작업이 개발되어 온 과학의 원칙과 일치하여 이루어지도록 확신시키기 위하여 근로자들과 마음으로부터 협력한다.
4. 노사 사이에 작업과 책임을 거의 동일하게 나눈다(이전에는 거의 모든 작업과 책임의 대부분이 근로자에게 치중되어 있었다).

2) 관리일반이론

Fayol은 관리를 여러 가지 과업을 수행하는 과정으로 정의하였으며, 이러한 과정은 모든 형태의 조직에 적용되는 보편적 원칙이라고 주장하였다. 이러한 보편주의는 조직적?관리적?업무적 수준에서 관찰되는데, 조직적 수준에서 하나의 기업은 기술적 활동, 영업적 활동, 재무적 활동, 보전적 활동, 회계적 활동, 관리적 활동을 수행하게 된다.

또한, Fayol은 관리자가 관리적 수준에서 다음의 다섯 가지 기능을 수행해야 한다고 하였다.

(1) 계획

기업경영의 미래에 대한 검토와 조직목표 달성을 위한 행동계획을 수립하고 작성한다.

(2) 조직

수립된 계획을 실행하기 위해 물적 자원과 인적 자원을 동원하기 위한 조직구조를 편성하고 운영한다.

(3) 명령

종업원들이 필요로 하는 과업을 수행하도록 하기 위해 그들에게 지시하고 명령을 내린다.

(4) 조정

종업원의 모든 활동을 오로지 조직의 전반적인 목표달성 방향으로 통일하고 조정시킨다.

(5) 통제

목표가 계획대로 달성되었는지를 검토하고 평가하여 잘못된 경우, 이를 시정하도록 한다.

또한, Fayol은 14가지 관리원칙을 적용해야 한다고 하였다. 14가지 관리일반원칙은 다음 표와 같다.

■Fayol의 14가지 관리일반원칙

분 류	내 용
1. 분업(division of labor)	분업은 주의와 노력을 기울여야 할 작업의 수를 줄임으로써 똑같은 노력으로 더 훌륭하고 많은 생산을 하기 위해서 이루어진다.
2. 권한과 책임(authority and responsibility)	권한이란 명령을 할 수 있는 권리이며, 책임은 권한을 행사함에 따라 수반되는 것이다.
3. 규율(discipline)	규율이란 기업과 종업원 사이의 행동에 대한 계약이며 복종관계로 조직의 순조로운 운영을 위해서는 어느 정도의 규율이 필요하다고 할 수 있다.
4. 명령의 통일(unity of command)	한 사람의 하급자는 항상 한 사람의 직속상급자로부터 명령을 받고 보고를 해야 한다.
5. 지휘의 통일(unity of direction)	한 가지 목표를 가진 개개의 활동집단은 하나의 계획과 한 사람의 상사를 가져야 한다.
6. 공익우선(subordination of individual interest to general interest)	개인이나 소집단의 이익이 사회나 조직 전체의 이익보다 먼저 추구되어서는 안 된다.
7. 보상(remuneration of personnel)	조직이 종업원의 충성과 지원을 얻기 위해서는 적절한 보상체계를 갖추어야 한다.
8. 집권화(centralization)	의사결정권한이 상위 몇 사람에게 집중되어 있는 것을 말하는데 분업과 마찬가지로 조직경영에 있어서 집권화 역시 필요하다.
9. 계층적 연결(scalar chain)	조직은 최고경영자로부터 최하급자에 이르기까지 공식적인 계층적 구조가 형성되어 명령과 보고의 소통이 이루어져야 한다.
10. 질서(order)	조직 내 제 활동이 제대로 이루어지기 위해서는 모든 인적 자원과 물적 자원이 제자리에 놓여 있어야 한다는 것으로 곧 적재적소의 원칙을 의미한다.
11. 공정성(equity)	친절과 정의의 개념을 합한 것이 공정성이므로 대인관계에서 애정과 공정한 처리를 하도록 해야 한다.
12. 재임기간의 안정(stability of tenure of personal)	빈번한 인력의 변경이나 개편은 조직경영에 비능률을 초래하므로 재임기간을 보장하여야 한다.
13. 주도력(initiative)	사업계획을 창안해서 실행하는 힘이 바로 주도력인데, 조직의 모든 계층에서 주도력이 열정적으로 집중되어야 한다.
14. 단체정신(esprit de corps)	생산성을 향상시키려면 구성원 상호 간의 단결이 중요한데, 그것은 개인들 사이의 조화로부터 나오게 된다.

이와 같은 Fayol의 관리일반원칙은 모든 조직에 일반적으로 적용될 수 있는 원칙이며, 상위층 관리자 입장에서 설정되었고, 각각의 원칙들이 절대적인 것이 아니라 융통성 있게 적용될 수 있는 것이며, 관리자 교육을 강조하고 있다고 할 수 있다.

3) 관료제

관료제(bureaucracy)란 규율, 계층, 분업 및 확고한 절차에 의존하는 하나의 시스템을 가리키는 말이다. 독일의 Max Weber가 이 관료제를 주장하였으며 관료제의 속성을 다음과 같이 설명하였다.

① 관료들의 비개인적인 공식적인 의무
② 명확하게 정의된 서열체계
③ 명확하게 정의된 능력
④ 자유로운 계약관계
⑤ 선거가 아닌 임명제
⑥ 관료에게 주는 고정 봉급
⑦ 관료의 유일하고 원초적인 직업
⑧ 경력체계
⑨ 행정수단으로부터의 분리
⑩ 엄격하고 체계적인 규율

(1) 관료제의 순기능

관료제의 순기능으로는 표준화된 행동과 능률증대, 고용의 안정성, 공정성과 통일성 확보, 계층을 통한 용이한 책임수행 등을 들 수 있다(Perrow, 1972).

① 표준화된 행동과 능률증대
② 고용의 안정성

③ 공정성과 통일성 확보

④ 계층을 통한 용이한 책임수행

위에서 언급된 관료주의에 관한 순기능과 더불어 관료주의에 대한 비판적인 연구내용을 요약하면 아래와 같다.

(2) 관료제의 비판(Bennis의 관료주의 비판 내용)

① 관료주의는 개인적 성장과 성숙한 인격의 발달을 적절히 허용하지 않고 있다.

② 순종과 집단사고를 발전시킨다.

③ 비공식적 조직과 긴급하고 돌발적인 문제를 고려하고 있지 않다.

④ 적절한 사법상의 과정을 담고 있진 않다.

⑤ 직위 간 특히 기능적 집단 간의 차이와 갈등을 해소하는 적절한 수단을 마련하고 있지 않다.

⑥ 의사소통, 특히 혁신적 생각이 계층적 불화 때문에 왜곡된다.

⑦ 불신임과 보복의 공포 때문에 인력이 충분히 활용되지 못한다.

⑧ 조직에 들어오는 새로운 기술이나 과학자의 유입을 쉽게 동화시킬 수 없다.

⑨ 성격구조를 변화시켜 인간을 우둔하고 조건화된 조직인으로 만든다.

4) 행동이론

1930년대부터 인간적인 측면을 강조하는 새로운 이론이 등장하였는데 이러한 이론을 행동이론이라 한다. 행동이론은 인간관계론적 접근방법과 행동과학적 접근방법으로 분류되었다.

(1) 인간관계론

현대는 기계화에 의한 생산성이 중요한 문제이기는 하지만, 이러한 기계를 작동시키는 것은 사람이기 때문에 직무상 사람의 태도나 능력이야말로 조직의 목표를 달성하는 가장 중요한 요인 중 하나라고 할 수 있다. 이렇게 생산성의 향상에 있어서 인간적인 요인이 크게 작용한다는 것은 여러 실증적인 연구를 통해 증명되었다. 이러한 결과 인간관계론(human relations)은 바야흐로 현대산업에서 가장 중요한 경영관리의 방식이라고 인정받게 되었다. 특히, 1930년대 이후 인간관계 개선과 관련된 이론이 주목받았는데, 그 구체적인 관리기술로는 리더십, 인사상담제도, 커뮤니케이션, 모티베이션 등이 있다. 이러한 인간관계론의 시작에 많은 영향을 미쳤던 연구가 호손실험이다. 호손실험은 미국 시카고 근교에 있는 서부전기회사의 호손공장에서 산업의 능률과 인간의 관계를 규명하기 위하여 공장 간부인 페녹(Pennock)과 학자인 마요(Mayo) 등이 1924년부터 1932년까지 약 8년에 걸쳐 공동으로 조명실험, 계전기조립실험, 면접프로그램, 배전기권선관찰실험 등을 실시한 것으로 가장 잘 알려진 조명실험의 내용은 다음과 같다.

호손공장 조명실험

호손공장의 조명실험은 1924년부터 1927년까지 공장의 관리인인 페녹이 실시한 실험으로 작업 시 공장 조명의 강도와 근로자 능률 간의 관계를 연구하려는 목적으로 실시되었다. 당시의 노동능률에 관한 연구는 피로의 문제에 집중되어 있어서 연구자들은 피로에 영향을 미치는 요인 중 하나로 조명을 고려하게 되었으며, 적당한 조명강도는 근로자들의 피로를 덜어주어 능률이 향상될 것이라고 생각하였다.

이 실험에서는 먼저 같은 조건을 가지고 있는 근로자들을 두 집단으로 나누었는데, 첫째 집단은 통제집단이고, 둘째 집단은 실험집단이었다. 이후 통제집단에 대해서는 조명의 강도를 일정하게 해놓았으나 실험집단에 대해서는 조명강도를 높이거나 줄임으로써 그때의 작업성과를 측정하였다. 그러나 조명실험은 전혀 예상 밖의 결과를 도출하였는데 조명강도가 높을수록 작업의 성과가 높을 것으로 예측하였는데 이러한 가설은 검증되지 않았다.

조명의 강도를 높일수록 성과는 높아졌는데, 반대로 조명강도를 낮추어도 생산량은 여전히 증가하였으며, 근로자들의 요구로 더 높은 조명강도를 약속해 놓고 실제로는 같은 조명강도를 유지하였는데 작업능률은 더 상승하는 경향을 나타내었다. 이외에도 한 가지 중요한 결과는 통제집단의 경우에도 물리적인 조건에 변화를 주지 않았는데도 생산성이 일정한 수준으로 유지되는 것이 아니라 상승하는 경향을 나타내었다. 이에 이 실험의 연구자들은 작업시간, 높은 임금, 조명도 및 작업상의 기타 물리적인 여건과 상관없이 생산성을 증가시키는 어떤 중요한 요인이 있음을 알게 되었다.

(2) 행동과학

인간행동에 초점을 두고 모든 영역에 통용될 수 있는 인간행동의 보편적인 원리를 발견하는 노력에서 비롯된 것이 바로 행동과학(behavioral science)이다. 본 부분에서는 행동과학의 여러 이론 중 맥그리거의 X이론과 Y이론을 살펴본다. 호손의 연구 외에 인간관계운동과 관련된 이론으로는 McGregor의 XY이론이 있다. McGregor는 작업자들의 태도와 행위가 경영자의 행위에 어떻게 영향을 미치는가에 따라 서로 다른 두 가지의 가정을 제안하였다. 작업자들의 행위에 대해 비판적이고 부정적으로 보는 가정은 X이론(theory X)이라 하였고, 긍정적으로 보는 가정은 Y이론(theory Y)이라 하였다. X이론과 Y이론의 가정은 다음과 같다.

❶ X이론

① 작업자는 일을 싫어하고 일을 피하려고 한다.

② 경영자들은 작업자들이 열심히 일하도록 감시하고 통제하고 강요하고 위협해야 한다.

③ 작업자들은 지시받기를 좋아하고 책임을 회피하며 야망을 갖지 않고 다만 직업안정을 원한다.

❷ Y이론

① 작업자들은 일을 싫어하지 않고 오히려 생활의 일부라고 생각한다.

② 작업자들은 목적을 달성하기 위해 자극받는 것을 허용한다.

③ 작업자들은 목표를 달성하였을 때 받게 되는 보상수준에 맞는 목표를 달성하려 한다.

④ 작업자들은 좋은 조건하에서는 책임을 맡으려 한다.

⑤ 작업자들은 조직의 문제를 창조적으로 해결할 능력을 갖는다.

⑥ 작업자들은 유능하지만 그들의 잠재력은 충분히 발휘하지 않는다.

5) 시스템이론

시스템이론(system theory)이란 1950년경 독일의 생물학자인 베르탈란피(Bertalanffy)가 여러 학문분야를 통합할 수 있는 공통적인 사고의 틀을 찾으려고 노력하며 발표한 이론이다. 베르탈란피는 과학의 발전과 기술의 발전 등으로 인하여 여러 분야의 학문들이 상호 간의 이해를 증진시키고 교류하며 발전해야 하는데, 그렇지 못하다고 생각하여 자연과학분야와 사회과학분야를 통합할 수 있는 이론으로 일반시스템이론을 발표하였다.

과학적 관리법은 효과적인 직무설계를 통하여 조직의 생산성을 극대화하는데 초점을 맞추었으며, 인간관계론은 연구의 초점을 직무의 설계로부터 사회적 요소로 바뀌게 만들었다. 그러나 이들 이론은 인간의 행동에 영향을 미치는 요소들이 상호관계하여 작용한다는 사실을 간과하였다. 시스템이론은 인간행동의 영향요소들 간의 복잡한 상호작용의 중요성을 강조하였는데, 즉 모든 것이 다른 모든 것과 관련되어 있다는 것이다. 시스템이론은 조직이 상호관련된 부분으로 구성되어 있고 그의 특정한 목적을 가진 통합된 시스템으로 보고 있다. 시스템이론은 조직의 여러 하위 시스템을 분리해서 취급하려는 것이 아니고 조직을 하나의 전체로서 보려는 것이다.

6) 상황이론

상황이론(contingency theory)이란 시스템이론의 추상성을 극복하고 이를 조직이나 경영의 보다 현실적인 이론으로 변형시킨 것으로, 올바른 관리기법은 어떤 보편적인 규칙이란 없고 주위의 상황에 의존한다는 사고에 기초한 관리개념을 의미한다.

위에서 언급된 고전적, 행동적, 계량적 접근방법은 다양한 상황에서 기업을 경영함에 있어서 하나의 가장 좋은 방법을 적용하려 했기 때문에 보편적 관점이라고 한다. 하지만 상황이론은 각각의 조직은 유일하기 때문에 모든 조직에 일률적인 보편이론을 적용할 수 없다고 주장한다. 즉 어떤 상황에서 가장 알맞은 경영행위는 그 상황에 유일한 요소들에 의존한다는 것인데, 어떤 상황에서는 가장 효과적인 행위일지라도 모든 다른 상황에서 이를 일반화할 수 없다는 것이다. 모든 상황이 다르기 때문에 결과가 다르고 어떤 상황에서는 가장 효과적인 방법이 다른 상황에서는 다른 결과를 가져오는 것이다. 상황이론에 따르면 경영자의 임무란 특별한 상황에서 특별한 경우에, 특정 시점에 기업의 목적을 가장 잘 달성할 수 있는 기법이 무엇인가를 찾아내는 것이라고 할 수 있다.

최근 글로벌화, 정보화 등 급변하는 글로벌 경영환경에서 호텔관광기업들도 지속적인 경쟁력을 확보하기 위해서는 자사의 핵심역량(core competencies)을 최대한 활용할 수 있는 경영이론을 활용할 필요가 있다고 할 수 있다.

Hotel Management

02

호텔경영의 이해

호 텔
경영론

제 2 장

호텔경영의 이해

1. 호텔업의 이해

최근 정보화 · 글로벌화 등의 영향으로 서비스산업의 비중 및 중요성이 증가하고 있는데, 특히, 호텔 및 관광산업은 향후 가장 전망이 밝은 산업 중하나라고 할 수 있다.

글로벌화로 인하여 국제관광수요가 증가하며, 이러한 경향은 향후 더욱 가속화 될 것으로 예측되고 있으며, 국제관광객들이 필수적으로 해결해야 할 문제가 숙박이기 때문에 호텔업의 중요성은 계속해서 증가하고 있다.

이러한 환경적인 영향으로 호텔서비스도 그 비중이 증가하면서 호텔들은 치열한 경쟁환경 속에서 더욱 높은 수준의 서비스를 고객들에게 제공하려고 노력하고 있으며 기존에 존재하는 서비스의 품질을 높이려고 노력하거나 새로운 서비스들을 창출해내고 있다.

1) 호텔업의 개념

호텔의 어원은 라틴어의 Hospitale이라는 말에서 찾아볼 수 있는데, 이 Hospitale이라는 단어에서 Hospital, Hostel, Inn 등으로 현대에 와서 Hotel이라는 말이 되었다고 할 수 있다. Hospital이라는 단어는 현재에는 병원이라는 의미로 사용되고 있지만, "Webster' s Dictionary"에서는 "A place for shelter and rest for travelers"로 여행자의 숙박과 휴식의 장소이며, 원시적 숙박시설의 기원을 의미하고 있다. 현대적인 의미로서는 "A building or institution providing Lodging, Meals, and Service for the Public"로 호텔은 숙박과 식사 및 서비스를 일반대중에게 제공하는 시설 혹은 그 건물 자체를 뜻한다고 볼 수 있다.

이러한 관점에서 본다면 호텔과 병원은 가장 밀접한 관련을 가지고 있으며, 병원과 호텔경영관리를 동일시하는 것도 이 때문이다. 한편 호텔업의 본 고장인 영미법률에서 살펴볼 때, 일반법은 그 개념을 다음과 같이 설명하고 있다. "호텔이란 예절바르게 받은 접대에 대한 지불능력 및 준비가 되어 있는 모든 사람들에게는 시설의 여유가 있는 한 수용이 허락되며, 체재기간 및 보상의 율 등에 관한 약정없이 체재 중에 타당한 대가를 지불하면 식사 · 침실 등이 제공되며, 그 집을 임시적으로 가정으로 이용하는데 필연적으로 부수되는 서비스와 관리를 받을 수 있는 장소이다"(A place where all who conduct themselves properly, and who, being able and ready to pay for their entertainment, are received, if there be accommodation for them, and who without any stipulated engagement as to the duration of their stay or as to the rate of compensation, are while their supplied at a resonable cost with their meals, lodging, and such services and attention as are necessarily incident to the use of the house as a temporary home).

2) 호텔의 역사

호텔이라는 용어가 사용된 것은 약 200년 전부터이며 교통수단으로 마차가 등장하였는데, 이 마차에 의해 승객들을 위한 대규모의 고급 숙소로서 숙박시설이 생겨나기 시작하였다.

19세기가 되면서 호화호텔 건설의 구체적인 형태가 나타나기 시작되었다. 현재의 호화로운 건물의 외관과 내장 및 시설은 이 시기에 상업화되었던 양식이 그대로 내려오고 있다고 할 수 있다.

미국에서의 호텔의 역사는 1829년 보스턴에 최초의 현대식 호텔인 Tremont House가 등장하였으며, 상용호텔의 시대로 들어오면서 여행수요 및 관광객의 증가로 인해 고객들이 원하는 숙박시설의 형태, 서비스의 개발, 중산층 고객에 맞는 객실요금 등으로 호텔산업은 새로운 국면을 맞게 된다.

이후에 대규모 체인호텔들이 출현하게 되는데, 1940년 이후 대공황의 여파가 지나가면서 호텔산업은 다시 점점 회복기로 접어들었으며, 이러한 상황에서 Sheraton과 Hilton이라는 대규모의 호텔체인기업이 호텔산업을 주도하게 되었다. 이후, 자본력을 가진 프랜차이즈시스템을 통한 체인호텔형태의 호텔기업들이 계속 등장하면서 현재의 호텔산업의 경쟁구도가 형성되게 되었다.

2. 호텔업의 특성

호텔업은 다른 산업과 비교해서 몇 가지 고유한 특성을 가지고 있는데, 그 주요한 특성은 다음과 같다.

1) 인적 자원에 대한 의존성

호텔산업은 다른 산업에 비해서 인적 자원에 대한 의존도가 상대적으로 가장 큰 산업 중 하나라고 할 수 있다. 이러한 인적 자원의 높은 품질의 서비스를 통해서 호텔의 상품이 생산되고 판매되면 고객만족을 최대화할 수 있다.

호텔업은 다른 산업에 비해서 상대적으로 호텔기업들이 핵심역량을 보유하기가 어렵다고 할 수 있는데 이러한 상황에서 호텔기업들이 핵심역량을 보유하여 다른 기업에 비해서 경쟁우위를 확보하려면 서비스품질을 높여야 한다. 서비스 품질을 평가하는 기준은 여러 기준이 있지만 가장 일반적으로 사용되고 있는 PZB의 서비스 품질 평가기준인 유형성(tangibility), 신뢰성(reliability), 확신성(assurance), 반응성(responsiveness), 공감성(empathy)을 최대화하기 위해서는 결국 인적 자원의 서비스 품질이 호텔기업의 경쟁력을 좌우한다고 할 수 있다. 따라서 자동화나 기계화로 대체될 수 없는 산업의 특성을 가진 호텔산업에서는 인적 자원에 대한 의존도가 매우 높다고 할 수 있다.

2) 높은 초기 투자비용

호텔산업은 토지의 확보, 호텔건물의 건축, 내부시설 등을 완전히 갖추어서 사업을 시작해야하고 이러한 부분에 투자되는 비용이 상당히 높은 편이기 때문에 초기투자비용이 다른 산업에 비해서 매우 높다고 할 수 있다.

3) 연중무휴 영업

호텔기업은 산업의 특성상 하루 24시간, 1년 365일 휴업하지 않고 사업을 해야 하는 특성을 가지고 있다. 따라서 다른 부분도 중요하지만 특히 인적 자원관리가 다른 산업에 비해서 더욱 중요한 산업 중 하나라고 할 수 있다.

4) 글로벌화된 산업 특성

다른 산업에 호텔산업은 매우 글로벌화된 산업이라고 할 수 있다. 글로벌화(globalization)에 관한 정의는 다양하지만 일반적으로 세계경제시스템이 하나로 통합되는 현상을 보이는 것으로 정의할 수 있는데 정보통신기술의 발전, 무역장벽의 감소 등으로 인하여 국가별 국경에 관한 경계가 점점 약해지고 있는 상황에서 국제관광 인구는 빠르게 증가하고 있다. 이러한 상황으로 인하여 글로벌화된 파워브랜드를 가진 Hyatt, Hilton, Marriott 등 규모가 큰 호텔기업들이 세계호텔산업에서의 점유율을 높이고 있으며, 산업전체적인 관점에서 보더라도 호텔산업은 다른 산업에 비해 상대적으로 글로벌화된 산업 중 하나라고 할 수 있다.

3. 호텔의 분류

「관광진흥법」에서 제정한 관광숙박업의 분류와 호텔업과 관련된 정의는 다음과 같다.

1) 법규에 의한 분류

호텔업은 관광호텔업 · 수상관광호텔업 · 한국전통호텔업 · 가족호텔업의 4가지로 분류되고 있으며, 관광호텔업은 다시 종합관광호텔업과 일반관광호텔업으로 나눌 수 있다. 「관광진흥법」에서 호텔업은 "관광객의 숙박에 적합한 시설을 갖추어 이를 관광객에게 제공하거나 숙박에 부수되는 음식 · 운동 · 오락 · 휴양 · 공연 또는 연수에 적합한 시설 등을 함께 갖추어 이를 이용하게 하는 업"이라고 정의하고 있다.

(1) 종합관광호텔업

관광객의 숙박에 적합한 시설을 갖추어 이를 관광객에게 이용하게 하고 숙박에 부수되는 음식 · 운동 · 오락 · 휴양 · 공연 또는 연수에 적합한 시설 등(이하 "부대시설"이라 한다)을 함께 갖추어 이를 관광객에게 이용하게 하는 업을 말한다. 종합관광호텔업의 등록기준은 욕실 또는 샤워시설을 갖춘 객실이 30실 이상이어야 하며, 외국인에게 서비스제공이 가능한 서비스체제를 갖추어야 한다. 또한, 부동산의 소유권 또는 사용권이 있어야 한다.

(2) 일반관광호텔업

관광객의 숙박에 적합한 시설을 갖추어 이를 관광객에게 이용하게 하거나 숙박에 부수되는 음식 · 운동 · 휴양 또는 연수에 적합한 시설을 갖추어 이를 관광객에게 이용하게 하는 업을 말한다. 일반관광호텔업의 등록기준은 욕실 또는 샤워시설을 갖춘 객실이 30실 이상이어야 한다. 외국인에게 서비스제공이 가능한 서비스체제를 갖추고 있어야 하며, 관광숙박시설 등에 관한 특별법의 규정에 의한 지정 숙박업자의 지정기준을 갖추고 있어야 한다.

(3) 수상관광호텔업

수상에 구조물 또는 선박을 고정하거나 계류시켜 놓고 관광객의 숙박에 적합한 시설을 갖추거나 부대시설을 함께 갖추어 이를 관광객에게 이용하게 하는 업을 말한다.

(4) 한국전통호텔업

한국전통의 건축물에 관광객의 숙박에 적합한 시설을 갖추거나 부대시설을 함께 갖추어 이를 관광객에게 이용하게 하는 업을 말한다.

(5) 가족호텔업

가족단위의 관광객의 숙박에 적합하도록 숙박시설 및 취사도구를 갖추어 이를 관광객에게 이용하게 하거나 숙박에 부수되는 음식 · 운동 · 휴양 또는 연수에 적합한 시설을 함께 갖추어 이를 관광객에게 이용하게 하는 업을 말한다.

(6) 휴양콘도미니엄업

관광객의 숙박과 취사에 적합한 시설을 갖추어 이를 당해시설의 회원 · 공유자 · 기타 관광객에게 제공하거나 숙박에 부수되는 음식 · 운동 · 오락 · 휴양 · 공연 또는 연수에 적합한 시설 등을 함께 갖추어 이를 이용하게 하는 업을 말한다.

2) 규모에 의한 분류

호텔의 규모에 의한 분류는 일반적으로 소규모 호텔은 150실 이하, 중규모 호텔은 150실 이상 300실 미만, 대규모 호텔은 300실 이상으로 구분하지만, 대부분의 호텔이 300실 이상의 대규모 형태로 호텔을 운영하고 있다.

3) 입지에 의한 분류

(1) 도시호텔

도시호텔(city hotel)은 비즈니스와 쇼핑 등의 목적으로 운영되는 도시의 중심가에 위치한 호텔로 상용과 공용 혹은 도시를 방문하는 관광객들이 많이 이용하고 있다.

(2) 휴양지호텔

휴양지호텔(resort hotel)은 휴식. 보양. 여가를 목적으로 여행하는 관광객을 대상으로 하는 호텔로서 휴식과 심신을 단련할 수 있는 시설을 갖추고 관광객을 유치하고 있으며, 시설이나 규모가 대형화되고 있는 추세이다.

(3) 터미널호텔

터미널호텔(terminal hotel)은 주로 공항. 철도역. 항구 주변에 위치한 호텔로서 교통수단을 이용하는 여행객들을 대상으로 하는 호텔이다. 이와 같이 터미널 호텔은 교통수단이 항공 · 선박 · 철도 · 버스 등이 출발하고 도착하는 곳의 부근에 위치하므로 관광객은 물론 교통기관의 승무원들이 자주 이용하게 되는 호텔이다.

4) 숙박 목적에 의한 분류

(1) 상용호텔

상용호텔(commercial hotel)은 주로 도심지 및 상업지역에 위치하여 사업상 혹은 사교 등의 목적을 가진 투숙객 및 방문객을 대상으로 하는 호텔이다.

(2) 거주형호텔

거주형호텔(residential hotel)은 보통 1개월 이상 장기체류객을 대상으로 하는 주택형 호텔을 말한다.

(3) 카지노호텔

카지노 호텔(casino hotel)은 호텔 내에 부대시설로서 도박시설(gambling)을 갖추어 놓고 도박을 위한 고객을 유치하는 호텔을 말한다.

5) 호텔의 기능

(1) 숙박 및 식음료 서비스 기능

거주지를 떠나 여행하는 사람들에게 고객의 능력과 취향에 따라 다양한 숙박 및 식음료 서비스를 제공하는 기능을 말한다.

(2) 비즈니스 서비스 기능

상담 · 회의 · 전시 · 교역전 등의 장소를 제공하고 비즈니스를 위하여 호텔을 이용하는 고객들의 편의를 위한 비즈니스 정보교환과 비서 업무 등의 서비스를 제공하는 기능을 의미한다.

(3) 스포츠 · 레저 기능

고객들에게 놀이 · 위락 · 기분전환 등의 정서함양을 위한 서비스를 제공하는 기능이다.

(4) 문화 서비스 기능

고객을 위한 부가적인 서비스로서 향상된 고객의 지적 수준과 다양해진 고객의 취미활동을 위하여 기본적인 기능 이외에 교육 · 예술 · 공예 · 학습 등의 문화적인 서비스를 제공하는 기능을 말한다.

4. 글로벌화가 호텔산업에 미치는 영향

글로벌 경쟁환경 하에서의 호텔의 특성을 잘 이해하고 있는 세계적인 대형 호텔 체인들은 신속한 자원의 공유와 위험을 분산하여 경쟁우위를 확보하기 위하여 현지 파트너들과의 전략적 제휴(strategic alliances)를 활발하게 시도하고 있다.

또한, 글로벌화의 가속화와 국제관광산업의 촉진으로 인하여 유명한 브랜드를 보유한 세계적인 체인호텔들은 자사의 브랜드에 대한 글로벌화를 최대한 촉진시켜 같은 상품의 호텔 네트워크를 통한 성과향상을 추구한다. Hilton, Hyatt, Marriott 등과 같이 글로벌 네트워크를 형성하고 위탁경영(management contract)이나 프랜차이즈 형태로 운영되고 있는 호텔과 신라호텔, 롯데호텔 등과 같이 국내에서 독자적인 브랜드를 형성하고 있는 호텔들과는 여러 가지 관점에서 차이점이 있다.

세계적인 체인호텔들은 세계를 단일시장으로 인식하면서 세계 여러 지역에서 서비스의 표준화로 고객의 지속적인 신뢰를 유지하고 이러한 신뢰를 바탕으로 특화된 브랜드와 호텔기업으로서의 고유한 이미지를 유지하려고 한다(Kusluvan and Karamustafa, 2001; 구태회, 2007, p.13에서 참조하여 재인용). 즉, 글로벌전략적인 차원에서 전 세계를 동일시장으로 보고 표준화된 같은 상품을 제공하는 글로벌전략(global strategy)을 구사한다. 한편, 지역 내에서 독자적인 브랜드를 보유한 독립호텔들은 글로벌전략을 구사하는 체인호텔들과 경쟁하기 위하여 현지화된 상품과 서비스를 특화시킨다. 즉, 글로벌 전략적인 관점에서 현지화전략(multidomestic strategy)을 구사한다. 물론,

글로벌 전략적인 관점에서 완전한 글로벌전략이나 현지화전략을 구사하는 다국적기업들은 존재하지 않고 모든 기업들이 글로벌전략적인 측면과 현지화전략적인 측면이 모두 포함되어 있지만 어느 부분에 초점을 맞추느냐에 따라 글로벌전략의 유형을 현지화전략(multidomestic strategy), 글로벌전략(global strategy), 초국적전략(transnational strategy) 등으로 분류할 수 있다.

자본집약적인 생산방식과 규모의 경제의 중요성 증대, 교통. 정보통신. 첨단기술 등 기술의 발전, 전 세계 소비자 취향의 동질화 경향, FTA(Free Trade Agreement)의 활성화 등으로 인한 세계무역장벽의 감소 등 으로 인하여 글로벌화가 더욱 촉진되고 있는 현실에서 호텔산업은 향후 그 전망이 매우 밝은 산업이라고 할 수 있다. 이러한 글로벌화의 촉진은 국가간의 경계를 약하게 하며 이로 인해 더욱 많은 사람들이 관광과 사업적인 목적으로 다른 국가의 방문이 빈번해지기 때문에 글로벌화와 더불어 호텔산업은 더욱 발전하게 된다. 따라서 글로벌화와 호텔산업은 매우 밀접한 관계를 가지고 있다고 할 수 있다.

세계적인 유명 브랜드를 보유한 호텔기업들은 크게 세 가지 전략으로 시장진입을 모색하였다(구태회, 2007, p41). 첫째, 동일브랜드 호텔 수를 늘림으로써 자국 내에서 경쟁력을 강화시킨다. 둘째, 국내 및 국외에서 틈새시장을 충족시킬 다른 수준의 호텔브랜드를 지속적으로 개발한다. 셋째, 해외에 있는 신규시장을 개척하기 위해 호텔 브랜드마다 동일한 서비스 수준과 상품력을 구축한다. 혁신적인 호텔기업일수록 시기에 따라 이상의 세 가지 전략을 한 가지씩 번갈아 가면서, 또는 일괄적으로 그 모두를 다 적용하여 글로벌시장으로 진입을 시도하고 있다.

5. 현대호텔의 발전현황

미국의 호텔경영사에서 중요한 점은 제2차 세계대전 후 Sheraton과 Hilton의 등장이다. Hiton 호텔의 창업자인 Hilton은 Statler와 같이 작업의 능률화를 강조하면서 호텔을 새로 건립하기보다는 기존의 호텔들을 매입하여 개조하며 초기투자비용을 최소화하면서 최대의 이익을 추구하였다. Sheraton 호텔의 창업자인 Henderson은 기존의 호텔을 매입하여 개보수하면서 호텔의 가치를 향상시켜 나갔다. Sheraton 호텔은 현재 Starwood Hotels & Resorts Worldwide사에 인수되어 하나의 브랜드로 운영되고 있다.

한편, Holiday Inn은 Wilson에 의해 창업되었다. Wilson은 Statler 이후 일반인들에게 싸고 편리한 숙박시설을 제공하면서 자동차 여행자들의 호텔이용에 일대 혁신을 가져다주면서 1976년에 25개국에 1,700여 개의 모텔과 호텔을 운영하였다. 그 중 약 20%는 직영이며 나머지는 프랜차이즈 형태로 운영하였다. Holiday Inn은 현재 프랜차이즈 경영회사인 Six Continents Group의 핵심 브랜드로서 전 세계에 약 1,500개의 호텔을 운영하고 있다.

Hyatt호텔은 1957년 Pritzker가 미국 로스앤젤레스 공항 부근의 소규모 호텔을 구입하여 개관하였는데 지금은 전 세계에 걸쳐 200개 이상의 호텔이 분포되어 있다. Hyatt호텔의 등급종류는 Park Hyatt, Grand Hyatt, Hyatt Regency, Hyatt Resort의 4가지 형태이다. Marriott는 1957년 360개의 객실을 가진 모텔을 미국 워싱턴 D.C.에 개관하였다. 모텔의 디자인과 위치는 모텔업의 즉각적인 성공을 가져왔는데 이후 호텔임대, 인수. 합병 등을 통하여 오늘날 거대한 사업체로 성장하였다. 또한, 숙박업뿐만 아니라 외식산업, 숙박산업, 레저산업, 여행업 등의 사업다각화로 미국 내 최대 관광업체로 성장하였다. 1995년에는 세계적인 브랜드 가치를 가진 Ritz Carlton을 인수하였고, 1997년에는 르네상스 호텔그룹을 인수하였다. 현재 Marriott Hotel Group은 Marriott Hotel, Suites by Marriott, Fairfield Inn, Residence Inn, Courtyard by Marriott의 세분화된 5개의 브랜드를 운영하고 있다.

미국 Arizona주 Phoenix에 본사를 둔 Bestwestern은 1946년 Guertin에 의해 창업되었으며, 전 세계 약 80여 개국에 4,000여 개 이상의 호텔을 보유한 세계 최대의 호텔브랜드이다. 고급스러운 호텔체인은 아니지만 합리적인 가격과 일정 수준 이상의 서비스를 제공하며 고객들의 신뢰를 높이고 있으며 매년 성장하는 추세를 보이고 있다.

한편, 우리나라의 호텔발전사를 살펴보면 우리나라 최초의 호텔은 1888년에 인천 서린동에 설립된 대불호텔이다. 벽돌로 지어진 객실 11실의 3층 건물이었으며, 당시 가장 고급으로 지어진 건물로 우리나라를 찾는 외국인을 수용하기 위한 양식호텔이었다. 그 후 근대에 들어서 1936년에 상용호텔인 반도호텔이 등장하였다. 반도호텔은 8층 콘크리트 건물로써 객실 111실을 보유하고 있었다. 1963년 경제개발 시대에 건립된 워커힐호텔은 국제친선과 외화획득을 주목적으로 한 주한 UN군의 휴양을 위한 리조트호텔로서 당시 동양최대의 호텔로 개관하였다. 그 후 정부의 호텔 민영화정책으로 1973년 워커힐호텔은 선경그룹에서 인수하였으며 미국의 Sheraton Group과 프랜차이즈계약을 맺고 증축하여 1978년 7월 신규호텔로써 Sheraton Walker Hill이 탄생하게 되었다.

1980년대에는 국민관광과 국제관광의 조화를 이룬 발전, 서비스수준의 향상, 국제회의 유치, '86아시안게임과 '88서울올림픽 등을 통하여 우리나라 호텔산업도 일대 도약을 하게 된다. 특히 이 시기에 국내 대기업들의 호텔사업 진출이 본격적으로 시작되었고, 국제적인 체인호텔들이 우리나라로 대거 진출하면서 호텔산업의 부흥기를 맞이하게 된다(최병호, 유도재, 2004, p.30-37을 기초로 정리).

6. 호텔의 경영형태

일반적으로 호텔의 경영형태는 단독경영호텔(independent management hotel), 체인호텔(chain hotel), 리퍼럴경영호텔(referral group hotel), 임차경영호텔(lease management hotel) 등으로 분류할 수 있다.

1) 단독경영호텔(Independent Management Hotel)

단독경영호텔은 위탁경영수수료와 브랜드 사용 수수료 등의 비용 지출이 필요하지 않고 현재호텔의 기업이미지 형성을 통한 마케팅이 가능한 장점이 있지만 글로벌한 차원에서의 인지도와 마케팅 등에서의 어려움이 있다.

2) 체인호텔(Chain Hotel)

세계적인 브랜드를 보유한 체인호텔들은 오랜 기간 축적된 경영노하우를 바탕으로 수수료를 받거나 일정지분에 대하여 참여하는 형식으로 호텔을 운영한다. 체인호텔은 공동마케팅과 예약망 이용 가능, 규모의 경제를 이용한 비용절감, 브랜드의 활용 등의 장점이 있지만 경영의 독립성 상실, 계약기간에 대한 부담, 로얄티와 수수료 지급, 본사 브랜드 이미지에 따른 운영의 의존도 상승 등의 단점이 있다. 체인호텔은 위탁경영방식과 프랜차이즈운영방식으로 나눌 수 있다.

(1) 위탁경영(Management Contract)

위탁경영방식은 소유주가 직접 호텔운영에 어려움이 있을 때 체인본부와 계약에 의해 모든 경영권을 넘겨주고 핵심적인 인적 자원들이 경영호텔로부터 파견되어 위탁경영되는 방식이다. 위탁경영방식과 프랜차이즈의 차이점은 위탁경영은 호텔소유주의 경영권이 상실된다는 점이다. 위탁경영은 소유와 경영이 완전히 분리된 호텔의 운영형태로 호텔마다 차이는 있을 수 있지만 일반적으로 체인본사가 호텔 고정자산에 대한 투자 및 호텔경영에 관한 재무적인 위험부담까지 책임지는 형태로 소유자는 이익금만 가져가게 된다.

(2) 프랜차이즈(Franchise)

프랜차이즈 경영은 위탁경영방식과 유사한 부분도 있지만 체인본부인 franchisor와 가맹점인 franchisee의 관계가 서로 상호지원적인 관계라고 할 수 있다. franchisee는 franchisor의 상호 및 상표를 사용하고 일정정도의 로

열티(royalty)를 지급하는 경영방식이다. 프랜차이즈 형태의 호텔은 경영은 소유주가 하는 형태라는 점이 위탁경영 형태와 다른 점이라고 할 수 있다.

프랜차이즈의 장점은 본사와 동일한 운영시스템과 브랜드의 사용, 표준화된 제품 제공, 온라인을 통한 중앙예약시스템의 활용, 종업원의 교육과 훈련에 대한 지원 등이 있다. 하지만, 프랜차이즈 가입비, 로열티, 독자적인 상품개발 및 판매활동의 제한, 계약조건에 따른 법적 분쟁가능성 등의 단점이 있다.

3) 리퍼럴 경영호텔(Referral Group Hotel)

체인호텔들은 전문화된 경영을 통한 신규시장 개척, 중앙예약시스템 등을 활용해서 사업을 확장하였는데 이에 비해서 단독경영호텔은 현지화된 전략을 구사하지만 여러 가지 측면에서 한계점에 부딪혀 어려움을 겪게 된다. 이렇게 어려움을 겪는 단독경영호텔들은 프랜차이즈 호텔과 경쟁하기 위하여 상호협력을 목적으로 연합조직을 결성하였는데 이것이 리퍼럴 경영호텔이다. 리퍼럴 경영호텔들은 체인 및 프랜차이즈 호텔들과 경쟁할 수 있고 글로벌한 공동예약시스템 등을 운영하여 경쟁력을 가질 수 있다. 또한, 호텔경영의 독립성을 유지하면서 공동마케팅 등을 통하여 이윤을 추구할 수 있는 장점이 있다.

4) 임차경영호텔(Lease Management Hotel)

임차경영호텔이란 토지 및 건물의 투자에 대한 자금조달능력을 갖추지 못한 호텔기업이 제3자의 건물을 계약에 의해서 임대하여 호텔사업을 운영하는 방식이다. 일반적으로 임차경영호텔은 건물내부에 대한 투자는 호텔기업이 부담하고 임차료는 사전에 결정된 일정한 액수를 소유주에게 지급한다. 임차경영의 장점은 호텔기업의 입장에서는 초기에 투자되는 많은 호텔건설비용을 들이지 않고 건물을 임대하여 호텔을 운영할 수 있는 장점이 있다. 건물 소유주의 입장에서는 경영성과와 상관없이 고정된 임대료 수입을 얻을 수 있는 장점이 있다.

03

서비스의 이해

호 텔
경영론

제 3 장

서비스의 이해

1. 서비스의 이해

1) 서비스의 개념 및 특성

최근 정보통신서비스의 확산 및 일반화와 더불어 서비스 및 서비스산업의 중요성이 더욱 커지고 있다. 따라서 기업차원에서 뿐만 아니라 우리의 일상생활에서도 서비스는 그 중요성이 계속해서 증대되고 있을 뿐만 아니라 새로운 서비스들로 인하여 우리의 일상생활도 많은 변화를 가져오고 있으며 이러한 경향은 향후 가속화 될 것으로 예측된다.

이러한 환경 하에서 기업들은 서비스가 기업의 경쟁력을 좌우하는 매우 중요한 요인으로 자리잡아가고 있기 때문에 서비스에 대한 중요성을 인식하여 서비스 기업뿐만 아니라 제조기업들도 제품을 생산하는 데만 그치지 않고 새로운 서비스들을 창출하려고 노력하고 있다. 따라서 소비자들은 이전에 한 번도 접하지 못했던 새로운 서비스에 노출되고 있기 때문에 이러한 서비스의 품질을 평가하는데 어려움을 겪고 있기도 하다.

먼저, 서비스(service)에 대한 정의를 살펴보면, 우리가 일상생활에서 사용하는 서비스에 관한 정의는 매우 다양하다고 할 수 있다. 예를 들어, '이 물건을 하나 서비스로 드립니다.' 의 의미는 어떠한 제품을 구입할 때 무료로 하나 준다는 의미이고, 직원들의 서비스가 좋다는 의미는 직원들이 고객을 대하는 자세와 태도가 좋다는 의미이다. 하지만 이러한 서비스에 대한 해석은 매우 좁은 의미의 해석이라고 할 수 있다.

간단히 말해서 서비스는 행위(deeds), 과정(process) 및 그 결과인 성과(performance)라고 할 수 있는데, 호텔, 병원, 은행 등의 서비스도 고객을 위해 종업원이 수행하는 행위이다. 이와 같이 넓은 의미로 서비스를 정의할 때 서비스는 서비스업에서 제공될 뿐만 아니라 여러 제조업에서 제품과 결합되어 제공되고 있음을 알 수 있다.

예를 들어 자동차회사는 판매차량에 대해 보증 및 수리서비스를 제공하는데 이러한 예도 행위, 과정, 성과의 예라고 할 수 있다. 위에서 정의한 대로 간단하면서도 넓은 의미의 서비스의 의미와 더불어 서비스의 정의가 다양함을 인지하고 있으면 서비스를 정의할 때 생길 수 있는 혼동이나 의견의 불일치를 이해할 수 있다.

위에서 언급된 넓은 의미의 정의와 부합할 수 있는 정의는 서비스는 산출물이 물적인 제품이나 구조물이 아니며, 일반적으로 생산되는 시점에 소멸되고 구매자에게 무형적인 형태의 가치를 제공하는 모든 경제적인 활동을 포함한다고 할 수 있다. 서비스의 다양한 의미와 관련된 정의는 아래와 같다.

(1) 서비스의 정의

위에서 언급한대로 서비스에 대한 정의는 매우 다양하다고 할 수 있는데, 학문적으로 접근해보면 경영학에서 서비스에 관한 연구는 1960년대 초반부터 시작되었다. 서비스에 대한 연구 초기에는 제품과 서비스의 특성 및 서비스마케팅의 적용에 관한 연구가 활발하게 이루어졌으며 1990년대부터는 보다 체계적으로 서비스에 관한 이론과 전략적인 측면에서의 서비스의 중요성에 관한 연구가 이루어지고 있다고 할 수 있다.

서비스의 활동론적인 정의를 살펴보면 미국마케팅학회(1960)는 서비스를 판매목적으로 제공되거나 상품판매와 연계해 제공되는 모든 활동, 편익, 만족이라고 정의하였다.

한편, 상호관계론적인 관점에서 대부분의 경우 서비스는 고객이 서비스 제공자와 상호작용을 하게 된다. 따라서 서비스란 "무형의 성격을 띠는 일련의 활동으로서 고객과 종업원의 상호관계에서부터 발생해 고객의 문제를 해결해 주는 것"이라고 할 수 있다.

(2) 서비스의 특성

서비스는 제품과는 다르게 서비스만의 여러 가지 특성을 가지고 있는데, 무형성, 이질성, 소멸성, 비분리성 등의 특성을 가지고 있으며 각각의 특성에 관한 설명은 다음과 같다.

❶ 무형성

무형성(intangibility)은 서비스의 특성 중 가장 대표적인 특성으로 일반 제품들은 구매 이전에 소비자들이 제품을 시험해 보거나 만져볼 수 있지만 서비스는 무형적인 특성을 가지고 있기 때문에 미리 시험해 보거나 만져볼 수 없는 특성을 가지고 있다.

예를 들면 여행사의 관광상품의 경우 소비자들은 브로슈어나 관광 가이드의 경험효과 등을 통해서만 제한적으로 정보를 접할 수 있으며, 호텔의 객실이나, 항공사의 좌석과 같은 경우도 소비자들은 서비스를 구매하기 전에 미리 서비스를 접할 수 없다.

이와 같이, 서비스의 특성 중 무형성은 두 가지 의미를 내포하고 있다고 할 수 있는데, 첫째는 실체를 보거나 만질 수 없다는 객관적인 의미이고, 둘째는 이렇게 서비스는 보거나 만질 수 없기 때문에 그 서비스에 대해서 상상하기가 어렵다는 점이라고 할 수 있다.

이러한 서비스의 특성 중 무형성이 우리에게 주는 시사점을 몇 가지 살펴보면, 호텔의 경우 서비스를 받기 전에는 고객들이 그 호텔의 서비스 수준을 모르기 때문에 호텔의 유형적인 측면을 보고 그 호텔의 서비스 수준에 대한 기대수준을 갖게 된다고 할 수 있다. 무형성과 관련하여 또 하나 중요한 점은 완전히 유형적이거나 완전히 무형적인 서비스나 제품은 존재하지 않는다는 점이다.

❷ 이질성

서비스의 이질성(heterogeneity)이란, 서비스의 생산 및 인도 과정에는 여러 가지 가변적인 요소가 많기 때문에 한 고객에 대한 서비스가 다른 고객에게 제공되는 서비스 품질과 다를 수 있다는 것을 의미한다. 예를 들면, 같은 서비스 기업의 종업원일지라도 각각 제공되는 서비스의 품질을 달라 질 수 있다고 할 수 있다. 기업들은 이러한 서비스의 이질성을 통해서 위기와 기회를 함께 맞을 수 있는데, 서비스 품질의 균일화가 어렵기 때문에 기업으로서는 어떻게 하면 서비스의 품질을 일정 수준 이상으로 유지시킬 것인가와 표준화 시키는가에 대해서 많은 고민을 하게 된다.

❸ 소멸성

소멸성(perishability)이란 서비스는 일반 재화와는 다르게 재고에 대한 저장이 불가능하다는 의미이다. 일반 재화의 경우는 재고에 대한 저장이 가능하기 때문에 오늘 판매하지 않으면, 내일 판매가 가능하지만 항공사의 좌석이나 호텔의 객실같은 경우에는 저장했다가 수요가 있을 때 다시 판매하는 것이 불가능하다는 의미이다.

호텔의 경우, 호텔이 일 년 내내 보유하는 객실의 수는 일정하지만, 성수기에는 객실이 가득 차거나 혹은 객실이 모자랄 수도 있지만, 비수기에는 고객이 없어 객실이 많이 비어 있을 수 있는데, 이렇게 비어 있는 객실을 저장했다가 성수기에 사용할 수 없다.

❹ 비분리성

비분리성(inseperability)이란 서비스의 생산과정에서 소비가 동시에 이루어지는 것을 의미하는데 제품의 경우는 생산이 먼저 되고, 나중에 판매될 수 있지만 서비스는 서비스의 제공과정에서 서비스를 제공받는 고객이 존재해야 한다.

(3) 경제주체에 의한 분류

경제주체에 의한 분류는 공공서비스, 개인서비스, 기업서비스 등으로 구분할 수 있다.

(4) 서비스 행위의 본질에 의한 분류

인간의 신체에 제공하는 가시적 행위, 인간의 마음에 제공하는 비가시적 행위, 사물에 대한 가시적 행위, 사물에 대한 비가시적 행위 등으로 구분할 수 있다.

(5) 서비스 프로세스 매트릭스에 의한 분류

서비스 공장, 서비스숍, 대량 서비스, 전문 서비스 등으로 분류할 수 있다.

(6) 상품체계에 의한 분류

순수제품, 제품 위주, 순수 서비스, 서비스 위주 등으로 구분할 수 있다.

2) 서비스산업의 동향

경영환경의 변화와 정보화, 글로벌화(globalization) 등으로 인하여 산업구조는 많은 변화를 겪고 있다고 할 수 있다.

이러한 상황 하에서 인터넷을 기반으로 한 정보통신기술의 발전과 다양한 소비자욕구 등으로 인하여 서비스산업은 빠르게 성장하고 있으며, 특히, 전통적인 산업경제에서 디지털경제로 전환하는 과정에서 이전에는 없었던 새로운 서비스들이 생겨나면서 서비스의 중요성은 더욱 커져가고 있다.

우리의 일상생활에서도 인터넷과 휴대폰을 기반으로 하는 정보통신서비스, 의료서비스, 금융서비스, 교육서비스, 법률서비스 등 서비스가 없이는 일상생활이 어려운 상황이 되었다고 할 수 있다. 또한, 우리나라의 경제적인 구조에서도 제조업만으로 성장하는 데는 한계점에 부딪힐 수 있으므로 서비스산업의 증가와 발전이 필요한 부분이라고 할 수 있다.

우리나라의 서비스산업의 현황을 살펴보면 2002년 이후 일시적으로 하락세를 보이다가 다시 증가하여 2007년에 57.6%를 기록하였다. 제조업의 비중은 1988년 30.7%를 최고점으로 하락세를 보여 정체상태라고 할 수 있는데 2007년에는 27.9%를 기록하였다. 우리나라의 서비스산업 비중은 지속적으로 증가하고 있지만 OECD에 가입되어 있는 다른 국가에 비하면 낮은 수준이라고 할 수 있는데 2006년 기준으로 우리나라의 서비스산업 비중은 노르웨이, 터키, 체코 등과 함께 가장 낮은 수준이라고 할 수 있다.

우리나라와 달리 같은 시점에 미국, 영국, 프랑스 등 주요 선진국의 서비스업 비중은 70%를 초과하였다. 제조업이 발달한 일본, 독일, 핀란드에 비해서도 우리나라의 서비스산업 비중은 상당히 낮은 편이라고 할 수 있다.

서비스산업이 중요한 이유는 서비스산업은 제조업을 보완하여 성장동력이 될 수 있기 때문에 위에서 언급한대로 OECD 주요국가의 서비스산업의 GDP 비중 및 고용비중은 70% 이상을 상회하고 있으며, 아웃소싱의 확산, 서비스 교역 확대, 소비의 고급화 등으로 서비스수요는 증가하고 있는 추세이다. 이러한, 서비스산업의 성장 배경에는 위에서 언급한대로 인터넷, 휴대폰과 연결된 정보통신기술의 발전, 소비자 욕구의 다양화 등의 원인이 있다고 할 수 있다. 또한, 서비스산업은 노동집약적 서비스에서부터 지식기반 서비스에 이르기 까지 범위가 매우 넓으며, 업종별로 산업의 특성, 성장잠재력, 경제기여도 등에서 차이가 크다고 할 수 있다.

2. 서비스 기업의 과제

1) 보조서비스의 중요성 증가

최근, 많은 서비스 기업들은 다른 기업들과의 치열한 경쟁으로 인하여 고객에게 제공되는 기술적인 수단만으로는 경쟁우위를 창출하고 유지하는데 어려움을 겪을 수밖에 없다. 따라서 서비스 기업들은 다른 경쟁기업에 비해서 경쟁우위를 확보하기 위해서 주서비스와 더불어 보조서비스에 대한 비중을 늘려서 보조서비스를 추가하거나 기존의 서비스에 보조서비스를 확장하는 차별화전략을 많이 구사하게 된다. 예를 들어, 호텔산업의 경우는 호텔의 주된 서비스 중 하나는 객실서비스라고 할 수 있는데 이러한 객실서비스만으로는 다른 호텔들과 비교해서 경쟁우위를 창출하는데 있어서 어려움을 겪기 때문에 식음료서비스, 수영장 등 다른 부분에서 서비스에 차이를 두어 경쟁우위를 확보하기 위해서 노력하고 있다.

항공사의 경우도 고객들을 운송하는 주된 서비스이외에도 마일리지 서비스와 티켓팅과 관련된 서비스, 고객들이 대기하는데 불편을 덜 하도록 하는 서비스 등 여러 가지 다양한 서비스를 통해서 경쟁우위를 확보하려고 치열하게 경쟁하고 있다고 할 수 있다.

2) 정보화를 기반으로 한 빠른 환경의 변화

스마트폰의 일반화를 기반으로 한 정보화로 인해 급속하게 변화하는 환경에 호텔을 포함한 서비스 기업들이 적응하고, 무한경쟁하고 있는 경쟁기업들과의 경쟁에서 경쟁우위를 확보하기 위해서는 이러한 변화에 적합한 경영전략을 구사하는 것이 매우 중요하다고 할 수 있다.

빠르고 정확한 의사결정을 통한 서비스 기업의 경영전략과 더불어 가장 중요한 부분은 고객에게 최고의 서비스를 제공하기위한 진심어린 서비스마인드이기 때문에 이를 실현하기 위한 기업 내부적인 인적 자원들의 교육. 훈련 및 관리가 필요하다고 할 수 있다.

3. 서비스와 고객만족

고객만족(customer satisfaction)이란 고객의 필요와 기대에 부응하여 그 결과로서 제품이나 서비스의 재구입이 이루어지고 아울러 고객의 신뢰감이 연속되는 상태를 의미한다.

고객만족경영(customer satisfaction management)이란 기존 매상고나 이익 증대와 같은 목표와 달리 고객에게 최대의 만족을 주는 것에서 기어브이 존재 의의를 찾으려는 경영방식을 의미한다(이정학; 2014, p.45).

최근 들어 개인이나 조직의 리더십(leadership)의 중요성이 부각되고 있는데 서비스에 있어서도 서비스리더십은 매우 중요한 부분이라고 할 수 있다.

리더십의 원천이 명령과 지시, 통제라는 물리적인 힘에서 사람들과 잘 어울리고 그들의 욕구와 문제를 해결해 주는 서비스로 전환되고 있으며 서비스를 통하여 내부고객의 욕구를 충족시킴으로써 그들의 만족을 이끌어내고 그 만족을 토대로 외부고객의 욕구를 충족시켜 만족을 창출해 나가는 것이 서비스리더십의 전개방향이라고 할 수 있다. 기존의 리더십은 피라미드형의 수직적인 구조에서 전통적인 힘을 발휘해 왔는데 네트워크화된 수평조직에 적합한 리더십은 고객의 욕구충족을 위해 신뢰를 바탕으로 협력하고 지원하는 서비스리더십이라고 할 수 있다.

위에서 언급된 바와 같이 서비스리더십을 구성하는 가장 중요한 구성요소 중 하나가 고객만족인데, 고객만족(customer satisfaction)의 사고는 1980년대에 서비스경제의 중요성이 증대되면서 미국과 유럽에서 새로운 경영이념으로 자리 잡게 되었는데, 미국의 GE사가 도입한 소비자 대응창구(answer center)와 서비스 품질의 향상으로 높은 경영성과를 올린 스칸디나비아 항공사의 사례가 많은 영향을 미쳤다고 할 수 있다.

고객만족의 창출과 유지를 위해서는 기업이 제공하는 제품 혹은 서비스의 높은 품질과 기능이 제공되어야 하며 고객서비스기능이 차별화의 중요한 요인이 될 수 있다. 한편, 고객만족경영이란 기업이 경영을 함에 있어서 고객의 입장에서 객관적인 관점에서 고객이 완벽한 만족을 추구하며, 고객만족을 최종 목표로 삼고 전사적으로 그 성과를 향상시키는데 모든 경영활동을 집중하는 것을 의미한다.

1) 고객기대모델

고객기대(customer expectation)란, 서비스 성과 판단에 이용되는 표준 및 준거로써 어떤 고객이 서비스를 제공받기 전에 그 성과에 대해서 가지고 있는 신념이라고 정의할 수 있다(이명식, 2004; p.77). 또한, 고객의 기대는 최고서비스(ideal service), 희망서비스(desired service), 최저서비스(adequate service), 허용구간(tolerance zone), 예상서비스(predicted service) 등의 5가지 수준으로 구성되어 있다.

(1) 최고서비스 수준

최고서비스 수준(ideal service level)이란 서비스를 제공받고자 하는 고객이 기대할 수 있는 가장 최상의 서비스 수준을 의미한다. 서비스가 이루어지기 전에 고객이 나름대로 원하고 있었던 부분은 물론 미처 깨닫지 못한 부분까지도 제공되어져 고객의 효익을 제고시켜주는 서비스 수준을 의미한다.

(2) 희망서비스 수준

희망서비스 수준(desired service level)이란 고객이 서비스를 제공받기 전 서비스 제공자로부터 받기를 희망하는 서비스의 성과 수준을 의미한다. 일반적으로 고객들은 최고서비스 수준의 서비스는 제공받기가 쉽지 않기 때문에 희망서비스 수준의 서비스를 제공받기를 기대하게 된다. 한편, 고객에 따라서는 최고서비스 수준과 희망서비스 수준이 일치하는 경우도 있을 수 있다.

(3) 최저서비스 수준

최저서비스 수준(adequate service level)이란 고객이 불만족스럽게 생각하지 않고 받아들일 수 있는 최소한의 서비스 수준을 의미한다. 이러한 경우 고객들은 제공되고 있는 서비스에 대해 최소허용기대치만을 가지게 된다.

(4) 허용구간

허용구간(tolerance zone)이란 고객이 서비스에 대한 가변성을 인정하고 수용하고자 하는 정도로서 희망서비스 수준과 최저서비스 수준 사이에 위치하는 구간을 의미한다. 고객들은 허용구간 내에서 서비스를 제공받게 되면 받아들이지만 제공되는 서비스가 최저서비스 수준보다 낮아서 허용구간 밖에서 서비스가 수행되면 불만족스럽게 생각한다. 또한, 제공되는 서비스가 희망서비스 수준을 넘어서서 허용구간 밖에서 제공되면 고객들의 만족도는 높아지게 된다. 허용구간은 서비스가 제공되는 상황 및 고객의 특성에 따라서 가변적이라고 할 수 있다.

(5) 예상서비스 수준

예상서비스 수준(predicted service level)이란 고객들이 서비스를 제공 받을 때 기대하는 서비스 수준으로 최고서비스 수준부터 최저서비스 수준까지의 범위에 걸쳐 있다. 예를 들어, 어떤 고객이 음식점에서 주문을 해서 음식이 나오는 시간이 5분 걸린다는 말을 들었을 때 최고서비스 수준은 5분 이내에 음식이 준비되는 것이지만 과거의 경험상 10분이나 15분이 소요될 수도 있다. 이러한 경우, 고객의 예상서비스 수준은 5분 이내에 주문한 음식이 준비되면 최고의 서비스 수준을 제공받는 것이지만 10분이나 15분 후에 음식이 준비될 수도 있기 때문에 서비스 수준은 고객 자신의 기대에 맞추어 변경될 수 있다고 할 수 있다.

2) 고객기대의 선행요인

Kurtz and Clow(1998)에 따르면 고객의 기대는 내부요인, 외부요인, 상황요인, 서비스 기업요인 등에 의해서 영향을 받는다.

(1) 내부요인

❶ 개인적 니즈

개인적 니즈는 Maslow의 욕구단계설(hierarchy of needs)에 근거하고 있는데, 그 내용은 인간의 행동에 높은 차원의 욕구가 영향을 미치기 이전에 그보다 낮은 차원의 욕구가 완전하거나 부분적으로 충족되어야 한다는 내용이다. 이러한 인간의 욕구는 생리적 욕구(physiological needs), 안전 욕구(safety needs), 사회적 욕구(social needs), 자기존중 욕구(self-esteem needs), 자아실현 욕구(self-actualization needs) 등으로 나누어진다.

먼저, 가장 낮은 차원의 욕구는 생리적 욕구인데 생리적 욕구는 의식주와 같이 인간이 생활해 나가는데 가장 기본적인 욕구를 의미한다. 이렇게 생리적 욕구가 충족되면, 인간은 안전 욕구를 가지게 되는데 안전 욕구는 안전 및 위험 회피, 물리적인 손상으로부터의 보호와 관련된 욕구를 의미한다. 그 다음 단계의 욕구는 어떤 집단에 소속하고자 하거나 가족을 이루고자 하는 등의 사회적 욕구이다.

그 다음 단계로 높은 차원의 욕구들인 자기존중 욕구와 자아실현 욕구 등이 있는데 자기존중 욕구는 소속된 사회에서 지위를 가지고 자신을 존중하며 남으로부터 존경을 받고 싶어 하는 욕구를 말하며, 자아실현 욕구는 인간이 자신이 이룰 수 있는 모든 것을 얻고자 하는 욕구를 의미한다.

❷ 관여 수준

관여(involvement)는 인간이 어떠한 상황에서 특정행위를 할 때 가지게 되는 중요성이나 관심의 정도를 의미하는데 관여는 고객의 기대에 두 가지 효과를 가지고 있다. 첫째, 관여 수준이 높아질수록 최고서비스와 희망서비스 수준과의 차이가 줄어들게 된다. 둘째, 관여 수준이 높아질수록 허용구간의 폭은 줄어들게 되며 이러한 경우, 고객들은 서비스 제공사항에 변동이 생기면 예민해지게 되어 덜 관용적이게 된다.

❸ 과거경험

서비스에 대한 고객의 기대에 영향을 미치는 가장 중요한 요인은 고객의 과거경험이라고 할 수 있다. 과거경험에는 특정 서비스 제공자와의 경험, 같은 산업내의 다른 서비스제공자와의 경험 및 유사한 서비스에 대한 경험 등이 포함된다고 할 수 있다.

(2) 외부요인

고객기대의 선행요인 중 외부요인들로는 경쟁자 상황, 사회적 상황, 구전 커뮤니케이션 등이 있다.

❶ 경쟁자 상황

고객들의 서비스 기대수준은 같은 산업 내의 경쟁자의 상황에 의해서 영향을 받게 되는데, 예를 들어 같은 산업 내의 다른 경쟁기업이 서비스의 가격을 인하한다면 다른 경쟁기업들도 가격을 인하하거나 다른 촉진수단을 사용하게 된다. 또한, 경쟁은 같은 산업 내의 다른 경쟁자들하고만 하는 것이 아니라 다른 산업의 대체가능한 경쟁자들과도 일어나게 된다.

❷ 사회적 상황

고객들이 처한 사회적 상황도 서비스에 대한 기대수준에 영향을 미치게 되는데, 고객들은 자신들이 조금 더 신경 쓰는 사람들과 함께 있을 때 서비스 기대수준이 증가하게 되며 허용구간은 상대적으로 줄어들게 된다.

❸ 구전 커뮤니케이션

구전 커뮤니케이션(word-of-mouth communication)은 고객들의 기대 형성에 큰 영향을 끼치게 되는데 특히, 서비스는 경험품질 혹은 신용품질의 특성을 가지고 있기 때문에 다른 사람의 의견을 요청하는 경우가 많이 발생한다. 특히, 구전 커뮤니케이션은 서비스에 대한 최고수준과 희망수준을 형성하는데 많은 영향을 미치게 된다.

(3) 상황요인

상황요인은 정상적인 상황에서의 일시적인 변화로 구매 이유, 고객의 기분, 날씨, 시간의 제약 등이 있다.

❶ 구매이유

구매이유는 서비스에 대한 고객의 기대에 많은 영향을 미치는데 예를 들어, 호텔을 선택할 때 그 선택이유가 무엇인가에 따라 고객들의 기대는 크게 달라진다.

❷ 고객의 기분

고객의 서비스 제공 당시 기분은 서비스에 대한 기대에 많은 영향을 미치게 되는데 고객의 기분이 좋을 때는 서비스 제공자에 대해서 보다 관용적이기 때문에 허용구간의 범위가 보다 커지게 되고 최고서비스 수준도 보다 낮아지게 된다. 반면, 고객의 기분이 좋지 않을 때는 위와는 반대로 허용구간도 작아지며 최저서비스 수준도 올라가게 된다.

❸ 날씨

날씨도 고객의 서비스기대에 영향을 미치는데 날씨가 좋을 때와 나쁠 때 고객들은 서비스에 대한 기대수준이 다르게 나타난다. 서비스에 대한 희망수준은 동일하지만 날씨가 나쁘면 서비스 예상수준은 낮아진다.

❹ 시간의 제약

시간의 제약성(time constraints)도 고객의 기대에 영향을 미치게 되는데, 예를 들어 급하게 인쇄물을 맡긴 고객의 경우, 예상기대수준은 낮아지게 되면 허용구간의 범위도 넓어지게 된다. 이와 같이 시간적으로 제약이 있는 서비스의 경우 고객들도 정상적인 상황에서 기대할 수 있는 서비스 수준을 그 시간의 제약성에 맞추어 변경시키게 된다.

(4) 서비스 기업요인

고객기대에 영향을 미칠 수 있는 서비스 기업요인들로는 촉진, 유통, 가격, 서비스종업원, 다른 고객들, 유형적 단서, 기업이미지, 서비스제공 전 대기 등이 있다.

❶ 촉진

고객들은 광고나 판매촉진 등을 통한 기업의 촉진전략에 의해서 그 기업에 대한 예상서비스 수준을 형성하게 되는데 이에 따라 고객들은 희망서비스 수준, 최저서비스 수준, 허용구간 등을 변경시킬 수 있다.

❷ 유통

브랜드자산이 구축되어 있고 복수의 유통체인점을 가지고 있는 기업들이 제공하고 있는 서비스는 고객들의 예상기대를 강화시키고 있다. 고객들은 그 서비스 기업의 각 점포에서는 거의 비슷한 수준으로 서비스를 제공받을 것으로 기대하게 된다.

❸ 가격

일반적으로 가격이 높을수록 고객들의 서비스에 대한 기대도 높아지게 되고 허용구간도 좁아지게 된다. 또한, 가격에 있어서 경쟁기업 및 대체안에 따라 고객의 기대도 변화하게 되며 예상서비스 수준은 가격과 정비례하지만 허용구간의 범위는 반비례하는 경향이 나타나게 된다. 다시 말하면 가격이 높을수록 고객들의 최저서비스 수준은 올라가고 허용구간도 좁아지게 된다.

❹ 서비스 종업원

서비스 종업원의 고객에 대한 응대 및 대화는 그 서비스를 제공받고 있는 고객들의 기대수준에 영향을 미치게 된다.

❺ 다른 고객들

고객의 기대는 다른 고객들에 의해서도 영향을 받게 되는데 다른 고객들이 어떻게 서비스 제공을 받는지 관찰함으로써 자신이 받을 서비스의 수준을 기대하게 된다. 또한, 다른 고객들이 고객기대에 미치는 또 다른 영향은 서비스에 대한 수요를 나타내 보이는 것이라 할 수 있는데 예를 들어, 어떤 음식점에서는 많은 사람들이 음식을 주문하기 위해서 줄을 서서 기다리는 것을 보는 경우 그 서비스에 대한 기대수준은 높아지게 된다.

❻ 유형적 단서

서비스의 유형적 단서에는 서비스 시설의 내부. 외부 모양, 배치된 가구, 서비스에 사용될 설비, 인테리어, 청결도 등이 포함된다. 이러한 유형적 단서에 의해 고객들의 기대수준은 영향을 받게 된다.

❼ 기업 이미지

고객들이 서비스 제공 기업에 대해서 좋은 이미지를 가지고 있으면 그 기업에서 제공되는 서비스의 기대도 크고 그렇지 않으면 서비스에 대한 기대수준도 낮아지게 된다.

❽ 서비스제공 전 대기

고객들은 나름대로의 기준을 가지고 대기시간을 예상하게 되며 예상보다 실제 대기시간이 길어지게 되면 고객은 그 서비스에 대해서 덜 관용적이게 된다.

4. 호텔서비스품질

다른 서비스 기업들의 서비스품질도 중요하지만 특히, 호텔의 경우에는 서비스품질이 매우 중요한 부분이라고 할 수 있다. 호텔서비스를 구매하는 고객들은 단순한 숙박이나 식음료 등의 구매뿐만 아니라 서비스를 제공하는 호텔의 서비스도 구매한다고 판단해야 하기 때문에 호텔들은 산업의 특성상 특히 서비스품질에 많은 초점을 맞추어야 한다.

이러한 상황에서 호텔뿐만 아니라 다른 서비스 기업의 경우도 마찬가지로 품질관리를 통해서 기업의 경쟁우위를 확보해야 하며, 이를 통해서 산업 내에서 지속적으로 성장할 수 있는 기회를 마련할 수 있다. 이러한 서비스 품질관리를 위해서는 먼저, 서비스 품질을 측정하는 일이 선행되어야 하는데 서비스는 제품과 달리 품질을 측정하는데 여러 가지 어려움이 생길 수 있다.

이렇게 서비스품질(service quality)을 측정하는데 부딪히는 어려움은 첫째, 서비스품질의 개념이 주관적이기 때문에 객관화하여 측정하기 어려우며, 모든 경우에 적용되는 서비스품질을 정의하기는 매우 어렵다. 둘째, 서비스품질은 서비스이 전달이 완료되기 이전에는 검증되기가 어려운데, 이것은 서비스의 특성상 생산과 소비가 동시에 이루어지기 때문이다. 셋째, 서비스품질을 측정하려면 고객에게 물어봐야 하는데 고객으로부터 데이터를 수집하는 일이 시간과 비용이 많이 소요되며 회수율도 낮은 편이기 때문에 서비스 품질 측정에 어려움이 있다. 넷째, 자원이 서비스 전달과정 중에 고객과 함께 이동하는 경우에는 고객이 자원의 흐름을 관찰할 수 있는데, 이러한 점은 서비스품질의 객관성을 저해할 수 있다. 마지막으로 고객은 서비스 프로세스의 일부이며, 변화를 일으킬 수 있는 중요한 요인이기도 하다. 따라서 고객을 대상으로 하는 서비스 품질의 연구 및 측정에 본질적인 어려움이 있다고 할 수 있다.

1) 서비스품질의 이해

기업의 품질은 그 기업의 경쟁력을 좌우하는 매우 중요한 부분이라고 할 수 있는데, 특히 재화와 비교해서 서비스는 무형성, 이질성, 생산과소비의 동시성 등의 특성으로 인해 품질의 평가가 더 어렵다고 할 수 있다. 이러한 어려움 때문에 소비자는 서비스의 품질을 평가할 때 다른 단서(clue)나 과정(process)에 의존하는 경향을 나타낸다. 또한, 서비스는 탐색품질(search quality) 속성을 거의 없고 경험품질(experience quality) 속성을 많이 가지고 있다. 고객이 서비스를 평가할 때 기대가 매우 중요한 역할을 하기 때문에 마케터는 이러한 기대를 형성하는 요인을 이해할 필요가 있는데 실질적으로 고객의 기대에 영향을 미치는 요인 중에는 통제 가능한 요인보다 통제 불가능한 요인이 더 많다고 할 수 있다.

제품 및 서비스에 대한 품질평가는 탐색품질(search quality), 경험품질(experience quality), 신용품질(credence quality) 등으로 나눌 수 있는데, 제품의 경우는 탐색품질의 특성이 강한 반면 서비스는 경험품질과 신용품질의 특성이 강한 특성을 가지고 있다.

(1) 품질의 평가

❶ 탐색품질

제품이나 서비스를 구매하기 전에 소비자들이 평가할 수 있는 속성을 말하는 것으로, 모양, 느낌, 가격 등과 같은 항목을 포함하고 있다. 컴퓨터, 냉장고 등과 같은 소비재(consumer goods)와 원자재, 부품 등과 같은 산업재(industrial goods)들은 제품을 구매하기 전 소비자들이 그 품질을 평가할 수 있기 때문에 탐색품질(search quality)의 속성이 강한 편이라고 할 수 있다.

❷ 경험품질

경험품질(experience quality)은 소비자들이 소비 중이거나 소비한 후에야만 평가할 수 있는 속성으로 경험을 통해서야만 그 품질을 인지할 수 있게 된다. 식사나 성형수술 등은 경험품질의 속성이 강한 서비스 상품이라고 할 수 있다. 또한, 호텔, 항공사, 여행사 등의 서비스들도 경험을 통해서만 서비스의 품질을 평가할 수 있는 대표적인 산업들이라고 할 수 있다.

❸ 신용품질

신용품질(credence quality)이란 서비스 종류 후에도 그 평가가 힘든 속성을 가지고 있는 서비스들이 포함된다고 할 수 있는데, 교육, 의료, 회계 서비스 등이 포함된다고 할 수 있다.

2) 서비스품질 차원

서비스품질 차원과 관련하여 많은 연구자들은 서비스의 품질이 단일차원의 개념이 아닌 여러 요인들에 의해서 평가가 이루어져 왔다고 생각했다. 이렇게 서비스 품질 차원과 관련된 연구들이 진행되다 1985년 Parsuraman, Zeithmal, Berry 등의 학자에 의해서 아래와 같이 10가지 차원의 서비스 품질 평가 기준이 제시되었다.

하지만 서비스품질의 10가지 차원들이 상호간에 중복되는 부분이 있고 그 내용을 명확하게 구별하기 힘들다는 의견 등에 따라 PZB(1988)는 1985년 자신들의 연구를 보다 정교하게 만들고 상호간에 중복되는 부분들을 5가지 차원으로 다음과 같이 통합하였으며, 최근, 서비스품질과 평가에서는 이 5가지 차원이 널리 사용되고 있는 상황이다.

❶ 유형성

유형성(tangibility)은 물리적 시설, 장비, 종업원, 사용되는 커뮤니케이션 자료 등의 외형을 의미한다. 호텔의 경우, 호텔의 외형을 의미하며 호텔산업의 특성상 일반적으로 이렇게 서비스 품질 평가 차원에서 유형성에 대한 소비자들의 평가가 포함된다는 것을 인지하고 있기 때문에 청결하고 화려한 이미지를 구축한다고 할 수 있다.

❷ 신뢰성

신뢰성(reliability)이란 약속한 서비스를 정확하게 제공하는 능력을 말하는데, PZB(1988)에 의하면, 미국에서 신뢰성이 서비스품질 차원 5가지 중에서 서비스품질에 대한 고객들의 인식을 결정하는데 있어서 가장 중요한 요소로 작용되고 있다고 한다.

❸ 반응성

반응성(responsiveness)은 고객을 도와주고 신속한 서비스를 제공하고자 하는 의지를 의미한다. 반응성은 고객들의 요구, 질문, 불평 및 문제를 처리하는데 있어서 관심과 신속성을 강조한다.

❹ 공감성

공감성(empathy)이란 고객을 개별화시켜 이해하려는 노력으로 접근의 용이성과 서로 커뮤니케이션이 잘 이루어지는 것이 포함된다.

❺ 확신성

확신성(assurance)은 종업원들의 지식과 정중함, 그리고 기업과 종업원들이 불러일으키는 믿음직스러운 모습을 의미한다.

Hotel Management

04

객실업무

호 텔
경영론

제 4 장

객실업무

1. 호텔객실의 이해

1) 호텔객실의 개념 및 중요성

호텔상품은 다양한 기준에 의해 분류할 수 있는데 최근에 객실상품과 더불어 식음료상품의 판매비중이 증가하고 있지만, 객실상품은 호텔에서 판매하는 상품 중 가장 중요한 부분을 차지하는 상품이라고 할 수 있다.

2) 호텔객실의 특성

호텔경영에 있어서 객실은 가장 중요한 부분이라고 할 수 있는데 객실의 운영에 있어서 주요한 특성을 살펴보면 다음과 같다(박영기 외, p.16, 2013 참조).

(1) 호텔객실 구조의 표준화

호텔산업은 초기 투자비용이 매우 높은 산업이기 때문에 시장진입장벽(market entry barriers)이 매우 높은 산업이다. 특히, 객실과 같은 건물에 투입되는 비용이 매우 높은 편이기 때문에 규모의 경제(economies of scale)를 활용한 호텔객실의 표준화가 매우 중요한 부분이라고 할 수 있다. 또한, 호텔객실의 표준화는 관리적인 측면에서의 비용절감 효과도 가져오게 되며 표준화를 통해서 객실의 공간을 최대한 활용할 수 있기 때문에 호텔객실 관리에 있어서 호텔객실의 표준화는 매우 중요한 부분이라고 할 수 있다.

(2) 객실의 고급화

호텔객실의 유형적인 측면을 고급스럽게 하여 서비스 품질 평가기준 중 가장 중요한 요소 중 하나인 유형성을 통한 고객만족을 최대화하며 치열한 경쟁 환경에서 생존하기 위한 차별화 전략을 구사하기 위하여 점차 호텔의 객실이 고급화되어 가는 경향을 나타내고 있다.

(3) 객실상품의 변화

호텔들은 다양한 고객들의 욕구를 충족시키기 위하여 고객들이 요구하는 소모품, 인테리어, 정보통신 기기 등 새로운 서비스와 시설을 추가하는 경향을 보이고 있다고 할 수 있다.

(4) 객실요금의 다양성

같은 넓이와 크기, 같은 층의 객실을 이용하더라도 고개이 지불하는 요금은 이용시간, 예약 시기, 숙박기간, 계약 조건 등에 따라서 차별화된다고 할 수 있다.

(5) 높은 고정비

호텔은 초기 투자비용이 매우 높을 뿐만 아니라 산업의 특성상 인적 자원을 24시간 활용해야 하기 때문에 관리비용도 매우 높은 산업 중 하나라고 할 수 있다. 이러한 고정비용이 다른 환대산업에 비해서 상당히 높은 편이기 때문에 비수기에는 고정비용을 최소화하려는 경영전략을 구사하기도 한다.

(6) 가치 소멸성

호텔의 객실상품은 일정한 시간에 판매가 이루어지지 않으면 판매할 수 없는 특성 때문에 가치 소멸성을 가진 상품이라고 할 수 있겠다.

3) 호텔객실의 요금제도 및 분류 이해

(1) 객실요금제도

일반적으로 객실요금에는 공표요금, 추가요금, 할인요금 등이 있으며, 그 내용은 다음과 같다.

❶ 공표요금

호텔이 객실요금을 책정하여 주무관청에 신고하고, 접수된 후에 고객에게 공표하고 시행하게 되는 기본요금이다. 이러한 요금을 정규요금(full rate)이라고 한다.

❷ 할인요금

호텔이 위에서 언급된 정규요금을 모두 부과하면 경쟁이 심한 시장구조나 시장경쟁구조(market competition structure)상 과점과 같은 구조를 가진 상황에서는 호텔의 경쟁력을 저하시키는 요인으로 작용할 수 있기 때문에 호텔들은 특정한 개인이나 기업을 포함한 다양한 조직에 대해서 할인된 가격에 객실을 판매하게 된다. 이러한 가격을 할인요금(discounted rate) 혹은 특별요금(special rate)이라고 하며 할인요금의 유형에는 무료요금, 1인 할인가격, 비수기 할인요금, 거래처 요금, 이벤트 요금, 패키지 요금 등이 있다.

가. 무료요금(complimentary rate)

호텔영업에 기여도가 높은 개인이나 단체에 제공하는 무료객실을 의미하며, 일반적으로 여행사를 통해 유치한 단체고객인 경우 일정유료 객실당 정해진 상한선까지 객실만 무료로 제공하지만 개인이나 기업고객인 경우 상황에 따라 전액무료인 경우도 있다.

나. 1인 할인가격(single discounted rate)

우리나라 호텔들이 사용하는 요금제도는 일인당 요금이 아니고 객실당 요금인데 일반적으로 2인을 기준으로 판매한다. 하지만 고객이 예약한 룸이 최저요금인 싱글룸(single room)이었거나 낮은 가격의 룸을 예약하였지만 고객이 도착하여 check-in을 하는 과정에서 가격대의 룸을 판매할 수 없다면 그보다 높은 요금의 객실을 같은 가격으로 제공해야 한다. 이러한 상황에서 같은 가격에 upgrade된 객실을 제공하고 청구하는 요금을 1인 할인가격(single discounted rate)이라고 한다.

다. 비수기 할인요금(season-off rate)

비수기 할인요금이란 호텔의 영업이 가장 한가한 시기에 이를 개선하기 위해서 주기적으로 제공하는 할인요금제도를 의미한다.

라. 거래처 요금(commercial rate)

일반적으로 지난 이용실적을 기준으로 기업이나 단체 등과 계약을 통해 호텔에서 특별할인요금을 적용하는데 이러한 요금을 거래처 요금이라고 한다.

마. 이벤트 요금(event rate)

우리나라 호텔들이 매출을 창출하는 경로가 객실판매, 식음료 판매, 면세점, 부대시설 이용, 결혼 등과 같은 이벤트 등으로 다양해지고 있는 추세를 보이고 있기 때문에 결혼 등과 같은 이벤트를 진행한 고객들을 대상으로 하는 할인요금을 의미한다.

바. 패키지 요금(package rate)

우리나라의 호텔들은 여름, 겨울 등 특정한 시기에 각 호텔의 패키지 상품을 출시하는데 이러한 시기에 적용하는 요금을 의미한다. 이러한 패키지 상품을 출시하는 이유는 특정한 시기에 호텔의 매출을 향상시키려는 이유한, 경쟁적인 관점에서 비슷한 수준의 호텔들이 패키지 상품을 출시하기 때문이라고 할 수 있다.

❸ 추가요금

공표요금과 할인요금은 정상적으로 체크인하고 체크아웃하는 과정에서 부과되는 요금이지만 체크아웃 시간이 늦어질 경우 고객들은 추가요금을 지불해야 한다. 추가요금의 유형은 다음과 같다.

가. 초과요금(over charge)

호텔의 퇴숙시간은 일반적으로 정오나 오후 1시로 규정하고 이 시간을 지나서 퇴숙하게 되는 경우 고객에게 초과요금 지급요청을 하게 된다.

나. 주간이용 요금(day use, part day charge)

고객이 낮 시간에만 객실을 이용하고자 원할 때에는 일반적으로 반액(half charge)을 받게 되며 오후 6시가 지나면 객실의 판매가 어렵기 때문에 전액(full charge)을 받게 된다.

다. 3인 요금(third person charge)

일반적으로 객실은 2인용으로 되어 있는데 가족이나 동료가 함께 투숙하고자 할 때에는 보조침대를 더 추가하여야 하는데, 이러한 경우에 호텔은 고객에게 추가요금을 청구하게 된다.

라. 취소요금(cancellation charge)

고객이 예약을 하고 당일까지 도착할 수 없어 예약을 취소할 때 부과하는 요금으로 호텔마다 약관에 의해 고객에게 청구하게 된다.

마. 미도착 요금(no show charge)

고객이 예약을 하고 호텔에 도착하지 않으면 호텔은 그 객실을 다른 고객에게 판매하지 못하게 되는데 이러한 상황에서 호텔이 고객에게 청구하는 요금이 미도착 요금이라고 한다.

바. 홀드 룸 요금(hold room charge)

홀드 룸 요금은 두 종류가 있는데 하나는 고객이 투숙하는 객실에 짐을 두고 단기간 타 지역에 투숙하면서 그 방의 가격을 지급하는 것이고, 다른 하나는 고객이 호텔을 예약하고 늦게 도착되면서 그 방을 남겨두도록 요청할 때 객실요금을 청구하는 것이다.

4) 객실의 기능

호텔의 객실은 다양한 기능을 가지고 있는데 주요한 기능으로는 수면과 휴식을 취할 수 있는 공간이며 자유공간의 기능도 보유하고 있다고 할 수 있다. 또한, 위생공간과 수하물 공간의 기능도 가지고 있다.

(1) 수면

호텔의 객실은 안락한 침대와 편안한 침구류를 고객들에게 제공하여 객실을 이용하는 고객들이 편안한 수면을 취할 수 있도록 해주는 기능이 객실의 기능 중 가장 기본적이면서 중요한 부분이라고 할 수 있다.

(2) 휴식

객실을 이용하는 고객들은 객실에 비치된 소파를 이용하여 편안한 휴식을 취할 수 있기 때문에 소파는 객실에 비치되는 물품 중 침대, 침구류와 더불어 중요한 물품이라고 할 수 있다.

(3) 자유공간

호텔에서 객실은 투숙한 고객만이 활동하기 때문에 자유로운 공간이 될 수 있으며, TV를 시청하거나 음악도 들으면서 자유로운 행동을 할 수 있는 공간이다.

(4) 위생공간

객실은 호텔을 이용하는 고객들이 많은 시간을 차지하는 공간이기 때문에 청결함이 매우 중요한 부분이며, 이러한 부분이 중요하기 때문에 호텔의 부서 중 하우스키핑부서의 역할은 매우 크다고 할 수 있다.

(5) 수하물 공간

호텔의 객실에 호텔을 이용하는 고객들의 중요하거나 꼭 필요한 수하물을 보관할 수 있다.

2. 객실조직

호텔의 조직은 일반적으로 대규모 호텔의 경우 총지배인, 부총지배인, 객실영업부장(front office manager) 등이 있으며, 객실부에는 객실영업(front office), 객실관리(housekeeping), 고객서비스(guest service), 피트니스(fitness), 시설관리(plant engineering) 등이 있다.

이렇게 호텔에서 객실부서가 차지하는 중요성이 매우 크기 때문에 객실부서장은 다음과 같은 주요업무를 수행해야 한다.

1) 객실부서장의 주요 업무

- 직무수행을 위한 적정 인원확보 및 필요 장비 확보
- 부서의 재무적, 전략적 목표달성을 위한 중장기 계획수립
- 정기적인 부서 직원 교육
- 고객불만 핸들링
- 내부고객만족을 위한 프로그램 개발 및 추진

2) 프런트 오피스

프런트 오피스(front office)는 투숙객들이 처음 서비스를 받는 부서이기 때문에 직원들의 서비스품질이 매우 중요한 부서라고 할 수 있다. 그렇기 때문에 프런트 오피스에서 근무하는 직원들은 고객들에게 정확하고 신속한 서비스를 제공할 수 있도록 훈련되어야 한다.

따라서 프런트 오피스에서 근무하는 직원들은 다음과 같은 수칙들을 엄수해야 한다(신강현 · 강인숙, p.140).

- 사복을 입고 고객 통행지역을 통행해서는 안 된다.
- 고객 앞에서 직원들끼리 사적인 대화를 해서는 안 된다.
- 고객과 마주칠 때마다 인사를 하며 적당한 언어를 구사한다.
- 객실은 점검 이외의 목적으로는 절대 출입해서는 안 되며, 부득이한 경우에는 매니저의 허락을 받아야 한다.
- 객실용품의 직원사용은 절대 금한다.
- 근무시간 중에는 기타 장소에서 휴식을 취해서는 안 된다.
- 식사시간은 규정시간을 초과해서는 안 되며, 근무 교대자가 있을 시에 실시한다.

3) 프런트 오피스의 주요 기능

- 객실예약 업무
- 고객 등록 및 객실배정
- 투숙객의 편의 서비스 제공
- 각종 안내 및 정보제공 업무
- 메시지관리
- 고객영접
- 고객환송
- 비즈니스센터
- VIP 관련 업무

4) 프런트 오피스 직무별 업무 내역

(1) Front Manager

- 현장에 밀접한 중간관리자로써 고객만족과 front staff의 효율적인 지원과 시스템을 효율적으로 관리한다.
- 다른 shift에 근무하는 manager 및 staff과의 원활한 커뮤니케이션을 위해 매일 log book 기록을 확인한다.
- 매일 필수적으로 수행해야 하는 daily check list를 확인한다.
- 효율적인 인적 자원관리와 expected occupancy수에 따른 short term forecasting을 파악한다.
- 업무 계획 수립 및 근무태도 관리를 작성한다.
- 예측되는 객실점유율에 따른 staffing schedule을 작성한다.
- front staff의 근무가 원활히 수행될 수 있도록 필요한 모든 노력을 실행한다.
- VIP나 return guest 등 당일 특별 사항을 보고하거나 통보한다.
- front office 기능에 관련된 모든 일상적인 역할을 다룬다.
- 관련 부서들과 원활한 업무가 이루어질 수 있도록 원만한 관계를 유지한다.
- 객실 지배인 입장에서 모든 직원의 문제를 다룬다.
- 정상적인 기준에서 직원들에게 지시하고 관리한다.
- 모든 front desk 직원의 작업성과를 감독한다.

(2) Assistant Manager

- 프런트 데스크 근무자끼리 인계하는 업무사항을 log book에서 확인한다.
- daily function sheet와 group information을 체크한다.
- occupancy, arrival, departure를 체크한다.
- guest mail을 체크한다.
- 각 section을 정리정돈 한다.
- 근무자 배정 상태를 살피고 staff break schedule을 체크한다.
- 각종 amenity를 체크한다.

(3) Front Clerk

- 일일 판매보고서와 log book을 읽는다.
- 매 시간 당일 객실현황을 점검한다.
- 당일 도착 고객 명단 확인 및 VIP를 위한 객실을 미리 배정한다.
- 모든 개별 고객과 단체 고객을 체크인 시키고 새로운 고객에게 호텔 부대시설과 서비스를 소개한다.
- 모든 개별 고객과 단체 고객의 bill 내역을 정산하고 체크아웃 시킨다.
- VIP를 환송하기 위해 객실 지배인과 연락을 취한다.
- 오후 12시에서 14시 사이에 해당 고객에게 전화를 하여 체크아웃 시간을 확인한다.
- 매일 4박 이상의 장기고객의 명단을 준비한다.
- 데스크 내에서의 전화예약이 있을 경우 친절하게 응대한다.
- 특별요금 명단 및 정해진 요금보다 할인된 가격으로 제공된 객실의 리포트를 준비한다.
- 고객이 도착하기 전의 메시지를 보관한다.
- 호텔서비스나 부대시설에 관한 정보를 제공한다.
- 모든 고객의 불평사항을 담당 상관에게 보고한다.
- complaint 일지를 작성한다.

3. 객실영업업무

1) 객실영업부서장의 업무

객실영업부서장은 총지배인, 부총지배인 또는 객실 담당인원의 지원을 받으며 객실영업업무를 총괄하고 인원배치, 예산수립, 정보교환, 각종 서비스프로그램 등을 수행하며 주요 업무는 다음과 같다.

- 야간 회계감사와 업무보고서 확인
- 예약상황의 확인 및 예약시스템 모니터링

- 프런트 오피스 직원들과 원활한 의사소통
- 객실예약, 고객등록, 고객서비스의 감독
- 고객서비스를 위한 부서 간 의견교환 및 업무협조체계 유지
- 마케팅 계획에 의한 일일매출 목표 수립 및 이행
- 부서 간 고객계산관계 정리 및 관리임원에게 보고 및 승인 업무
- 객실영업부문 예산 수립
- 일별, 주별, 10일간, 월별 객실예측보고서 작성 및 배부
- 영업을 위한 거래처 관계 유지
- 객실영업부서 직원들의 인사, 복리후생, 스케줄 관리
- 기타 총지배인, 부총지배인 또는 객실담당인원의 요구사항 추진보고

2) 객실영업지배인의 업무

객실영업지배인은 객실영업실무자로서의 역할과 고객과 호텔경영층의 중간 연결자 또는 문제해결자로서의 역할과 객실영업부서원의 대고객 서비스업무를 지원한다. 또한, 고객과 호텔의 안전을 위해서 24시간 비상체제를 유지하는 임무도 수행하며, 일반적으로 여러 호텔에서 객실영업부지배인이 예약지배인이나 당직지배인의 역할을 수행하는 경우가 많다.

오전조, 오후조, 야간조로 구분하지 않고 일반적인 객실영업지배인의 주요업무는 다음과 같다.

- 전임근무자와 인수인계 및 필요사항에 대한 조치
- 코멘트센터에 근무임을 통보하고 호텔 마스터키 확인
- 일일영업보고서 검토, 수정, 보완
- 근무에 필요한 정보 확인(객실현황, 연회현황, 단체고객 상황 등)
- 예약상황과 판매가능 객실 수의 확인
- VIP 파악
- 긴급사태 발생 시 임원진에게 보고하고 현장지휘업무 수행

4. 객실의 종류

이전에 비해 호텔이 수익을 창출하는 분야가 식음료, 연회, 면세점 등 다양해지는 현상을 나타내고 있지만, 전통적으로 호텔의 경쟁력을 좌우하는 가장 중요한 상품 중 하나는 객실이라고 할 수 있다.

객실은 분류 방법에 따라 침대의 수에 의한 분류, 이용 목적에 의한 분류, 객실 위치에 의한 분류 등으로 나누어 볼 수 있다.

1) 침대수에 의한 분류

(1) 싱글베드룸

객실에 1인용 베드가 1개 설치되어 한사람의 고객이 투숙할 수 있는 객실을 의미한다.

(2) 더블베드룸

한 객실에 두 사람이 투숙할 수 있도록 2인용 침대 또는 킹사이즈 침대를 갖춘 객실을 의미한다.

(3) 트윈베드룸

한 객실에 1인용 침대를 2개 설치하여 2인이 투숙할 수 있는 객실을 의미한다.

(4) 트리플베드룸

한 객실에 3인이 투숙을 원할 때 트윈베드룸에 보조침대를 하나 더 추가하여 3인이 숙박할 수 있도록 한 객실을 의미한다.

(5) 싱글-더블베드룸

하나의 변형된 객실의 형태이며 1인용 침대인 싱글베드와 2인용 침대인 더블베드를 설치하여 3인이 숙박할 수 있도록 하였으며 트리플베드와는 다르게 보조침대를 설치하지 않고 처음부터 싱글침대를 설치하는 형태를 의미한다.

(6) 더블-더블베드룸

변형된 객실형태이며 2인용 침대인 더블침대를 2개 설치하여 4인이 투숙할 수 있도록 하였으며 보통 딜럭스 트윈이라고도 한다.

2) 이용목적에 의한 분류

(1) Standard Room

(2) Studio Room

(3) Executive Floor Room

(4) Suite Room

3) 객실위치에 의한 분류

(1) 아웃사이드룸

아웃사이드룸은 호텔건물의 바깥쪽에 위치하는 객실로서 외부경관을 내다볼 수 있는 경관이 좋은 객실을 의미하며, 일반적으로 전망에 따라 가격도 약간 높게 책정된다.

(2) 인사이드룸

인사이드룸은 호텔건물의 내부 또는 뒤쪽에 위치하는 객실로서 외부의 경관을 볼 수 없는 객실을 말한다. 일반적으로 객실 판매 시에 인사이드룸의 판매가격이 아웃사이드룸의 판매가격보다 저렴한 가격으로 판매되고 있다.

(3) 커넥팅룸

커넥팅룸은 객실과 객실사이에 통용문이 있어서 외부의 문을 통하지 않고도 객실사이를 왕래할 수 있도록 설계된 형태의 룸을 의미한다.

(4) 어드조이닝룸

어드조이닝룸은 객실배정 시 같은 층 같은 방향에 일렬로 위치하여 객실을 배정하는데, 이러한 위치의 객실을 의미한다. 호텔의 투수객들은 일행이 동행되는 경우 어드조이닝룸에 대한 선호도가 높은 편이라고 할 수 있다.

5. 객실예약업무

객실예약은 호텔을 이용하고자 하는 고객이 실제로 투숙하기 전까지 직접 여행사나, 인터넷 등을 통해서 예약하는 것을 의미한다. 객실예약을 호텔입장에서 살펴보면 당일 발생하는 투숙객의 수요만으로는 호텔의 모든 객실을 판매하는데 어려움이 따르기 때문에 예약판매를 통해서 최대한의 수익을 창출할 수 있고, 고객의 입장에서는 투숙이 필요한 날짜에 정확한 객실을 확보하기 위해서 객실예약(room reservation)이 필요한 부분이라고 할 수 있다.

1) 예약부서의 업무 내용

- 인터넷, 전화, 직접방문 등을 통해 요청하는 예약문의에 답하며 예약을 성사시키기 위한 제반활동 이행
- 예약접수대장을 작성하여 도착일별, 알파벳순으로 보관한다.
- 예약확인서를 발송한다.
- 당일 변경 또는 수정사항은 즉시 이행하고 프런트에 통보한다.
- 예약상황과 판매가능객실을 수시로 파악하여 담당자와 협의한다.
- 3개월, 1개월, 10일간 예상객실 점유율과 예상매출액을 작성하여 관련부서에 제공한다.

- 프런트 데스크 및 고객서비스 부분과 예약 및 VIP 예약에 대한 정보를 교환한다.
- VIP 편의품 셋업을 상정한다.
- 고객이력관리로 마케팅 업무를 보조한다.
- 숙박등록업무를 보조한다.(박대환 외, p.138)

2) 예약의 접수경로

(1) 인터넷 및 스마트폰을 이용한 예약

대부분의 체인호텔들과 예약전문회사들은 세계적인 예약통신망을 구축하고 이를 통해 객실상황을 파악하며, 예약을 집행하게 되고, 우대고객 관리 프로그램과 연계하여 혜택을 부여하기도 한다. 인터넷 및 스마트폰의 일반화로 인하여 고객들이 직접 인터넷과 스마트폰을 이용하여 호텔의 홈페이지 및 예약전문회사의 홈페이지를 통한 예약이 증가하고 있으며 이러한 추세는 향후에도 증가하리라고 예측된다.

(2) 전화 예약

전화예약은 호텔의 상품과 그 수준을 고객에게 알려서 믿음을 줄 수 있고 예약여부를 신속하게 전달할 수 있다. 일반적으로 호텔들은 24시간 예약접수 시스템을 운영하고 있다.

(3) 팩시밀리 예약

팩시밀리 예약은 구체적인 내용을 한꺼번에 전달할 수 있는 장점이 있고, 전화예약의 확인방법이나 견적서 제출방법으로 널리 활용하고 있다.

(4) 직접방문 예약

단위가 큰 예약이나 식음료, 부대시설과 함께 이루어지는 예약은 이를 확실히 성사시키기 위해 관련 담당자들이 직접 예약당사자를 방문하여 예약을 받게 된다. 이때 제반조건들을 협의하여 결정하게 된다.

(5) 여행사를 통한 예약

국내외 여행사로부터 접수되는 예약은 각 여행사와 맺고 있는 제반 조건에 의해 요금, 지급방법, 고객 특전 등이 결정되게 된다. 호텔 예약담당자는 제반조건에 대한 확인을 서식에 의해 송부하고 사본을 단체관광객이 도착하게 될 때까지 관리한다.

3) Over Booking and Turn Away

객실예약을 통해서 호텔은 최대한의 객실을 판매해야 하기 때문에 일반적으로 예약취소에 대비한 초과예약(over booking)을 받게 되는데, 이러한 초과예약의 통제가 되지 않으면 예약한 고객을 다른 호텔로 안내해야 하는 Turn Away의 상황이 발생하게 된다.

이러한 상황을 최소화하기 위해서 객실예약을 담당하는 직원들은 일정한 양의 초과예약을 받은 후에는 예약을 마감해야 하며 저녁시간대에는 예약변경이나 취소 등의 상황이 발생할 수 있기 때문에 업무의 특성상 자주 체크해야 한다.

4) 객실예약의 유형

(1) 보증예약

보증예약은 호텔의 정당한 예약취소(cancellation)절차에 따라 취소된 예약을 제외하고 고객이 호텔투숙에 관계없이 예약된 객실에 대해서는 객실요금지불을 보장하는 예약형태를 의미한다.

일반적으로 보증예약의 수단으로는 다음과 같은 방법이 있다.

❶ 요금 선불(payment)

고객이 예약을 신청할 때 요금전액을 미리 지불하는 형태를 의미하며 만약 요금을 미리 지불한 고객이 투숙하지 못했을 경우에도 호텔은 환불책임을 지지 않는 형태의 방법이다.

❷ 신용카드(credit card)

객실예약 시 고객의 신용카드 정보를 미리 받아서 만약에 고객이 노쇼를 발생시켰을 경우에 신용카드 회사에 객실요금을 청구하게 되는 방법이다.

(2) 비보증 예약

비보증 예약인 경우에는 예약 시 고객이 호텔에게 아무런 지급보증을 하지 않는 방법으로 호텔과 고객이 약속한 예정시간까지 고객이 체크인을 하지 못하면 예약을 자동으로 취소되게 된다.

5) 프런트 오피스

호텔의 프런트 오피스는 고객접점의 서비스가 가장 많이 일어날 수 있는 부서이기 때문에 호텔에서 가장 중요한 부서라고 할 수 있으며 호텔서비스를 이용하려는 고객들에게 가장 강한 이미지를 심어줄 수 있는 부서이기 때문에 그 중요성은 매우 크다고 할 수 있다.

프런트 오피스의 중요성을 살펴보면 다음과 같다(김성대 외, 2013, p.93 참조).

- 호텔을 유선 및 방문하는 모든 고객을 최초로 접촉하는 부서로 호텔의 첫 인상을 결정지을 수 있는 부서이다.
- 고객에게 호텔 및 내적. 외적 정보를 제공해 준다.
- 호텔의 체크인과 체크아웃 서비스를 제공해 주는 곳이다.
- 호텔의 서비스를 받고 호텔을 떠나는 고객에게 마지막으로 호텔의 이미지를 심어주는 곳이다.

- 호텔 내의 상품을 추천. 안내를 하여 영업을 촉진시킨다.
- 고객이 호텔을 이용하는데 있어서 인적 · 물적 보호를 받는다.
- 고객으로부터 얻어진 정보와 자료를 이용하여 호텔의 영업과 서비스를 개선하고 발전시키며, 개인고객에 대한 정보는 관계마케팅(relationship marketing)에 이용하여 고객만족에 최선을 다해야 하는 부서이다.

6) 프런트 데스크의 업무

프런트 데스크는 호텔에서 가장 중요한 부서 중 하나라고 할 수 있으며 수행하는 주요한 업무로는 체크인 업무, 체크아웃 업무, 객실키 관리 업무, 객실 예약 업무, 객실배정업무, 나이트클럭 업무 등이 있다.

(1) Check-in 업무

체크인 업무는 프런트 데스크의 업무 중 가장 중요한 업무로서 고객의 등록(registration0을 담당하는 것인데 이러한 업무를 수행하는 직원은 front clerk 또는 room clerk이라고 한다.

일반적인 체크인의 절차는 다음과 같다(박영기 외 참조, 2013, p.163).

고객영접 → 예약절차 확인 → 등록카드 작성 → 객실배정 → 지불조건 확인 → 객실 키 제공 → 등록카드 정리

❶ 고객영접

벨데스크 종사원의 안내에 따라 고객이 프런트 데스크로 올 경우 밝은 미소로 인사를 하며 최대한 관심을 보이도록 한다.

❷ 예약절차 확인

예약여부를 확인한 후 컴퓨터상으로 고객의 예약상황을 파악한다.

❸ 등록카드 작성

예약 확인 후 등록카드에 고객의 신상을 작성한다.

❹ 객실배정

고객이 등록카드를 작성하는 동안 프런트 데스크 근무자는 객실정비 상태를 확인한 후 객실정비가 완료된 객실을 고객에게 배정한다.

❺ 지불조건 확인

고객에게 지불조건을 확인한 후 현금으로 결재하거나 신용카드로 결재할 경우 객실요금을 신용카드로 승인받아 놓는다.

❻ 객실키 제공

고객에게 객실키를 제공한 후 감사의 인사말을 전한다.

❼ 등록카드 정리

등록카드 내용을 컴퓨터에 입력 후 수정해 놓는다.

(2) 체크아웃 업무

일반적으로 체크아웃은 고객이 투숙 중 사용한 빌(bill)의 사용여부를 확인한 후 사용금액을 정산하고 프런트 캐시어에게 키를 반납하는 과정을 의미한다.

7) 객실 키 관리 업무

객실 키 관리는 프런트 데스크에서 수행하는 업무 중 가장 중요한 업무 중 한 가지라고 할 수 있는데, 이를 통하여 객실에 투숙하고 있는 고객들의 신변의 안전과 재산을 안전하게 보호해야 하기 때문이다.

8) 객실예약 업무

객실예약이란 호텔의 객실을 이용하고자 하는 고객이 호텔에 도착하기 전에 여러 가지 예약 경로를 통하여 계약조건을 형성하여 고객과 호텔 간의 객실이용과 사용에 대한 보장을 약속하는 것이라고 할 수 있다(안광호 외, 2012, p.140).

호텔의 입장에서 객실예약은 매우 중요한 부분이라고 할 수 있는데 예약을 통해서 호텔은 고객과 객실유형이나 요금, 이용시설들이 모두 결정되기 때문에 호텔의 매출액에 많을 영향을 미치기 때문이다.

호텔예약부서에 근무하는 직원이 직무를 수행하기 위하여 보유해야 하는 사항은 호텔상품에 대한 정확한 지식, 경쟁호텔의 상품에 대한 정확한 정보와 지식, 고객을 설득할 수 있는 능력 등이 있다. 각 항목별로 요약하면 다음과 같다.

(1) 호텔상품에 대한 정확한 지식

객실예약업무를 수행하는 호텔리어 원활한 업무의 수행을 위하여 숙지하고 있어야 할 지식은 다음과 같다.

- 호텔의 전반적인 안내사항
- 호텔 객실의 수와 종류
- 호텔 객실의 요금 및 객실 내의 시설물
- 호텔의 식당 종류와 영업시간 및 제공되는 메뉴 및 주요한 메뉴의 가격
- 호텔의 부대시설 종류와 영업시간 및 제공되는 상품

(2) 경쟁호텔의 상품에 대한 정확한 정보와 지식

경쟁관계에 있는 주요한 호텔의 객실상품과 특별한 사항에 대한 지식을 숙지하고 있어야 한다. 이러한 지식을 보유함으로서 고객들의 선택을 위한 비교에 대해 명쾌한 답변을 제공함으로써 서비스 품질 평가기준의 가장 중요한 부

분 중 하나인 확신성(assurance)을 극대화함으로써 고객들의 만족도를 높여 주어야 한다.

이러한 고객들의 만족도 극대화는 고객들의 반복구매를 유도함으로써 치열한 글로벌 브랜드들이 경쟁하는 호텔산업에서 경쟁사에 비해 경쟁우위를 확보할 수 있다고 할 수 있다.

(3) 고객을 설득할 수 있는 능력

호텔 객실예약업무를 수행하는 호텔리어는 고객의 욕구를 파악하여 고객이 경쟁관계에 있는 호텔의 객실상품이 아닌 자사의 객실상품을 구매하도록 설득할 수 있는 능력을 보유해야 한다.

9) 객실배정 업무

프런트 데스크에 근무하는 직원은 고객이 등록카드를 작성하는 동안 객실정비 유무를 확인한 후 만약 객실정비가 이루어지지 않았을 경우 신속하게 다른 객실로 배정해야 한다.

고객이 미리 예약한 객실과 동일하더라도 다시 한 번 더 고객이 원하는 객실에 대한 재확인을 실시하여 룸 체인지를 하는 경우를 줄이도록 한다. 일반적으로 단체객실 배정은 소음과 혼잡함 등의 문제가 일어날 수 있기 때문에 가능한 한 같은 층 또는 그룹 층으로 배정하는 것이 무난하다고 할 수 있다.

10) 나이트클럭 업무

나이트클럭(night clerk)이란 프런트 오피스에서 야간업무를 담당하는 호텔리어를 의미하는데 프런트 데스크의 야간업무는 주간업무와 연속성을 가진 직무이기 때문에 주간에 근무한 근무자로부터 정확하게 업무를 인수인계 받는 것이 매우 중요한 부분이라고 할 수 있다.

나이트클럭의 주요업무는 다음과 같다(안광호 외, 기문사, 2012, p.215 참조).

(1) 객실 키의 확인

객실키와 객실판매 현황판을 비교하여 객실의 공실여부를 확인해야 한다.

(2) 미도착 고객 명단 확인

당일도착예정 고객임에도 불구하고 체크인하지 않은 고객에 대해서는 그 명단을 작성하여 예약 시에 정한 절차에 따라 처리하도록 한다.

(3) VIP 고객 현황 숙지

당일 도착예정인 VIP 고객명단을 파악하여 체크인 완료여부를 확인하며 이미 투숙중인 VIP고객의 현황을 파악하여 보고서를 작성한다.

(4) 슬립아웃 룸의 점검

슬립아웃(sleep out)이란 고객이 투숙하고 있는 기간 동안 호텔 객실을 이용하지 않고 외부에서 숙박하는 경우를 의미하는데, 이러한 경우에는 고객이 객실에 체크인을 하였지만 실제로는 객실을 사용하지 않은 경우이다.

(5) 익일 업무 수행 준비

익일아침의 프런트 데스크의 업무의 원활함을 위하여 익일 도착예정 고객의 등록카드, 익일 출발예정 고객의 명단, 야간에 일어났던 특이사항 등을 구체적으로 정리하여 익일 아침에 근무하는 근무자에게 인수인계를 해주는 것이 매우 중요한 부분이라고 할 수 있다.

6. EFL

귀빈층은 EFL(Executive Floor Lounge)라고 하는 비즈니스 층을 운영하여 고객에게 특별한 서비스를 제공하는 호텔내의 작은 호텔의 기능을 갖추고 복잡한 업무에 시달리는 비즈니스 고객들을 위하여 보다 편리하고 안락한 객실과 부대시설 및 식음료 서비스를 제공하여 일반 객실과 차별화된 최고급의 서비스를 제공하는 특별한 층을 의미한다.

호텔도 기업이기 때문에 이윤창출이 가장 중요한 부분이라고 할 수 있는데, 이러한 관점에서 볼 때 일반 고객이 아닌 귀빈층을 사용하는 고객들은 호텔에서 제공받는 서비스의 품질에 따라서 반복적으로 호텔을 이용하는데 많은 영향을 받게 된다고 할 수 있다. 따라서 호텔서비스 중에서 다른 부서의 서비스도 중요하지만 Executive Floor Lounge의 서비스는 특히 중요한 부분이라고 할 수 있기 때문에 호텔의 입장에서는 투입하는 인적 자원의 선발이나 교육 및 훈련과 관련해서도 매우 많은 신경을 쓰는 부서라고 할 수 있다.

또한, 귀빈층에서 식음료 서비스를 담당하는 직원을 Butler라고 하는데, 버틀러 서비스를 제공하는 호텔리어는 정확성과 신속성을 갖춘 서비스를 제공해야하며, 귀빈층의 모든 서비스들에 대해서 고객들은 허용구간이 매우 좁기 때문에 작은 실수도 용납되지 않는 중요한 부서라고 할 수 있다.

EFL에서 제공하는 주요 서비스는 다음과 같다.

1) Message 서비스

대부분의 EFL에 투숙하는 고객들은 프런트 데스크를 들리지 않고, 바로 EFL 라운지로 올라와 check-in을 하거나 라운지를 이용한다. 그러기 때문에 프런트 데스크에 메시지를 남겨놓으면 번거로움이 발생될 수 있고, 즉시 전달되지 않을 수 있다. 따라서 EFL에 메시지를 남기게 되면 즉시 전달받을 수 있다.

2) Conference Room 서비스

EFL의 특별한 장점 중 하나는 비즈니스상 환담을 나누거나 회의를 하고자 할 때 작은 회의실이 일정 시간 동안 무료로 제공된다는 것이다. 비즈니스 센터의 회의실은 일반고객들이 일정금액을 지불하고 사용하지만, EFL 회의실은 EFL고객만이 사용할 수 있는 회의실이다.

회의실 안에는 회의용 테이블과 의자, 각종 사무용 기기와 컴퓨터는 물론 FAX, 복사기 등이 구비되어 있다. 그리고 PC를 이용한 영업회의에 사용할 수 있는 bean project, 화상통화 시설 같은 각종 기기 등도 구비하여 비즈니스 고객이 개인 업무를 보는데 불편하지 않도록 편익을 제공한다.

3) FAX 서비스

대부분 EFL 객실에는 개별번호가 부여된 팩스(복사 또는 프린터 겸용)가 설치되어 있어 고객이 직접 팩스를 송 · 수신이 가능하도록 되어 있다. 하지만 사용법에 어려움이 있거나, 직원에게 직접 서비스를 원할 때는 도움을 제공한다.

7. 비즈니스센터

비즈니스센터는 비즈니스 고객들이 가장 많이 사용하는 팩스, 컴퓨터, 회의실 등의 시설과 장비를 갖추고 고객이 비즈니스를 수행하는데 있어서 필요한 업무를 담당하는 장소이다.

특히 비즈니스 고객들에게 비즈니스 센터는 객실과 같이 호텔서비스 중에서도 매우 중요한 장소이기 때문에 호텔마다 표적시장의 차이가 있지만 특히 비즈니스 고객들이 많이 사용하는 호텔의 경우에는 비즈니스 센터의 서비스에 더 많은 물적, 인적 자원을 투입하여 서비스 품질을 높이는 것이 매우 중요하며 같은 포지셔닝에 있는 경쟁호텔과의 경쟁에서 우위를 점하는 중요한 포인트가 될 수 있다고 할 수 있다.

일반적인 호텔의 비즈니스 센터의 주요 업무는 다음과 같다.

1) 팩스 서비스 업무

팩스 서비스는 비즈니스 고객들이 가장 필요한 서비스 중 하나이기 때문에 서비스를 요구하는 고객들의 니즈에 알맞은 서비스를 신속하게 제공해주는 서비스가 필요하다고 할 수 있다.

2) 복사 서비스

복사 서비스 또한 비즈니스 고객들에게 가장 중요한 서비스이기 때문에 호텔에서는 복사 서비스와 관련된 최신장비들을 갖추고 신속하게 고객들의 요구에 알맞은 서비스를 제공해야 한다.

3) 예약 서비스

비즈니스 고객들은 일반적으로 많은 예약과 약속이 잡혀 있는 일정인 경우가 많기 때문에 항공권, 투어 관련, 렌터카 관련 예약 및 취소업무를 신속하고 정확하게 제공해서 고객들의 만족도를 극대화 시키는 것이 중요한데, 호텔에서 이러한 서비스를 제공함에 있어서 가장 중요한 부분은 정확성이라고 할 수 있다. 아주 사소한 부분이라도 착오가 생기면 큰 실수를 할 수 있기 때문에 정확하게 업무를 수행해야 하며, 아무리 다른 호텔의 서비스에서 만족도가 높은 고객이라도 예약 서비스와 관련해서 문제 생기면 불평을 토로할 수 있기 때문에 같은 예약이나 사안에 대한 재확인이 꼭 필요한 서비스라고 할 수 있다.

(1) 현관 서비스

현관 서비스는 유니폼 서비스(Uniform Service)라고 하는데 호텔의 입구에서 근무하므로 호텔의 얼굴이라 할 수 있다. 현관 서비스는 크게 벨 데스크(Bell desk), 도어 데스크(Door desk), 컨시어지 서비스(Concierge service) 등으로 되어 있다.

벨 서비스는 고객들이 짐을 옮기거나 맡기고 싶을 때 신속하고 친절한 서비스를 제공해야 하며 투숙객들에게 객실안내를 하기도하는 서비스이다.

주차대행 서비스인 valet service는 고객 중에 자가운전자의 주차를 대행해 주는 것으로 고객의 차량 중 주차대행을 의한 차량에 한하여 신속하고 정확하면서 안전한 서비스를 제공하여 고객들의 만족도를 극대화시키는 것이 중요한 부분이다.

컨시어지는 불어로 집사를 의미하는 용어이며 컨시어지 부서에서 근무하는 직원은 다양한 지식을 요구하는 부서이기도 하다.

❶ 발렛 서비스

발렛 서비스는 고객이 호텔에 진입할 때 가장 먼저 제공되는 서비스이기 때문에 고객들에게 높은 반응성, 공감성 등의 높은 서비스 품질을 제공하여 호텔의 첫 인상을 긍정적으로 제공해야 한다.

발렛 서비스의 과정은 고객이 호텔현관에 도착하면 차량상태를 확인한 후, 고객에게 발렛티켓을 발급한 후, 자동차 키를 보관한다. 그 후, 고객이 호텔이용을 마치면 발급했던 발렛티켓을 회수하고, 발렛요금을 받은 후 고객에게 차량 서비스를 제공하면 된다.

❷ 도어 데스크

호텔을 이용하는 고객이 현관에 도착하면 가장 먼저 영접을 받게 되는 곳이 도어 데스크이며 도어 데스크에 근무하는 도어맨은 고객을 맞이하는 첫 직원이기 때문에 호텔을 방문하는 고객에게 가장 강한 인상을 남길 수 있는 직원이다.

이렇게 고객과 첫 대면을 하는 도어맨의 서비스의 품질에 따라서 고객은 그 호텔에 대한 좋은 인상 혹은 그렇지 않은 인상을 가질 수 있기 때문에 호텔서비스에 있어서 도어 데스크에서 고객에게 제공하는 서비스는 매우 중요하다고 할 수 있다.

(2) 도어맨 업무

도어맨(Door man)은 독특한 모자와 복장을 하고 호텔의 방문고객을 최초로 맞이하는 상징적 직원으로 호텔의 첫 번째 이미지를 전달한다. 현관에서 도착고객의 영접과 출발고객의 환송을 담당하고 현관의 차량 및 주차관리를 담당한다.

도어맨의 주요한 업무를 정리하면 다음과 같다.

❶ 영접

호텔의 현관에 근무하는 도어맨은 호텔로 자동차가 들어오면 차량이 정지할 위치를 수신호로 알려준 다음 자동차의 문을 연다. 이후 정중한 인사를 하는데 호텔의 서비스를 이용하려는 고객이 가장 먼저 서비스를 제공받는 접점에서 고객을 응대하기 때문에 그 중요성이 매우 큰 포지션이라고 할 수 있다.

❷ 현관질서

호텔의 현관은 많은 사람들이 이용하는 공공장소이기 때문에 도어맨은 현관 정문의 주변을 혼잡하게 관리해서는 안 된다.

❸ 주차관리

호텔의 현관에서는 차량이 장시간 주차해서는 안 되며 항상 호텔현관 앞의 교통소통이 원활하게 이루어지도록 도어맨을 주차관리 직무를 수행해야 한다.

❹ 주차대행

호텔을 방문하는 고객들의 주차대행 서비스를 통해서 고객들에게 편의를 제공하고 고객만족을 극대화해야 한다.

❺ 정보제공

호텔을 이용하는 고객들이 필요한 정보를 미리 제공하거나 정보제공을 희망하는 고객들에게 신속하고 정확한 정보를 제공해야 한다.

이렇게 신속하고 정확한 정보를 고객에게 제공하기 위해서는 미리 호텔리어로서 필수적으로 숙지하고 있어야 할 정보를 숙지하고 있다가 신속하고 정확하게 고객들에게 정보를 제공하여 서비스품질 평가 기준 중 반응성, 확신성 등과 관련된 부분에 있어서 고객만족을 극대화시켜야 한다.

❻ 환송

호텔을 이용하고 호텔을 출발하는 고객들에게 서비스마인드를 가지고 친절하게 환송인사를 건네는 것이 매우 중요한 부분이라고 할 수 있다.

이러한 환송 과정을 통해서 고객들이 다시 자사의 호텔상품을 구매할 수 있도록 하는 것이 매우 중요하다고 할 수 있다.

8. 벨 데스크

일반적으로 벨 데스크 직원이 수행하는 직무는 고객서비스 업무와 로비관련 업무로 나누어볼 수 있다.

고객서비스 업무로는 체크인 안내 서비스, 체크아웃 서비스, 수하물 보관, 룸 체인지, 물품 전달 등이며, 로비관련 업무는 로비관리와 페이징 서비스 등이 있다.

현관지배인의 주요업무는 다음과 같다.

- 벨 캡틴, 벨맨, 도어맨, 주차요원, 엘리베이터 안내요원 등의 근무 상황을 감독한다.
- 임시 수하물 예치나 정리정돈 상태를 확인한다.
- 호텔 현관의 상태를 확인한다.
- 벨데스크에서 사용하는 각종 비품의 이상 유무를 확인한다.

1) 벨 캡틴 업무

벨 데스크는 일반적으로 2교대 혹은 3교대로 근무하는데 각 근무조의 조장인 벨 캡틴의 주요 업무는 다음과 같다.

. 현관 지배인 부재 시 업무를 대행한다.

. 부하직원의 근무스케줄을 작성하고 관리감독한다.

. 로비와 현관의 정리정돈상태를 확인한다.

2) 벨맨 업무

벨맨(Bell man)이라 함은 옛날에 여행자가 여인숙의 문을 두드리면 안에서 "알았다"는 신호로 벨을 흔들면서 나와 문을 열어주었다는 데서 유래되었다. 호텔에 들어서는 고객을 정중히 로비에서 영접해 주고 프런트 데스크로 안내해주는 제복을 입은 종사원을 말한다.

(1) 고객의 체크인/체크아웃 때 협조

- 체크인(Check-In) 등록이 끝난 고객을 객실까지 안내할 때에는 고객의 가방이나 짐, 코트를 고객을 위하여 들어준다.
- 고객과 승강기를 타고 객실로 이동 중일 경우, 호텔시설 안내 등 가벼운 대화를 나눈다.
- 객실에 도착 시 객실의 특징이나 각종 시설물에 대한 사용법을 안내한다.
- 체크아웃(Check-Out)하는 고객으로부터 수하물 운반요청이 있을 때에는 고객의 수하물 개수와 잊은 물건이 없는지 확인하고 로비까지 운반한다.
- 단체객의 경우 출발 몇 시까지 수하물 운반요청이 있으면 각 층을 돌아 복도에 나와 있는 짐을 로비까지 옮겨와 객실번호와 짐의 수량을 확인하고 한곳에 집결시켜 망을 씌워둔다.
- 고객의 짐을 차에 실어주고 만일의 경우를 위해 차량번호를 적어 둔다.

(2) 메시지 전달 및 심부름

- 프런트 데스크로부터 각종 메시지나 우편물을 고객에게 신속히 전달하며, 전달이 끝나면 고객의 서명을 받아둔다.
- 객실고객의 불만사항이나 각종 요구사항을 고객의 편의를 위해 대행하여 준다.
- 객실 키를 룸에 두거나 분실하였을 경우 마스터 키 (Master Key)를 가지고 객실 문을 열어준다.

(3) 기타업무

- 고객의 객실변경(Room Change)시, 새로운 객실의 안내 및 짐 운반
- 로비의 패이징 서비스(Paging Service) 및 질서유지
- 호텔안내 및 관광안내 서비스

(4) Bell Man

호텔을 방문하는 모든 고객들을 가장 먼저 접하기 때문에 예의바른 태도와 어조로 항상 현관근무의 수칙을 실천한다. 또한, 투숙객의 안내 및 고객의 요구를 최대한 충족시키기 위해서 노력한다.

- 출근 및 복장 점검
- Concierge Manager 주관 회의 참석
- function 및 금일 VIP 숙지
- log book 및 교대조와 인수인계
- lobby patrol
- 방문고객에 대비하여 stand by
- 당일 사용한 서류철 정리
- 운반구 정리 및 정돈
- 미결사항 log book 기재

• 보관물품 정리 정돈
• 각종 Bell Man 기본 업무 수행

9. 컨시어지

1) 컨시어지의 이해

컨시어지(concierge)는 호텔을 이용하는 고객들을 최초의 접점에서 맞이하며 호텔리어로서 품위 있는 동작과 세련된 매너로 응대하며 고객에게 최대한의 편의를 제공하기 위해 호텔의 시설을 안내하고 각종 정보를 제공하는 부서라고 할 수 있다.

(1) 컨시어지 근무자 수칙

현관 근무자는 호텔을 방문하는 모든 고객을 가장 먼저 접하기 때문에 고객에게 호텔의 서비스와 이미지의 첫 인상을 강하게 심어주게 된다. 또한 고객이 호텔을 떠날 때에도 영송 서비스를 제공하기 때문에 다음과 같은 업무수칙을 준수해야 한다.

• 항상 친절해야 한다.
• 미소를 잊지 않는다.
• 말씨를 정중하게 한다.
• 몸가짐을 단정하게 한다.
• 적극적으로 업무에 임한다.
• 업무에 대한 책임감을 갖는다.

(2) 직책별 직무 내용

❶ Concierge Manager

현관서비스 업무에 있어 근무자의 자발적, 의욕적인 근무환경을 조성하며 효율적으로 조직운영이 될 수 있도록 하며 고객에게 최고의 서비스를 제공할 수 있도록 한다.

- Bell Captain으로부터 업무 현황 파악
- 전일 객실 판매 및 금일 forecast, function을 숙지하여 근무 인원 조정
- 복장상태 및 기본자세 점검
- 접객 태도 및 stand by 자세 점검
- 고객 handling 자세 및 어법 교육
- 고객 수화물 안전 관리 파악
- 일일 회의 주관
- log book 인수인계 상태 확인 및 전달
- 당일 VIP 및 객실 판매 현황, forecast 통보
- 당일 function상황 전달
- 현관 서비스 교육 계획 및 분기별 교육
- 월별 근무평가 및 근무태도상태 관리
- 월별 보고서 작성 및 통보
- 월별 단위 각종 소모품 재고조사 및 부족량 청구, 구매 작성
- 월 단위 고객 각종 이용 현황 작성

■유니폼 서비스 제공자 직무의 체크리스트

수행직무	직무내용
고객영접	· 호텔도착 시 정중히 영접하며 고객 질문 시 적절히 안내하는가. · 고객의 하차와 하물을 돕는가. · 차량의 유도가 원활이 이루어지는가. · 벨맨과의 인수인계와 고객의 현관의 안내를 돕는가.
고객환송	· 벨맨과의 수하물 인수와 고객의 수하물을 확인하는가. · 차량의 호출이 원활히 이루어지는가. · 수하물의 적재와 고객의 안전한 승차를 돕는가. · 고객을 정중히 환송하는가.
고객요청사항 확인	· 고객의 요청사항을 반갑게 접수하는가. · 고객 요청사항을 즉시 진행하고 수행결과를 통보받는가. · 수행결과를 고객에게 통보 및 확인하는가.

수행직무	직무내용
교통정보서비스	· 이용 가능한 차량을 알선하는가. · 고객의 요구차량을 정확히 수배하는가. · 고객의 차량 탑승을 보조하는가. · 고객을 정중하게 전송하는가.
렌탈 서비스	· 렌탈 기물을 숙지하고 사용 가능하게 보관하는가. · 고객의 렌탈 요청 시 정확한 정보를 신속히 제공하는가. · 렌탈 내용을 일지에 기록하는가. · 반환된 렌탈 기물의 이상 유무를 확인하여 보관하는가.
차량호출	· 차량 호출 접수 시 고객으로부터 차량정보를 정확히 인지하는가. · 차량을 정확히 호출하며 차량의 진입을 원활하게 하는가. · 고객의 탑승을 준비하고 수하물을 적재하는가. · 고객을 정중히 배웅하는가.
차량주차	· 차량 주차 시 키를 인수하고 tag을 교부하는가. · 차량을 정확히 주차하고 주차장소를 기억하는가. · 주차정보를 일지에 기록하고 키를 키고리에 두는가. · 차량을 고객에게 정확히 인계하고 정중히 환소하는가.
정보제공	· 호텔 내 · 외부의 행사 및 정보를 정확히 숙지하는가. · 고객이 원하는 정보를 제공하는가. · 제공된 정보에 대하여 고객의 만족여부를 확인하는가. · 제공정보를 지속적으로 업데이트 하는가.
고객호출 서비스	· 객실고객 또는 방문객의 접수를 정확히 받는가. · 규정된 절차에 의해 방문객이 객실고객을 찾게 하는가. · 규정된 절차에 의해 객실고객이 방문객을 찾게 하는가.
고객도착 시 수하물운반	· 고객에게 반갑게 인사하고 수수하물을 정확히 인수받는가. · 고객 등록 시 수하물을 안전하게 보관하며 대기하는가. · 고객의 수하물을 안전하게 배달하는가. · 객실의 이상 유무를 고객으로부터 확인받는가.
고객출발 시 수하물운반	· 수하물 운반요청의 접수된 사항을 잘 이행하는가. · 고객에게 수하물을 정중히 인수받는가. · 수하물 인계 시 계산여부와 이상여부를 확인하는가. · 고객의 수하물 적재와 차량탑승을 돕는가.
수하물보관	· 고객의 수하물 보관 요청을 친절하게 받는가. · 수하물을 구분하여 보관하고 기록하는가. · 수하물의 인도요청을 받고 배달장소를 확인하는가. · 고객 수하물의 보관장소를 확인하고 정확하게 배달하는가.
고객배달물 처리	· 고객 배달 요청 접수 후 접수 순서별로 배달준비를 하는가. · 일지에 배달물을 기록하며 고객정보가 일치하는지 확인하는가. · 배달 시 고객에게 공손하게 서명을 받는가. · 배달결과를 일지에 기록하는가.

수행직무	직무내용
우편물처리	· 우편물 및 소수하물에 따른 발송 방법을 숙지하고 있는가. · 우편물의 처리에 따른 요금, 시간 등을 고객에게 통보하는가. · 우편물 발송 의뢰 시 일지에 정확하게 기록하는가. · 발송 내역을 고객에게 신속히 통보하는가.
분실물처리	· 분실사고 시 고객을 안심시키도록 최선을 다하는가. · 분실물에 따른 절차를 적절히 하고 고객에게 안내하는가. · 분실물이 회수 될 경우 즉시 고객에게 통보하는가.
습득물처리	· 습득물 발견 시 주인이 없으면 물품을 습득하는가. · 습득물의 기록과 보관이 안전하고 정확하게 이루어지는가. · 습득물의 인계 시 확인을 하고 서명을 받는가. · 호텔 규정에 따라 습득물을 공정하게 처리하는가.
항공예약 및 변경	· 항공스케줄 표를 비치 및 보관하고 있는가. · 항공 예약 요청 시 즉시 가능 여부를 고객에게 전달하는가. · 출발 전 항고예약에 대하여 재확인을 하는가. · 항공예약 변경 시 항공사에 확인 후 즉시 고객에게 안내하는가.

2) 컨시어지의 주요 업무

(1) VIP 고객의 영접과 환송

호텔의 VIP고객은 일반적으로 일정 직급 이상의 포지션에 위치하는 경우가 많기 때문에 호텔의 투숙뿐만 아니라 업장의 반복적이면서 지속적인 구매력이 있는 고객이라고 할 수 있다.

따라서 일반고객들의 영접과 환송도 매우 중요한 부분이지만 VIP의 영접과 환송은 특히 더욱 많은 몰입도가 필요한 부분이라고 할 수 있으며 컨시어지의 업무 중 주요한 업무라고 할 수 있다.

(2) 고객들에게 정보 제공

호텔의 모든 부서의 직원들은 고객들에게 정보를 제공하는 것이 매우 중요한 부분인데, 이는 서비스 품질적인 관점에서 확신성(assurance)을 통한 고객만족의 극대화를 위해서 중요한 부분이기 때문이다.

특히 호텔에서 컨시어지 업무를 담당하는 직원의 경우에는 정확한 정보를 신속하게 고객들에게 전달하는 것이 매우 중요한 업무 중 하나라고 할 수 있다. 호텔을 이용하는 고객들 중 비즈니스 고객들에게는 그들이 비즈니스의 원활한 업무수행을 위해 필요한 정보를 제공해야 하고 관광객들에게는 호텔의 홍보자료, 관광안내서 등 관광객들이 지역의 관광을 위해서 필요한 정보를 제공해야 한다.

(3) 고객의 불평 처리

호텔을 이용하는 고객들이 불평을 한다는 것은 서비스기대모델로 설명하면 호텔에서 고객에게 제공하는 서비스가 허용구간(tolerance zone)에서 벗어나 있다고 할 수 있다.

이렇게 고객의 불평에 대해서 컨시어지 업무를 담당하는 직원들은 신속하게 처리해야 하는데 고객 불평의 사례는 주로 직원에 대한 불평, 호텔에서 제공하는 서비스에 대한 불평, 호텔의 시설이나 유형적인 물품에 대한 불평 등으로 나누어 볼 수 있는데, 호텔직원에 대한 불평으로는 고객의 질문에 성의 없이 대답하는 경우, 고객에게 서비슬 제공하는데 있어서 반응성이 떨어지는 경우 등을 들 수 있다.

호텔의 시설물이나 유형적인 물품에 대한 불평으로는 객실, 주차장, 엘리베이터, 식음료 업장 및 각종 부대시설에 대한 불평 등이 있다.

호텔에서 제공하는 서비스에 대한 불평으로는 주차관련, 하우스키핑 관련, 식음료 서비스 관련 등 호텔에서 제공되는 각종 서비스와 관련된 불평 등 있다고 할 수 있다.

Hotel Management

05

하우스키핑

호 텔
경영론

제5장

하우스키핑

1. 하우스키핑의 이해

하우스키핑 부서는 객실의 청소와 시설비품의 유지관리뿐만 아니라 식당, 회의실, 복도, 현관 등 호텔의 모든 장소와 linen류와 직원의 유니폼 등 기타 부서에까지 관리영역의 범위가 넓다.

2. 하우스키핑부서의 주요업무

1) 객실의 청소 및 정리정돈

하우스키핑부서는 빈 객실, 투숙 중인 고객의 재실 청소 등 호텔이 보유한 객실의 청소와 정리정돈의 업무를 신속히 수행하여 객실을 효과적으로 판매하도록 하고 투숙객이 청결한 객실에서 체류할 수 있도록 한다.

2) 객실의 설비와 비품의 정리

하우스키핑부서는 객실에 비품과 소모품을 보급하여야 하는데 이는 고객의 편의를 위하여 일정한 비품과 소모품을 양질의 것을 보급하도록 하고 사용하기 적당한 장소에 제공하여야 한다.

3) 객실용의 린넨류 및 소모품의 저장과 관리

하우스키핑부서는 객실용 린넨류와 소모품, 식음료관련 소모품을 저장하여야 한다.

4) 세탁물서비스

하우스키핑부서는 투숙객이 투숙하는 동안 의뢰하는 세탁물서비스를 정확하게 고객이 원하는 시간에 제공해야 한다.

5) 분실물관리 서비스

하우스키핑부서는 고객이 객실이용 시 분실한 물건을 보관하여 돌려주는 역할도 수행해야 한다.

6) 공공장소의 청소 및 관리

하우스키핑부서는 고객의 객실뿐만 아니라 각층의 복도, 엘리베이터, 에스컬레이터, 호텔출입문, 주차장 등의 모든 장소를 청결하게 관리해야 한다.

7) 고객의 불평처리

하우스키핑부서는 호텔의 객실뿐만 아니라 호텔의 모든 시설에 관한 고객의 불평이 접수되면 이를 잘 해결해서 고객의 만족도를 높여 고객들의 재방문을 극대화하여야 한다.

3. 하우스키핑 관련 인적 자원의 주요 업무

1) 하우스키퍼의 업무

하우스키퍼는 하우스키핑 분야의 책임자로서 객실정비, 유지관리 및 비품관리에 중점을 두고 하우스키핑부서의 모든 직원들에게 작업을 지시하고 감독하는 업무를 수행한다.

하우스키퍼가 수행해야 할 주요업무는 다음과 같다.

(1) 인적 자원관리

- 적정수의 직원유지관리를 한다.
- 신입직원의 채용 및 교육훈련을 실시한다.
- 부하직원의 후생 및 복지관리를 한다.
- 업무계획의 작성 및 업무를 할당한다.

(2) 원가관리

- 예산을 수립한다.
- 가격의 적정성을 확인한다.
- 각종 기록의 유지 및 분석을 한다.
- 적정 소요물품의 계산 및 집행을 한다.

(3) 자재관리

- 각종 물품의 이용 가능성을 파악한다.
- 재고조사 및 확인을 한다.
- 장비에 관한 주문 및 수리를 한다.

(4) 업무관리

- 청소의 감독 및 청결유지를 한다.
- 열쇠의 취급 및 관리감독을 한다.
- lost and found의 처리감독을 한다.
- 안전 및 화재예방을 위한 관리를 한다.

2) 인스펙터의 업무

Room Inspector는 객실점검원을 의미하며 주요업무는 다음과 같다.

- 키를 수령한다.
- 룸메이드가 보유하고 있는 린넨 및 보급품의 적정량 여부를 확인한다.
- 청소상태, 인쇄물, 소모품 및 비품의 정리 정돈.
- 룸메이드가 청소한 복도 및 메이드 창고를 점검한다.

3) 룸메이드의 업무

Room Maid는 하우스맨의 도움을 받고 Room Inspector의 지시에 따라 객실의 청소를 담당하며 주요 업무는 다음과 같다.

- 청소도구 및 객실용품을 준비한다.
- 창문을 열고 객실비품 및 소모품의 점검과 파악 · 보고한다.
- Lost and Found를 확인하고 사무실에 보고한다.
- Linen의 교체 및 Laundry를 수거하여 처리한다.
- 객실 청소 및 침대 정리를 한다.
- Towel, Robe 등의 용품을 체크한다.
- 정리가 다 끝나면 프런트에 보고한다.

4) 하우스맨의 업무

House Man은 호텔의 성격과 규모에 따라서 주어진 직무의 내용이 다르며 객실, 로비, 연회실에 종사하는 하우스맨, 집기의 손질과 운반을 전담하는 하우스맨, 청소를 맡은 하우스맨 등 그 명칭도 다양하다고 할 수 있다.

다시 말하면 하우스맨은 보통 여성이 감당하기 어려운 업무에 대해서 하우스맨이 전담하거나 보조적으로 일처리를 하게 된다.

5) 린넨 업무

Linen이란 마직류를 의미하는데 호텔에서는 면이나 화학섬유로 만들어진 towel, napkins, sheets, blankets, uniform, curtain 등을 의미한다. 린넨 담당직원의 주요 업무는 다음과 같다.

- 정리객실 리스트를 작성한다.
- 객실정비 지배인에게 전달사항을 전달한다.
- 새로 구입한 것, 세탁한 것, 더럽혀진 린넨류의 숫자를 파악한다.
- 린넨을 구입하고 지급한다.
- 린넨의 수선 및 호텔로고를 제작한다.
- towel, napkins 등을 수선한다.
- 오점을 제거한다.
- 린넨류의 재고를 파악한다.
- 분실 및 습득물에 관해 보고한다.
- 린넨룸을 청소한다.

6) 세탁실 업무

세탁실의 주요업무는 다음과 같다.

- 세탁물의 접수와 이상유무의 사전 확인 및 통보
- 세탁물에 관한 계산서의 작성 및 발행

• 세탁물의 분실 및 훼손의 방지
• 세탁물의 정확한 전달 및 기록 유지(최병호 외, p. 141-153 참조).

4. 하우스키핑부서와 타 부서와의 업무 협조

하우스키핑부서는 호텔서비스에서 업무의 특성상 특히 다른 부서와의 업무 협조가 꼭 필요한 부서라고 할 수 있다(김홍일, 2014, p.145 참조).

하우스키핑부서와 업무협조가 필요한 부서와 업무협조가 필요한 부분은 다음과 같다.

1) 프런트 데스크

하우스키핑(housekeeping)에서 객실정리가 완료되면 고객이 객실에 입실해도 된다는 보고를 프런트 데스크에 하게 되며 이 보고를 받은 후 프런트 데스크에서는 고객을 객실로 입실시키게 된다.

2) 시설부

객실의 시설에 문제가 발생하게 되면 호텔의 입장에서는 객실을 판매하기 어렵기 때문에 신속하게 시설부에 연락하게 객실의 문제를 해결해야 한다. 이를 위해서 하우스키핑부서는 객실의 여러 곳을 주의 깊게 살펴서 문제가 발생한 객실에 고객이 입실하지 않도록 해야 한다.

3) 세탁부

하우스키핑부서는 세탁부와 신속하게 협조하여 린넨(linen)의 공급이 원활하게 하도록 해야 한다. 특히, 호텔에 따라 다르지만 린넨류의 세탁을 외부에 아웃소싱하는 호텔의 경우에는 특히 세탁부와의 협조가 원활하게 이루어져야 한다.

4) 구매부서

구매부서는 모든 하우스키핑 부서의 비품 및 소모품을 구매하는 업무를 수행하기 때문에 하우스키핑부서와 구매부서의 긴밀한 협조가 필요하다고 할 수 있다.

5) 판매부서

하우스키핑부서는 판매부에서 고객들과 약속한 사항들이 지켜질 수 있도록 협의해야 한다. 특히, 특1급 호텔과 같이 규모가 큰 호텔의 경우에는 규모가 큰 컨벤션행사와 각종 연회행사 및 단체투숙객의 규모가 크면서 많기 때문에 이러한 상황을 고려해서 고객들에게 제공되는 서비스와 객실 등에 문제가 발생하지 않도록 노력해야 한다.

5. 객실의 청소

1) 청소 순서

(1) 청소 준비

❶ 객실상황의 구분

호텔에서는 청소할 객실의 상황을 다음과 같이 분류해서 청소의 방법을 각각 다르게 적용한다.

- 사용하지 않았던 객실(vacant room) : 전날부터 사용하지 않았던 객실
- 퇴숙한 객실(check out room)
- 체재객실(stay room) : 고객이 계속해서 체재 중의 객실
- 특별히 주의해야 할 객실(special attention room) : VIP 등이 사용하는 객실

이상과 같이 청소객실의 상황을 구분해서 청소가 행해지나 1에 관한 청소는 통상 간이 청소라고 부르고 있는 청소이며, 2는 보통청소, 즉 통상의 청소가 행해진다. 4는 장기간 체재한 고객의 퇴숙 후의 객실에 관해서는 대청소가 행해진다. 간이청소, 보통청소, 보통청소, 대청소 또는 소청소, 중청소, 대청소라고 부르고 있는 호텔도 있다.

(2) 객실청소 기준서

이상과 같이 객실의 청소에 관해서는 청소객실 수를 구분해서 청소의 정도를 정하고 있으나 이것을 상세하게 기준화한 객실청소 작업기준을 설정해서 청소를 매일 행하는 작업과 일정의 간격을 두고 행하는 작업으로 분류된다. 그리고 이 기준서를 기본으로 해서 객실정비를 실시하고 inspection을 능률적으로 행하는 것이 효율적인 객실관리 방안이라 할 수 있다.

■객실청소작업 기준서

객실청소 작업기준(각 층 station 보존)					
청소장소	매일 행할 작업		기간을 두고 행할 직업		주기
	작업 내용	사용 용구	작업 내용	사용 용구	
RED	Make Bed	Sheet pillow case	매트리스 교체 Spread 교체		1개월 2개월
CARPET	Cleaner	Vaccum Cleaner	얼룩제거	세제액	필요 시
DESK 및 TABLE	Clean 마른 걸레로 닦음	Duster 전용걸레	수리 또는 교환	수리기구 교환품	

(3) 청소작업의 기준소요시간

보통의 작업 경험과 작업능력을 가진 객실관리부서 종사원이, 객실청소 작업에 요하는 시간은 25분 내지 30분이라고 한다. 이와 같은 소요시간은 객실의 크기에 따라 달라질 수 있다. 따라서 호텔에서는 제각기 나름대로의 객실청소에 관한 표준소요시간을 만들어서 그 기준에 따라 객실청소 할당을 고려하는 것이 바람직하다.

■작업표준 소요시간의 예(보통청소)

구분	소요시간
대형 twin bed room	40분
보통 twin bed room	30분
single room	20분
suite room	20분

(4) 청소순서

객실청소의 순서는 호텔마다 약간씩 다르지만 일반적으로 다음과 같은 순서로 행해진다.

- 청소의 준비
- 객실 내의 점검
- 베드 메이킹
- 욕실의 청소
- 비품류의 정리
- 청소 후의 체크

고객의 잔류품을 발견하면 floor house keeper에 전달하거나 house keeper에게 연락을 취한다. 고객의 잔류품이 버려진 물건으로 판단이 되지 않는 경우에는 담당자가 독자적으로 조치를 취하지 말고 반드시 floor house keeper에게 보고해서 조치를 받는다.

이와 같은 고객의 유류품은 객실관리부의 lost and fund에서 관리하기도 하고, 호텔에 따라서는 front에서 취급하기도 하지만 고객으로부터 문의가 있는 경우에는 신속하게 확인할 수 있도록 해야 한다.

(3) bed making

❶ 사용 린넨의 처리

bed making은 사용한 bed의 sheet 등을 교체하고 새로운 bed를 만드는 작업이다. 따라서 bed making을 하기 전에 우선 사용한 린넨류(sheet, pillow, case)를 벗겨서 처리한다. 또한 사용한 린넨의 처리는 다음과 같은 순서로 행해진다.

주요 STEP	유의점
Bed를 만들기 쉬운 위치에 내놓는다.	Bottom에 손을 넣어 꺼낸다.
Pillow Case를 벗긴다.	Pillow의 밑에 잃어버린 물건이 없는가를 확인한다.
모포를 벗긴다.	Arm Chair의 위에 둔다.
Sheet를 벗긴다.	1매씩
사용한 린넨류를 모은다.	수를 명확하게

사용한 린넨을 벗기기 전에 bed에 파자마나 하의류 등의 잃어버린 물건이 없는가를 조사한다.

사용이 끝난 린넨류는 maid cart의 laundry bag에 넣어서 방의 입구에 모아둔다.

가. 매트리스 위에 bed pad를 둔다.

매트리스가 바르게 놓여있는 것을 확인하고 그 위에 바르게 놓는다.

나. sheet를 걸친다.

겉을 위로 향하도록 하고 중앙의 접은 부문이 bed의 가운데에 오도록 깐다.

다. 사방을 싼다.

매트리스에 접어 넣는다. 포장하는 것과 같도록 각을 예쁘게 한다. 주름이 없도록 반듯하게 한다.

라. blanket을 걸친다.

머리 쪽의 bed board로부터 약 30cm선에 둔다.

마. sheet와 모포를 매트리스 밑에 접어 넣는다.

머리 쪽에서 약 30cm 나와 있는 sheet를 모포에 따라서 접어놓고 각을 만든다.

바. pillow를 pillow cased에 집어넣는다.

pillow cased에 집어넣는다.

사. pillow를 둔다.

kapok를 밑에 하고 중앙에 가지런히 둔다. pillow case이 입구에는 single의 경우에는 벽을 향해, twin의 경우에는 서로 다른 bed쪽을 향하도록 한다. pillowcase의 재봉선은 bed board를 향하게 하고 또한 case의 접을 쪽을 밑으로 향하도록 해서 놓는다.

아. bed spread를 걸친다.

pillow의 위부터 전체로 걸친다. 끝이 바닥에 붙지 않도록 걸친다.

(4) bath room의 청소

❶ bath room의 청소 시 유의점

최근에는 unit bath가 많이 채용되고 있으나 상처를 내기도 하고 찌꺼기가 남기도 하기 때문에 청소를 할 때에는 bath room에 사용하고 있는 소재에 맞도록 세제류를 사용하도록 한다.

❷ bath room의 청소순서

bath room의 청소는 거의 다음과 같은 순서로 행해진다.

a. 더러운 towel, bath mat 등의 린넨 류 분실, 파손을 조사하고 꺼낸 다음 수건걸이를 닦는다.

b. 쓰레기통을 사용한 면도날과 비누, 재떨이, 오물통의 처리를 실시한다.

c. bath tub 및 부속 품류의 청소

- 천장 배기구의 더러움을 물걸레로 닦아낸다.
- shower curtain을 열고 씻는다.
- bath tub 주변의 벽면과 비누통을 씻는다.
- bath tub의 내측은 흔적이 남지 않도록 깨끗이 씻는다.
- 커튼, 수도꼭지를 닦는다.
- shower, head나 손이 가는 부분을 씻어낸다.
- 샤워를 사용해서 세제를 사용한 부분을 씻어낸다.
- 동시에 shower의 상태가 양호한가를 확인하다.
- 수도꼭지, 커튼은 수분을 제거한다.

d. 화장실 청소

- 허리걸이 판을 들어 toilet bowl의 내측을 소독용의 세재를 사용해서 brushing 한다.
- toilet bowl 속에 비누 등의 딱딱한 것을 떨어뜨렸을 경우에는 brush 해서 흘려보내서는 안 된다. 반드시 주워서 버려야 한다.
- flush handle 허리 걸이판의 양면, cover, 변기의 외측은 소독제를 사용하여서 전용의 duster로 잘 문지른다.
- 금속부분은 물방울이 남지 않도록 마른걸레로 닦는다.
- 변기의 청소가 끝나면 소독 완료의 Tape를 붙인다.

e. 바닥은 머리카락이나 먼지가 남지 않도록 세제를 사용해서 구석구석까지 잘 닦는다.

f. basin 및 주위의 청소

- basin은 세제로 닦은 후 물방울을 잘 닦아낸다.
- 커튼 및 수도꼭지를 닦고 물기를 제거한다.
- 벽면 및 선반부분은 물걸레로 닦은 후 마른 걸레로 닦는다.
- 거울은 흐림이 남지 않도록 마른걸레로 닦아낸다.

이상과 같이 bath room의 청소를 설명했으나 bath room의 청소 완료 후 방을 정리해서 소정의 위치에 두고 최후에 잃어버린 물건이 없는지 check한다.

❸ 린넨류, 비품류의 setting

객실 및 bath room의 청소가 끝나면 객실 및 bath room에 소정의 객실 비품류를 setting한다.

가. 객실 내의 비품 setting

a. writing desk에 set-up하는 비품

- stationery holder(stationery holder에는 편지지, 봉투, post card, 볼펜, 호텔 팸플릿, baggage tag, 호텔주변 안내서, 숙박약관, suggestion 기입용지 등이 들어있음)
- room service menu
- 객실의 설비 및 비품의 정리

객실 내에는 각종 설비와 다양한 가구, 비품류 등이 비치되어 있으며 그 명칭을 살펴보면 다음과 같다.

① bed

② nignt table

③ baggage stand

④ writing desk

⑤ tea table

⑥ arm chair

⑦ wardrobe

⑧ floor stand

⑨ carpet

⑩ bath tub

⑪ shower

⑫ shower curtain : bath tub에 들어가거나 shower를 사용할 때에 물이 밖으로 나오지 않도록 하기 위한 것으로서 사용할 때는 커튼의 끝을 bath tub의 속에 넣는다.

⑬ basin

⑭ chilled water faucet : basin에는 찬물과 더운물의 cock이 붙어있으나 최근에는 제3의 cock 즉, chilled water faucet가 추가되었다. 이 cock에서는 식용의 냉각수가 나오기 때문에 객실에 음료수용 냉각수를 넣었던 pot가 필요 없게 되었다.

⑮ toilet bowl

⑯ mirror

⑰ chest of drawers : 서랍이 붙어있는 정리장롱이 있다. 최근의 호텔에는 이 정리장롱에 writing desk를 짜서 붙이기도 하고 화장대를 짜 맞추어 set-up한 것이 많이 이용된다. 이 경우에는 정리 옷장을 두고 있는 벽면에 대형거울을 부착한다.

⑱ writing stand lamp

⑲ writing desk용의 전기 stand

⑳ TV, dressing table(화장대)

㉑ stool : dressing table의 앞에 둥글고 soft한 의자

(5) 침대

호텔객실 내에 비치된 가구로 가장 중요한 것은 침대이다. 침대의 품질은 침심지에 의해 좌우된다. 그리고 침대의 크기는 침대의 폭에 따라 구분하고 매트리스의 두께에 따라 높이가 조정된다. 일반적으로 호텔용 표준 침대의 폭은 싱글침대 97cm, 세미더블 122cm, 더블 140cm 정도이다.

침대의 구성요소는 매트리스, bottom 스프링, bed board 그리고 틀로 구성되어 있다.

(6) 각종 문구류 및 판촉물의 비치

객실 정비 시에 손상되거나 더러워진 문구류는 반드시 새 것으로 교환에서 객실 내에 비치해야 하며, 각종 판촉물은 정상적인 기능을 유지하고 있는지를 점검하고 비치해야 한다. 일반적으로 객실에 비치되는 문구류는 아래와 같다.

① 호텔 안내서(hotel directory)

② 호텔 브로슈어(hotel brochure)

③ 전화번호부(telephone directory)

④ 판촉용 브로슈어(promotional brochure)

(7) 린넨류 및 소모품 관리

린넨은 호텔을 이용하는 고객의 서비스를 위해 사용되는 여러 종류의 직물을 말한다. 깨끗하고 잘 정돈된 린넨의 적절한 공급은 고객에게 기쁨과 만족감을 주지만 불결한 린넨이나 수량이 부족한 경우에는 호텔이용 고객의 불만의 원인이 되기도 한다. 따라서 호텔에서 제공하는 린넨류는 그 호텔의 위생이나 청결의 수준을 고객에게 보여준다고 해도 과언이 아이며, 린넨류의 형태나 재질이 매우 다양하기 때문에 철저한 관리를 필요로 한다.

① 객실용 린넨 구입은 린넨실에서 구입 의뢰하고 관리하며 식음료부서 및 기타 부대 업장의 린넨류 구입은 해장 부서에서 구매 의뢰하여 관리한다.

② 식음료부서 및 기타 부대 업장의 신규 린넨 구입은 사용 부서에서 테이블의 규격, 용도, 실내 분위기에 맞게 구입, 관리한다.

③ 정규 및 조리사의 유니폼 구입은 사용 부서에서 종업원의 인원 변동 및 내구연한을 고려하여 구입 의뢰하고 인사부와 린넨실의 통제를 받도록 한다.

06

식음료 업무

호 텔
경영론

제 6 장

식음료 업무

호텔의 식음료 서비스는 고객에 대한 식음료 판매행위와 그에 따른 모든 물적, 인적 서비스를 제공하는 환대행위라고 정의할 수 있다. 또한, 호텔에서 식음료 서비스를 제공하는 종사원이 갖추어야 할 기본 요건은 아래의 표로 요약할 수 있다.(김혜영 외, p.335 참조)

■호텔 식음료 종사원이 갖추어야 할 기본 요건

항 목	내 용
봉사성	
청결성	
능률성	
경제성	
정직성	
환대성	

1. 식음료의 이해

식음료란 Food and Beverage의 합성어로서 호텔에서 객실에 이어 고객들에게 제공되는 중요한 서비스 상품이라고 할 수 있다.

1) 식음료의 개념

식음료업장은 일반적으로 주로 음식(food)을 판매하는 식당과 음료(beverage)를 판매하는 주장으로 나눌 수 있는데, 주장이란 술을 중심으로 한 음료판매가 가능한 일정한 시설을 갖추고 판매와 서비스가 동시에 이루어지는 공간을 의미한다.

(1) 식당(restaurant)

식당이란 영리 또는 비영리 목적으로 일정한 장소와 시설을 갖추어 인적 서비스와 물적 서비스를 동반하여 음식물을 제공하고 휴식을 취하게 하는 곳을 의미한다.

Restaurant의 어원은 프랑스어인 "de Restaurer"에서 유래되었는데 '수복하다', '기분을 회복하다' 라는 의미이다. 즉 영양이 있는 음식물을 섭취하고 휴식을 취해 건강을 회복시켜 원기를 되찾는다는 의미이다.

식당을 현대적 관점에서 정의하자면 고객과 기업의 측면에서 나누어 고찰할 수 있다. 고객의 측면에서 식당은 피로와 원기를 회복하고 식욕을 충족시켜 주는 공간이고, 기업 측면에서의 식당은 일정한 장소에 필요한 시설을 갖추고 식음료 상품을 인적 서비스를 통해서 판매하는 영리를 목적으로 한 장소라고 할 수 있다.

따라서 일반적인 식당의 정의는 영리를 목적으로 하는 업종으로 일정한 장소와 시설을 갖추고 인적 서비스와 물적 서비스를 통하여 음식물을 제공하는 서비스업이라고 할 수 있다.

❶ 식당의 종류

가. 명칭에 의한 분류

- 레스토랑(restaurant) : 일반적으로 식당의 의미를 사용되고 있는 레스토랑은 고급식당으로서 식탁과 의자를 마련하여 놓고 고객의 주문에 의하여 웨이터나 웨이트리스가 음식을 제공하는 훌륭한 시설이 갖추어진 최상급의 식당을 의미한다.

나. 커피숍(coffee shop)

커피숍은 커피와 음료 또는 간단한 식사를 판매하는 식당이다.

- 카페테리아(cafeteria) : 음식물이 진열되어 있는 카운터 테이블에서 음식을 고른 다음 요금을 지급하고 일반적으로 고객들이 셀프서비스로 음식을 먹는 식당이다.
- 다이닝 룸(dining room) : 주로 정식을 제공하는 호텔의 메인 식당으로 이용하는 시간을 정하여 조식을 제외한 점심과 저녁식사를 제공한다.
- 그릴(grill) : 일품요리를 주로 제공하며 호텔의 이윤극대화 및 고객의 편의와 기호에 최대한 맞추기 위해 그날의 특별요리를 제공하기도 하며, 아침, 점심, 저녁식사가 제공된다.
- 뷔페식당(buffet restaurant) : 준비해 놓은 요리를 균일한 요금을 지급하고, 고객이 자기의 양 만큼 선택해서 식사할 수 있도록 하는 식당이다.
- 런치 카운터(lunch counter) : 식탁 대신 조리과정을 직접 볼 수 있는 카운터 테이블에 앉아서 조리사에게 직접 주문하여 식사를 제공받는 식당이다.
- 리후레시먼트 스탠드(refreshment stand) : 간편한 간이음식을 만들어 진열장에 미리 진열해 놓고 바쁜 고객들로 하여금 즉석에서 구매해서 식사할 수 있도록 한 식당이다.
- 드라이브 인(drive-in) : 도로변에 위치하여 자동차를 이용하는 고객들을 대상으로 음식을 판매하는 식당이다.

• 다이닝 카(dining car) : 기차를 이용하는 여행객들을 위하여 식당차를 여객차와 연결하여 그 장소에서 음식을 판매하는 식당이다.

다. 식당 서비스 형식에 의한 분류

• 테이블 서비스 식당(table service restaurant) : 일반적인 형태의 식당으로 일정한 장소에 식탁과 의자를 준비하여 놓고 손님의 주문에 의하여 웨이터나 웨이트리스가 음식을 제공하는 식당이다.
• 카운터 서비스 식당 : 손님이 조리과정을 직접 볼 수 있도록 주방을 개방시켜 그 앞의 카운터를 식탁으로 하여 음식을 제공하는 식당이다. 이러한 형태의 식당은 고객이 직접 조리과정을 지켜보기 때문에 보다 위생적이고 신속하게 음식을 제공할 수 있다.
• 셀프 서비스 식당 : 고객이 직접 자신의 기호에 맞는 음식을 운반하여 식사하는 형태의 식당을 말하며, 고객이 기호에 맞는 음식을 양껏 식사할 수 있으며 신속한 식사가 가능하며, 고객의 입장에서는 불평이 감소할 수 있으며, 호텔의 입장에서는 인건비가 줄어들 수 있는 특성이 있다(최병호 외, 2004, p.165-174 참조).

2. 식음료 서비스의 기본절차

식음료 서비스에 있어서 고객을 응대하는 서비스 기본절차를 살펴보면 다음과 같이 28단계의 단계로 나누어서 살펴볼 수 있다(김혜영 외, 2014, p.336).

1) 환영
2) 고객의 외투나 소지품 보관
3) 테이블 안내
4) 의자 서비스
5) 식전주 주문
6) 식전주 서비스
7) 물 서비스

8) 음식 추천

9) 메뉴 설명, 와인과 음식 주문받기

10) 계산서 작성

11) 테이블 재 세팅

12) 버터 서비스

13) 빵 서비스

14) 화이트 와인 서비스

15) 쇼 플레이트 치우기

16) 전체요리 서비스

17) 스프 서비스

18) 셔벳 서비스

19) 레드와인 서비스

20) 메인 디시 서비스

21) 테이블 청소

22) 스파클링 와인 서비스

23) 후식 메뉴 추천과 주문

24) 후식 기물 세팅

25) 후식 서비스

26) 음료 주문 및 서비스

27) 계산

28) 환송

3. 식음료업장의 업무 및 특성

식음료부서는 크게 조리를 담당하는 부서와 식음료를 판매하는 판매부서인 식음료부서로 나눌 수 있으며, 식음료 영업장은 크게 식당부분, 음료부분으로 나눌 수 있으며 식음료부서의 직무는 다음과 같다.

1) 식음료부서의 직무

(1) 지배인(outlet manager)의 직무

- 레스토랑의 영업을 책임지고 경영한다.
- 레스토랑을 유지 · 관리한다.
- 부하직원을 관리 · 감독하고 교육 · 훈련을 실시한다.
- 고객을 영접 · 환송하고 불편사항을 처리한다.
- 직원들의 근무 스케줄 작성 및 업무분장을 실시한다.
- 영업 전후 업무를 체크하여 서비스에 만전을 기한다.
- 주방과 홀 주방 사이에 업무협조가 잘 되도록 조정역할을 한다.

(2) 접객조장(captain)의 직무

- 지배인의 업무를 보조하고 부재 시 대행한다.
- 영업시작 전 웨이터와 웨이트리스를 점검하고 서비스 담당구역을 할당한다.
- 테이블세팅 등 영업 준비를 위한 제반 사항을 확인 점검한다.
- 고객을 영접하고 식음료를 주문받는다.
- 담당 웨이터와 웨이트리스를 지휘하여 서비스에 만전을 기한다.
- 식사를 마친 고객에게 계산서를 제공한다.

(3) 접객원(waiter/waitress)의 직무

- 캡틴의 업무를 보조한다.
- 영업 전후로 자기가 맡은 업무분장을 충실히 수행한다.
- 자기가 맡은 테이블에 올바른 서비스의 절차에 따라 음식을 서브한다.
- 테이블세팅 및 서비스에 필요한 각종 용품을 체크한다.
- 고객이 떠난 테이블을 재정비한다.

(4) 리셉셔니스트(receptionist)의 직무

- 영접, 안내, 환송 등 고객응대와 관련된 업무를 수행한다.
- 각 서비스지역에 배치된 캡틴이나 웨이터를 파악하고 테이블번호를 숙지해야 한다.
- 레스토랑의 예약업무를 수행한다.
- 레스토랑의 페이징 서비스를 담당한다.

(5) 식음료사무실 업무

- 식음료부서의 예산 및 영업계획을 수립한다.
- 식음료부서의 직원 충원 요청 및 배치, 훈련 등 인사업무를 담당한다.
- 식음료부서 내 각 업장의 재물을 관리 감독한다.
- 식자재 및 소모품, 기물 등을 청구한다.
- 각 업장의 지배인 및 직원들의 근무 스케줄을 취합하고 통제한다.
- 식음료부서 직원들의 상담 및 고충처리를 돕는다.

(6) 룸서비스(room service)

룸서비스는 객실의 투숙객을 대상으로 식음료를 판매하는 부서인데, 투숙객들은 일반적으로 전화를 통해서 식음료를 주문할 수 있다.

룸서비스의 메뉴는 일반적으로 커피숍의 메뉴를 축소한 것이며 별도의 룸서비스용 주방이 있는 것이 아니라 커피숍의 주방을 같이 사용한다.

(7) 연회지배인(banquet manager)

연회지배인은 연회주최자의 상황에 관심을 기울여야 하며 연회 요금과 서비스 수준을 결정한다.

서비스 품질 및 고객만족의 관점에서 살펴보면 비용을 높게 지불하는 연회와 그렇지 않은 연회의 경우 같은 제공되는 식음료와 제공되는 서비스품질의 차별화가 이루어져야 하는데 그렇지 못한 경우 높은 비용을 지불하는 고객의 불평이 생길 수 있기 때문에 연회지배인은 이러한 점을 고려하여 연회를 진행해야 한다.

(8) 연회 수납원(banquet cashier)

연회 수납원은 변경되는 예약사항이나 주문사항에 항상 주의하여 업무를 수행해야 한다.

(9) 바지배인(bar manager)

바지배인은 바텐더를 감독, 훈련, 지원하며 바가 항상 쾌적한 환경을 유지하여 바를 방문하는 고객들이 유형성적인 측면에서 최고의 서비스 만족도를 느낄 수 있도록 모든 직무에 만전을 기해야 한다.

(10) 바텐더(bartender)

바텐더는 바에서 적정한 음료를 직접 제조하고 판매하는 업무를 수행한다. 다양한 주류의 종류에 대해서 지식을 숙지하여 고객들의 질문에 대하여 확실하게 응대하여 서비스 품질의 중요한 요소 중 하나인 확신성(assurance)을 항상 고객들에게 심어 주어 최고의 고객 만족을 위하여 항상 노력해야 하는 포지션이며, 급변하는 다양한 환경에서 출시되는 신제품 및 트렌드에 맞추어 항상 최신 정보를 습득하고 있어야 한다.

(11) 소믈리에

소믈리에(sommelier)는 호텔 및 영업장의 모든 와인을 관리하는 담당자로 와인에 관련된 많은 지식을 요구한다고 할 수 있다. 항상 와인에 관련된 섬세한 감각을 잃지 않도록 노력해야 하며 새로운 지식 및 정보, 트렌드를 접하는 것이 매우 중요한 요소라고 할 수 있다.

고객들에게 최고의 만족도를 제공하기 위해서는 소믈리에는 다른 부분도 중요하지만 직무의 특성상 서비스 품질 평가 기준의 확신성(assurance)을 제공할 수 있도록 항상 노력해야 한다.

2) 식음료 상품의 특성

(1) 생산 측면에서의 특성

- 생산과 판매가 동시에 일어난다.
- 주문생산을 원칙으로 한다.
- 수요와 예측이 어려워 대량생산의 문제점이 있다.
- 인적 자원에 대한 의존도가 크다.
- 다양한 고객의 욕구로 인하여 생산의 표준화가 어렵다.

(2) 판매 측면에서의 특성

- 식음료는 저장판매가 불가능하다.
- 반품과 재고가 없다.
- 호텔 내에서만 판매가 가능하기 때문에 유통과정이 없다.
- 메뉴에 의한 상품판매가 이루어진다.
- 시간과 장소적인 제약을 받는다.
- 인적 자원에 대한 의존도가 높다.

4. 식음료업장의 유형

1) 양식당

서양의 음식을 판매하는 식당으로 호텔의 대표적인 식당이라고 할 수 있으며 French Restaurant, Italian Restaurant 등 그 명칭이 다양하다고 할 수 있다.

양식당에서는 테이블 세팅(table setting)이 중요한데 테이블 세팅이란 고객이 테이블에서 편안하게 식사를 할 수 있도록 테이블 및 의자, 냅킨, 은기류, 도기류, 글라스류 등을 바르게 갖추어 놓는 것을 의미한다. 양식의 full course는 6가지, 8가지, 9가지 코스 등으로 세트화되어 있는 것을 의미한다.

2) 한식당

한식은 주식과 부식의 구별이 뚜렷하고, 부식의 가짓수가 많아 일손이 많고, 상차림이 복잡한 특성을 가지고 있다. 또한, 정성과 손끝이 맛을 좌우한다고 할 수 있다.

한식의 상차림과 서비스는 상차림의 형식은 정형화 되어 있는 것이 아니라 차리는 사람, 재료, 지방 등에 따라 약간씩 차이가 있으며, 주식과 부식을 분리하여 영양의 균형을 고려하고 재료와 조리법을 감안하여 예로부터 전해 내려오는 기본형식과 원칙이 있다고 할 수 있다.

3) 중식당

중국요리의 특징은 조리시간이 대체로 짧고, 재료를 낭비 없이 사용하며, 기름의 사용이 합리적이며, 큰 접시에 담아 여러 사람이 덜어 먹을 수 있도록 식기나 재료적인 면에서 비교적 경제적이라고 할 수 있다.

4) 일식당

일식은 식사 전에 항상 물수건과 오차를 제공하고 사시미와 모둠 요리가 2인분 이상일 경우엔 앞 접시를 제공한다.

일본은 4면이 바다로서 해산물 요리가 발달하였으며 고온 다습한 기후로 인하여 담백한 음식이 주를 이룬다고 할 수 있다.

5) 뷔페식당

뷔페식당이란 주로 양식의 코스별 요리를 다양하게 차려 놓고 고객이 직접 가져다 먹을 수 있도록 한 식당을 의미한다.

우리나라의 많은 특1급 호텔들이 뷔페식당을 운영하고 있다.

5. 메뉴의 이해

1) 메뉴의 개념

메뉴(menu)란 식음료를 판매하는 영업장에서 취급하는 모든 품목과 가격을 고객이 알기 쉽도록 상세히 설명한 표라고 할 수 있다.

2) 메뉴의 역할(김홍일, 2014, P.205 참조)

- 고객과 약속한 가치
- 식당 경영방침의 집약
- 식당의 개성을 표현하고 이미지 조성
- 무언의 서비스맨과 세일즈맨 역할 수행
- 고객과 서비스제공자의 하모니
- 요리 연구의 출처
- 서비스 약점을 보완하기 위해 유형화
- 식당의 입지를 결정
- 서비스 공간과 실내 장식 결정

3) 메뉴의 분류

(1) 품목 변화 정도에 의한 분류

고정메뉴, 순환메뉴, 가변메뉴, 특별메뉴 등으로 구분할 수 있다.

(2) 서비스 방법에 의한 분류

정식요리, 선택요리 등으로 구분할 수 있다.

(3) 시간에 의한 분류

조식, 중식, 석식 등으로 분류할 수 있다.

6. 호텔 주방의 조직

호텔의 특성상 가장 중요한 조직 중 하나가 주방부서라고 할 수 있으며 호텔 주방의 개요와 주요 조직은 다음과 같다(김홍일, p.200 참조).

호텔의 주방은 요리 및 메뉴 개발, 식자재 구매, 인력 관리 등 호텔 요리상품과 주방운영에 관계되는 업무를 효율적으로 수행하기 위해서 구성된 조직이다. 호텔 주방조직의 구성은 음식을 생산하는 부서에 따라 양식주방, 한식주방, 일식주방, 중식주방 등으로 구성된다.

주요 직책에서 수행하는 직무는 아래의 설명과 같다.

1) 총주방장

총주방장(executive chef)은 조리부 영업활동에 대한 전체적인 권한과 책임을 가진 주방의 총괄 책임자이다. 요리생산을 위한 재료의 구매에 관한 견적서 작성, 인사관리에 따른 노동비 산출, 종사원의 안전, 메뉴의 객관화와 관련된 직무를 수행한다.

2) 부총주방장

부총주방장(assistant executive chef)은 총주방장을 보좌하며 부재 시에 그 직무를 대행한다. 주방의 메뉴계획을 수립하고 조리인원에 대한 배치와 실무적인 교육 및 훈련을 감독하고 지휘하는 직무를 수행한다.

3) 단위주방장

단위주방장(sous chef)은 총주방장과 부총주방장을 보좌하는 역할을 수행하며 단위주방부서의 장으로서 조리와 인사에 관련된 직무를 수행한다.

4) 헤드 셰프

헤드 셰프(head chef)는 호텔 레스토랑, 영업장의 주방 책임자로서 단위영업장의 주방업무를 총괄하며 책임지는 직무를 수행한다.

5) 부 헤드 셰프

부 헤드 셰프(assistant head chef)는 헤드 셰프 부재 시 대행업무를 수행하며 실무능력을 구비하여 레스토랑에서 본인의 맡은 직무를 수행한다.

6) 요리사

요리사(cook)는 실질적으로 요리를 담당하며 보조요리사와 조리실습생의 업무를 지도한다.

7) 보조요리사

보조요리사(cook helper)는 조리를 위한 준비과정을 담당하고 요리사의 지시에 따라 요리를 하며 주방 청소 등의 직무를 수행한다.

8) 조리실습생

조리실습생(trainee)은 현장에서 조리를 처음 접하는 사람으로 일반적으로 조리를 전공한 학생들이다. 조리실습생들은 기초적인 조리와 관련된 부분을 훈련받는다.

9) 호텔 기물담당 관리원

호텔 기물담당 관리원(chief steward)은 각 업장에서 필요로 하는 각종 장비, 도구를 관리하고 조달하며 업장의 청결 유지와 세제를 관리한다.

10) 기물관리원

기물관리원(steward, stewardess)은 호텔 레스토랑 주방과 호텔 식당의 홀에서 사용되는 기물인 접시류, 각종 유리용품, 스푼, 나이프, 포크, 냅킨 등을 세척하여 즉시 사용할 수 있도록 보관하고 관리하는 역할을 수행한다.

07

연회 업무

호 텔
경영론

제 7 장

연회 업무

1. 호텔연회의 이해

1) 호텔연회의 개념

연회란 국내 사전적 의미로는 축하, 위로, 환영, 석별 등을 위하여 여러 사람이 모여 베푸는 잔치로 되어 있다. 연회에 해당하는 영어인 banquet은 이탈리아의 고어인 banchetto에서 유래되었다. banchetto는 banquet외에 bench(벤치), bank(은행) 등의 단어를 파생시켰는데, 이들 단어의 공통점은 사람들이 모이는 곳이라는 의미를 가지고 있다. 웹스터사전에서는 banquet을 호화로운 향연 : 특히 영예로운 사람을 위하여 혹은 참석한 많은 사람들을 위하여 정성들여 만들거나 격식을 갖춘 식사라고 규정하고 있다. 이와 같이 연회(banquet)는 어떠한 목적으로 여러 사람이 모여 식사를 즐기면서 향연을 즐기는 것이라고 정의할 수 있다(이정학, 2006, p.14).

최근에는 다양한 요인으로 인하여 호텔을 이용하는 고객들이 증가하고 있는 추세이며, 호텔을 이용하는 많은 고객들은 호텔의 업장 중 연회행사에 가장 많이 참여하고 있다. 또한, 호텔연회장의 경우 일반적으로 하나의 연회행사에 많은 인원이 참여하는 특성이 있기 때문에 그 중요성은 매우 크다고 할 수 있다.

2) 호텔연회의 특성

호텔연회는 보는 관점에 따라 다양한 특성을 가지고 있는데 그 특성을 살펴보면 다음과 같다(최동열, 1995, 참조).

(1) 호텔의 대중화와 호텔 홍보효과에 기여

호텔에서 개최되는 연회는 불특정 다수의 고객들을 표적시장으로 하고 있기 때문에 일부 한정된 고객들에 의해서만 이용이 가능한 다른 기능과는 달리 호텔의 홍보효과 및 인지도 향상에 많은 기여를 할 수 있으며, 특정 고객들에게 각인된 호텔 전체의 이미지를 개선하는데 있어서도 매우 긍정적인 기능을 가지고 있다고 할 수 있다.

(2) 호텔의 재무적인 측면의 기여도

호텔의 기능 중 연회부분은 객실부분과 비교하여 상대적으로 많은 매출액과 영업이익을 달성할 기회가 많기 때문에 호텔의 전체적인 재무적인 부분에 있어서의 기여도가 매우 큰 부분이라고 할 수 있다. 예를 들어 출장연회의 경우 제한된 상품을 판매하는 객실영업과는 달리 얼마든지 시장을 창출할 수 있는 부분이기 때문에 호텔기업의 역량을 키우는데 있어서 매우 중요하다고 할 수 있다.

(3) 규모의 경제를 활용한 원가절감 효과

호텔기업들은 일반적으로 많은 고객들을 한 번에 서비스하는 호텔연회를 통해서 생산량이 증가할수록 한 단위생산량의 생산비는 절감되는 규모의 경제(economies of scale)를 활용한 식자재에 대한 원가절감 효과를 누릴 수 있다.

(4) 호텔의 타 부문에 미치는 파급효과

호텔에서 개최되는 연회행사를 통하여 호텔기업들은 연회의 매출 증대뿐만 아니라 연회행사에 참여하는 고객들이 객실에 투숙하기도 하고 호텔의 다른 식음료매장을 이용하기도 하며 사우나, 헬스클럽 등 다른 부대시설의 이용을 촉진하여 연회와 직접적으로 관련이 없는 호텔 내 다른 매장의 매출향상에 기여하게 된다.

(5) 예약을 통한 준비 및 개최

각종 컨벤션이나 연회는 예약에 의해서 접수되고 견적서에 의해서 계약이 성립되며 행사지시서에 의해서만 준비-진행-마감되는 시간과 공간적인 제약을 받는다. 연회가 예약에 의해 개최되고 이에 따라서 준비가 이루어지기 때문에 주최자가 의도하는 데로 사전 준비할 수 있다는 장점이 있다.

3) 호텔연회의 중요성

호텔에서 제공되는 서비스 중 연회 서비스는 다른 기능에 미치는 파급효과가 클 뿐만 아니라 호텔기업의 재무적인 측면에서 볼 때 그 중요성이 매우 크며, 객실상품과 같이 환경에 따라서 상품판매의 제한을 뛰어 넘어 새로운 시장을 창출할 수 있기 때문에 그 중요성이 매우 크다고 할 수 있다.

4) 호텔연회의 효과

우리나라 호텔산업의 특성상 호텔연회는 그 중요성과 효과가 상당히 크다고 할 수 있는데, 호텔연회의 효과는 경제적인 효과, 사회적인 효과, 문화 · 관광적인 효과, 호텔경영적인 효과 등으로 나누어 볼 수 있다(손재근, 2010, p.19 참조).

5) 경제적 효과

국제회의를 비롯한 대규모의 연회가 활성화되면 연회 서비스뿐만 아니라 객실과 식음료 판매 등으로 인하여 호텔의 매출과 영업이익 등이 증가하게 된다. 이로 인하여 호텔의 입장에서는 증가하는 연회 서비스를 소화하기 위하여 더 많은 인적 자원의 투입이 필요하기 때문에 국가의 경제적인 측면에서도 최근 가장 이슈가 되고 있는 고용창출의 효과와 밀접한 관계가 있다고 할 수 있다.

6) 사회적 효과

G20(Group 20)과 같은 세계적인 국제회의와 연회를 개최해 우리나라를 세계적으로 홍보하며 사회적으로 위상이 달라질 수 있으며 글로벌화와 함께 국민들의 자부심과 의식수준도 향상되므로 호텔연회 서비스는 사회적인 효과도 매우 크다고 할 수 있다.

7) 문화 · 관광적 효과

호텔연회장에서 국제회의 참가자들에게 우리나라의 전통문화 및 예술을 소개하며 전 세계인에게 보여줄 수 있는 중요한 시점으로 최대의 효과를 누릴 수 있다. 호텔연회 서비스를 통한 문화 · 관광적인 효과는 매우 크기 때문에 정부도 전략적인 관점에서 이를 활용할 필요가 있다고 할 수 있겠다.

8) 호텔경영적인 효과

호텔의 경영적인 측면에서도 호텔에서 판매되는 상품인 객실과 식음료, 부대시설, 임대료 수입 등은 고정적인 측면이 있지만 호텔연회 서비스의 경우 출장연회 등 그 범위를 계속해서 확대해 나갈 수 있기 때문에 호텔경영적인 측면에서도 호텔연회 서비스는 매우 중요한 부분이라고 할 수 있다.

2. 호텔연회의 향후 전망

1) 마케팅적인 측면 활용의 중요성 증대

일반적으로 호텔에서 개최되는 연회의 경우 많은 고객들이 연회에 참여하기 때문에 호텔의 입장에서 볼 때에는 고객들에게 마케팅을 제공할 수 있는 매우 좋은 기회라고 할 수 있다. 많은 하객들이 참여하는 결혼식이나, 약혼식, 돌잔치를 이용하여 연회에 참석하는 고객들에게 높은 품질의 서비스를 제공하게 되면 고객들에게 각인되는 효과를 극대화할 수 있다. 이를 통하여 호텔기업들은 비용을 들이지 않고 구전 커뮤니케이션 등을 통하여 호텔을 홍보할 수 있으며, 결혼식의 하객들이나 약혼식, 돌잔치에 참석하는 고객들을 미래의 잠재적인 고객으로 확보할 수 있게 된다. 또한, 앞으로 소득증대와 호텔 이용객 수의 증가 등으로 인하여 호텔연회 서비스의 수요는 증가할 것으로 예상된다. 특히, 중국관광객을 중심으로 우리나라를 방문하는 관광객의 수가 빠른 속도로 증가하고 있기 때문에 호텔연회 서비스를 이용하며 우리나라의 고객뿐만 아니라 글로벌마케팅도 가능하기 때문에 진심어린 서비스 마인드를 지닌 호텔리어의 양성이 매우 중요하다고 할 수 있다.

2) 글로벌화로 인한 호텔연회 이용객 수의 증대

글로벌화(globalization)의 일반화로 인하여 국제관광이 활발해지면서 다양한 목적을 가지고 호텔서비스를 이용하는 이용객이 급증하면서 호텔의 입장에서는 매출액 및 이익적인 측면뿐만 아니라 호텔경영의 전략적인 관점에서도 다른 호텔기업들과의 경쟁에서 우위를 확보하는데 호텔연회의 중요성이 매우 커지게 된다.

3) 호텔 매출액과 관련된 재무적인 측면의 중요성 증대

호텔기업의 입장에서 볼 때에 객실상품의 경우는 매우 제한적이지만 연회상품의 경우는 호텔 내에서 제공되는 연회 서비스도 있지만 출장연회와 같이 시간과 공간을 초월한 연회상품을 촉진할 수 있기 때문에 호텔연회 서비스가 호텔기업의 재무적인 성과에 미치는 영향을 매우 크다고 할 수 있다.

또한, 객실상품을 이용하는 고객의 경우 대부분의 경우 식음료상품과 같은 연회상품을 중복이용하며, 식음료상품과 같은 연회상품에 대한 만족도가 객실상품의 반복구매를 유도하는 중요한 요인으로 작용할 수 있기 때문에 호텔 연회상품을 개발하고 계속해서 경쟁력을 유지하는 것은 매우 중요하다고 할 수 있다.

4) 호텔연회의 종류와 상품

호텔의 연회상품은 시간, 내용, 장소와 같은 특성에 따라 분류할 수 있고, 식음료상품, 대여상품, 옵션상품 등과 같이 연회상품의 종류에 따라 분류할 수 있다. 호텔연회상품은 그 특성에 따라 시간적인 분류, 내용적인 분류, 장소적인 분류를 할 수 있다.(손재근, 2010 참조)

(1) 시간적인 분류

호텔연회의 상품 중 시간적으로 분류된 상품은 조찬, 오찬, 만찬 등으로 분류할 수 있는데 조찬은 일반적으로 오전 6시에서 10시까지의 시간으로 조찬 행사를 갖는 목적은 하루일과 중에서 업무에 지장이 없이 일찍 모임을 갖고 그 이후의 일상 업무에 임하는 것이 목적이라고 할 수 있다.

아침 일찍 맞이하는 고객이기 때문에 서로 밝은 모습을 보여야 되고 영업 준비적인 측면에서 전날 준비하는 직원이나 일찍 출근하는 직원이나 철저한 준비가 되어 있어야 조찬행사를 잘 진행할 수 있다. 조찬은 미국식 조식, 유럽식 조식, 비엔나식 조식, 영국식 조식 등으로 분류할 수 있다.

오찬은 일반적으로 12시에서 5시 사이에 이루어지는데 점심식사와 더불어 다채로운 이벤트는 생략되고 기업의 신제품 발표회나 학술연구세미나 등의 형식으로 많이 이루어지는 행사라고 할 수 있다.

만찬행사는 일반적으로 저녁6시에서 10시까지 이루어지는 행사로 비교적 시간적인 여유가 있고 업무를 마친 후의 행사이기 때문에 저녁식사와 함께 술, 음료와 더불어 여흥을 즐기는데 목적이 있는 연회행사라고 할 수 있다.

(2) 내용적인 분류

호텔연회의 분류 중 내용적인 분류는 가족행사, 약혼식 및 결혼식, 이벤트, 국제회의 등으로 나누어 볼 수 있다. 먼저 가족행사로는 돌잔치, 회갑연, 칠순연, 팔순연 등이 있다. 돌잔치는 아기가 세상에 태어난 지 1년이 되었을 때 여러 음식을 차려서 손님을 초대하여 아기에게 상을 받게 하는 문화를 말하는데 호텔연회상품 중 가장 빈도수가 많은 행사 중 하나라고 할 수 있다. 회갑연은 육갑의 간지가 60년 만에 돌아온다는 의미로 당해의 생일을 맞아 잔치를 베푸는 연회이다. 이와 같은 연회로 이밖에 칠순잔치인 칠순연과 팔순잔치인 팔순연 등이 있다.

내용적인 분류의 두 번째로 약혼식과 결혼식이 있는데 약혼식은 서로가 혼인을 약속하는 의미로 양가 부모님들과 가족들, 친인척들이 함께 모여 서로 소개하는 모임을 의미하며 결혼식은 신랑과 신부가 서로 혼례를 올리는 행사인데, 결혼식후에 진행되는 행사로는 폐백과 피로연 등이 있다. 폐백이란 결혼식을 마친 신부가 신랑의 가족을 첫 대면하면서 정식으로 예를 갖추어 큰절을 올리는 것을 말한다. 피로연은 결혼식후 이루어지는 일종의 파티로서 사회자를 대기시키고 케이크 커팅 등 행사가 진행된다.

이벤트는 theme party, dinner show, concert, exhibition 등으로 나눌 수 있는데 theme party는 주제를 전체적인 분위기를 연출할 수 있으며 dinner show는 티켓관리가 어려운데 주최를 이벤트사에서 하게 될 경우에는 호텔은 식음료만 제공하면 되지만 호텔에서 주최를 하게 될 경우에는 기획, 좌석, 티켓관리까지 해야 되므로 여러 가지 준비를 철저하게 해야 한다. 이밖에 호텔에서 개최되는 이벤트로 콘서트와 전시회 등이 있는데, 전시회의 경우 coffee break 시간이 운영된다.

국제회의 경우 지난해 우리나라에서 개최된 G20 정상회의를 좋은 예로 들 수 있는데 규모와 참여인원에 따라서 다양하게 진행되며 그 형태도 매우 다양하다. 국제회의를 형태에 의해서 분류해보면 모든 참가자가 단체의 활동에 관한 사항을 토론하기 위해서 회합의 구성원이 되는 형태의 회의인 미팅(meeting), 일반적으로 대회의장에서 개최되는 일반단체회의인 컨벤션(convention), 주로 과학. 기술. 학문분야 등의 전문분야의 새로운 정보를 전달하고 습득하거나 특정문제를 연구하기 위한 회의인 컨퍼런스(conference), 대표자들에 의한 회합, 집회, 회담 등을 의미하는 컨그레스(congress), 발제된 특정주제에 대해 상반된 견해를 가진 동일분야의 전문가들로 구성하여 사회자의 주도하에 진행되는 공개토론회인 포럼(forum), 발제된 주제 및 문제에 관하여 전문가들이 연구결과를 중심으로 다수의 청중앞에서 벌이는 공개토론인 심포지움(symposium), 교육 및 연구목적으로 개최되는 회의인 세미나(seminar), 회원들에게 새로운 정보와 전문지식을 전달하고 교육할 목적으로 개최되는 워크숍(workshop) 등이 있으며 다양한 회의의 형태를 미리 파악하고 연회서비스의 품질을 높이기 위해 아주 세세한 부분까지 준비하는 것이 필요하다고 할 수 있다.

(3) 장소적인 분류

호텔연회의 특성적 분류 중 장소적인 분류는 크게 호텔연회장에서 제공되는 연회서비스와 호텔연회장 밖에서 진행되는 출장연회(catering party)로 나누어 볼 수 있다. 호텔연회장에서 제공되는 연회 서비스가 일반적이지만 상황에 따라서 호텔 밖으로 출장연회 서비스를 제공해야 할 부분도 생각해 볼 수 있다.

출장연회의 매력은 공간만 창출되면 시간과 장소에 관계없이 매출을 창출시킬 수 있는 행사장이 되지만 호텔 내의 모든 자재들을 현장으로 이동시키기 때문에 인력, 장비, 돌발적인 사태 등에 항상 대비하여 서비스품질이 높은 최고의 서비스를 제공해야 한다. 이를 위해 출장 나가는 현지를 답사하는 것을 꼭 필요한 부분이라고 할 수 있다.

5) 호텔연회상품의 종류

(1) 식음료상품

식음료상품은 연회장의 최대 수입원으로 연회장에서도 기본적으로는 레스토랑에서 판매하는 모든 메뉴를 판매할 수 있다. 하지만 일반 레스토랑에서는 고객들이 자기 취향에 맞는 메뉴를 선택할 수 있는 것에 비해 연회장에서는 주최자가 예약한 메뉴만 제공되는 것이 차이점이라고 할 수 있다.

식음료상품은 조찬메뉴, 정찬메뉴, 뷔페메뉴, 칵테일리셉션 메뉴, 티파티 메뉴, 커피브레이크 메뉴 등으로 나눌 수 있다. 일반적으로 연회장에서는 한조식, 일조식, 양조식, 조식뷔페 등을 제공하며, 정찬메뉴는 중식과 석식에 제공되는 메뉴로서 한식, 일식, 중식, 양식 등이 등급 및 가격별로 제공된다. 또한 연회장에서는 뷔페메뉴도 제공하며, 만찬이 시작되기 전에 칵테일 메뉴도 제공되며, 식사를 전후해서 간단하게 티파티 메뉴도 제공하고 있다.

또한, 다양한 회의가 진행되는 동안 쉬는 시간을 이용하여 간단한 커피나 티가 제공되기도 한다.

(2) 대여상품

연회장의 대여상품은 연회장 장소를 대여하는 것과 연회에 사용되는 각종 장비를 대여하는 두 종류의 상품이 있다. 먼저 연회장 대여상품은 다양한 규모의 연회장을 일정시간 동안 사용하게 하고 그 요금을 받는 것을 의미한다.

연회장의 대여는 연회장의 규모와 사용시간에 따라 요금이 달라지고, 식사 여부에 따라서 그 가격이 달라진다.

두 번째는 연회에 사용되는 장비를 대여하는 상품으로 연회에 사용되는 각종 시설 및 기자재 중 마이크 등 기본적인 장비의 사용은 무료이지만 고가의 장비나 대량의 장비, 특수 장비 등은 임대료를 받는다. 임대료를 받는 장비와 기자재의 항목 및 요금표도 미리 비치하여 주최자와의 불필요한 마찰을 줄이고 행사목적에 적합한 기자재를 제시함으로써 연회의 성공을 도울 뿐만 아니라 연회수입을 증대시키도록 해야 한다.

연회장비의 임대는 호텔연회장에서 비치하여 두고 임대하는 방법과 외부 용역회사에 의뢰하여 임대하는 방법이 있다. 국제행사 시 동시통역시설, 라이브콘서트와 패션쇼에 필요한 첨단의 조명 및 음향장비 등 특수장비들은 연회장에서 직접 보유하는 것이 경제적이지 않으므로 전문장비업체와 용역계약을 체결하여 업체가 준비하도록 하고 호텔에서는 수수료만 받는 경우도 많다(김의겸, 2010, p.54).

(3) 옵션상품

연회장의 옵션상품으로는 꽃꽂이, 사진.DVD, 엔터테인먼트, 케이크, 아이스카빙, 배너 등을 들 수 있다.

먼저 꽃은 연회행사의 여러 종류 및 상황에 따라서 화환, 꽃다발, 부케, 코사지(corsage) 등이 필요하며, 모든 연회행사에는 사진 및 동영상 촬영이 필요하다. 또한, 연회행사에 따라서 사회자의 음악연주자 등, 엔터테인먼트 부분이 필요하며, 케이크, 아이스카빙, 배너 등도 필요한 옵션상품이라고 할 수 있다.

3. 호텔연회 조직

호텔의 연회부서의 조직은 일반적으로 연회예약과 판촉 및 서비스 부분으로 분류된다.

호텔의 상황에 따라서 연회조직은 식음료부서에 포함되기도 하고 독립적으로 운영되기도 하는데, 연회부장, 예약지배인, 서비스지배인, 음료지배인, 연회판촉지배인, 연회어텐던트, 기물담당, 서비스조장 등으로 분류할 수 있으며 각 직책에서 수행하는 직무는 다음과 같다(김홍일, p.238 참조).

1) 연회부장

연회와 관련된 최고책임자로서 연회행사와 관련된 판매、준비、서비스에 관련된 모든 업무를 지시하고 감독한다. 연회를 진행하면서 관련부서와 원만한 유기적 관계를 유지해야 하며 직책은 임원급에서 과장급 까지 호텔에 따라서 차이가 있다.

2) 예약지배인

고객들의 연회예약 관련 업무를 책임지며 세일즈 특별행사를 기획한다.

3) 서비스지배인

예약통보서에 의해 식음료서비스를 직접 계획하고 감독한다. 행사에 관한 세부사항에 대한 책임을 진다.

4) 음료지배인

연회 시 음료에 관한 모든 업무에 책임을 진다.

5) 연회판촉지배인

연회서비스 홍보를 담당하며 컨벤션 행사 유치 및 고객상담, 연회메뉴조정과 가격을 결정한다.

6) 연회어텐던트

연회행사 시 필요한 조명, 음향, 동시통역기 등을 담당하며 기타 현수막, 사인류 준비, 인쇄물 취급, 아이스카빙 조형물을 설치한다.

아트룸, 관상목 준비 등 연회에 필요한 모든 사항을 준비한다.

7) 기물담당

행사에 필요한 각종 기물장비 준비 및 보관, 관리 업무를 수행한다.

8) 서비스조장

지배인의 지시에 의해 연회행사를 직접 준비하고, 서비스를 담당하는 실무 책임자이다.

08

피트니스 및 호텔시설 관리

호 텔
경영론

제8장

피트니스 및 호텔시설 관리

1. 피트니스의 이해

피트니스 센터(fitness center)란 호텔의 부대시설 중 하나로 고객의 스트레스와 피로를 풀어주는 기능을 하는 곳으로 호텔마다 차이는 있지만 일반적으로 체력단련장, 사우나, 수영장, 골프연습장 등의 시설을 갖추고 있다.

피트니스 센터에서 근무하는 직원이 갖추어야 할 조건과 업무의 내용은 다음과 같다(안광호 외, p.285 참조).

1) 피트니스 센터 근무직원이 갖추어야 할 요건

- 고객에게 먼저 인사하며 밝고 상냥하고 미소 띤 표정으로 경쾌하게 활동한다.
- 처음 이용하는 고객에게는 이용안내에 대해 전반적으로 차분하고 세심하게 설명한다.
- 겸손한 태도와 올바른 자세, 명랑하고 정확한 용어와 적절한 화법으로 대화한다.

- 회원의 얼굴을 외울 수 있도록 노력해야 한다.
- 항상 회원들을 주시하며 잘 보이는 곳에 위치한다.
- 안전을 최우선으로 한다.
- 복장은 항상 단정하게 유지한다.
- 고객들이 원하는 서비스에 대해서 유형성, 반응성, 확신성, 신뢰성, 공감성 등의 서비스 품질 평가기준을 숙지하여 최고의 고객만족을 주도록 노력해야 한다.

2) 주요 업무

- 회원유치
- 직원 근무시간 배정
- 고객만족 극대화
- 일일, 주간, 월간 리포트 관리
- 보고시스템 체계 확립
- 회원관리 절차인 고객상담, 회원가입서 신청, 보증금 납부, 회원카드 발급, 라커 배정, 회원안내 등 회원관리 업무에 만전을 기함
- 예약업무

3) 피트니스의 운영

호텔의 피트니스 센터의 운영은 호텔마다 약간씩 차이가 있을 수 있지만 일반적으로 일정 금액의 보증금과 연회비를 지불하면 정식회원으로 호텔의 피트니스 센터를 이용할 수 있다.

호텔 입장에서는 피트니스의 정회원들은 다른 호텔의 업장을 이용할 수 있는 확률이 일반고객보다 높을 수 있기 때문에 마케팅적인 측면에서도 피트니스 센터의 운영은 매우 중요한 부분이라고 할 수 있다.

일반적으로 특급호텔에서 운영하는 피트니스 운영제도는 멤버십제도가 가

장 일반적인 형태이며 그 밖에 퍼블릭 제도와 세미 퍼블릭 제도 등이 있다고 할 수 있다(박영기 외 p.248 참조).

(1) 멤버십제도

호텔 피트니스 센터의 멤버십제도는 다수가 공동으로 소유하는 방식인 공유제 방식과 주식증권을 취득해 회원권을 취득하는 주식회원제, 입회금이나 예탁금을 지불해 회원권을 취득하는 예탁금제 등이 있다.

공유제 방식은 피트니스 센터의 시설을 회원이 공유하는 방식이며 아래와 같은 특징을 가지고 있다.

- 회원의 호텔에 대한 신뢰가 높다.
- 안정적으로 재산보존을 할 수 있다.
- 매출에 따른 수익의 파악이 용이하다.
- 재산증식의 가치가 있다.
- 회원권 판매가 용이하다.
- 법적 규제
- 영업정책 수행이 어렵다.

한편, 예탁금제 방식은 입회금과 예탁금을 지불해 피트니스 센터의 시설을 이용할 수 있는 방식을 의미하며 이용권 판매방식이라고도 하며 그 특징은 다음과 같다.

- 호텔의 자산이 증가한다.
- 회원가입에 자격제한을 둘 수 있다.
- 공유제 방식보다 회원권 가격이 저렴하다.
- 영업정책 변화에 커다란 제약이 없다.
- 법적 규제가 약하여 운영이 용이하다.
- 여유자금이 필요하다.

(2) 퍼블릭 제도

퍼블릭 제도는 이용자격에 제한을 두지 않으며 누구나 일정금액을 지불하면 자유롭게 이용할 수 있는 제도인데, 일반적으로 투숙객에 한해서는 특별한 제한을 두지 않고 자유롭게 이용할 수 있다.

(3) 세미 퍼블릭 제도

세미 퍼블릭 제도는 예탁금이나 입회비를 지불한 회원들과 요금을 지불하고 입장하는 일반 이용객들이 공용으로 이용하는 형태의 제도이다.

2. 호텔시설 관리

호텔은 산업의 특성상 초기투자비용이 많이 투입되는 산업이기 때문에 시장진입장벽(market entry barriers)이 매우 높은 산업이다. 이렇게 많은 초기 투자비용이 투입되어 호텔이 개관하게 된 후 지속적으로 호텔의 시설을 관리해주는 것이 매우 중요한데, 이를 통하여 호텔을 이용하는 고객들은 서비스품질 평가기준의 가장 중요한 기준인 유형성(tangibility)을 통해서 만족도가 극대화된다고 할 수 있다.

이렇게 호텔을 운영하는데 객실과 식음료 업장도 중요한지만 시설관리도 매우 중요하며 호텔의 시설관리를 책임지는 책임자는 고객과 경영부서와 관련된 업무 및 타 부서의 업무를 지원하기 위해 다양한 업무를 수행해야 한다.

이러한 환경에서 호텔의 시설관리 책임자가 수행하는 업무에 중요도에 관한 우선순위 및 소요시간과 관련된 순서는 다음과 같다(박대환, 2012, p.13참조).

■시설관리 부서 책임자의 업무 소요시간 순위

순 위	의 무
1	장비들의 관리 유지 상태를 인지함
2	리더십 책임감
3	직원들과의 의사소통 책임감
4	효율적인 조직 생활능력 책임감
5	객실관리부서와의 관계
6	안전에 대한 책임감
7	최고경영진과의 관계
8	에너지 보존
9	장비 종류별 지식
10	동기부여의 책임감
11	에너지 경영
12	컴퓨터를 사용한 에너지 비용관리
13	시설 에너지 요구사항에 관한 지식
14	에너지 비용
15	장비사용 지식 교육
16	부서 내 컴퓨터 사용
17	식음료부서와의 관계
18	예산편성 및 집행
19	효율적인 업무 기록
20	지속적인 인사부서 관련 교육

■시설관리 부서 책임자의 업무 중요도에 대한 순위

순 위	의 무
1	장비들의 관리 유지 상태를 인지함
2	에너지 보존관리
3	에너지 경영관리
4	직원들과의 의사소통 책임감
5	최고경영진과의 관계
6	리더십 책임감
7	안전에 대한 책임감
8	효율적인 조직생활 능력 책임감
9	에너지 비용관리
10	장비종류별 지식 습득
11	컴퓨터를 사용한 에너지 출력 관리
12	예산 관리
13	장비사용 지식 교육
14	객실관리부서와의 관계
15	효율적인 기록관리
16	시설에너지 요구사항에 관한 지식 습득
17	동기부여에 대한 책임감
18	부서 내 컴퓨터 사용
19	지속적인 인력관련 교육
20	예방차원의 시설제어관리 컴퓨터 사용

1) 시설관리부서와 호텔 내 다른 부서의 커뮤니케이션

이렇게 호텔의 시설관리나 시설관리부서는 객실, 식음료와는 다르게 상대적으로 전면에서 잘 나타나지는 않지만 호텔의 운영에 있어서 꼭 필요한 부서라고 할 수 있다.

호텔의 시설관리부서와 다른 부서와의 꼭 필요한 커뮤니케이션 부분과 협력관계는 다음과 같다(박대환, p.15 참조).

(1) 객실관리부서와의 협력 관계

객실관리부서는 호텔 내의 건물과 시설물을 관리하는 업무를 수행하는데 이러한 건물이나 시설물에 문제가 발생하게 되면 시설관리부서의 도움을 요청해 고장수리를 하게 된다.

(2) 식음료부서와의 협력 관계

식음료부서는 각 영업장과 연회장에 비치된 다양한 가구와 장비들을 원활하게 관리할 수 있도록 지원하게 되며 국제회의와 대규모 행사 등이 있을 때는 동시통역장비, 조명, 음향 장비 등을 원활히 운영할 수 있도록 전문인력을 투입하여 행사진행을 돕게 된다.

(3) 조리부서와의 협력관계

조리부서는 고객에게 제공하는 음식을 생산하는 장소이며 고객이 주문한 식음료를 준비하기 위하여 가스 및 전기 등을 원활하게 공급받아야 한다.

(4) 세탁실과의 협력관계

호텔이 운영하는 세탁실은 고객세탁뿐만 아니라 호텔의 객실, 식음료, 부대업장에 다양한 린넨을 생산하여 공급하는 곳이다.

2) 호텔시설의 개 · 보수 및 유지관리

호텔은 유형성이 중요한 산업이기 때문에 호텔의 건물이나 시설물에 대한 개 · 보수 및 유지관리가 매우 중요한 부분이라고 할 수 있다.

일반적으로 호텔은 다음과 같은 경우에 개 · 보수가 이루어지는데, 시장경쟁력을 지속적으로 유지하기 위한 이유, 시장경쟁력을 개선하기 위한 이유, 호텔시설물을 확장하기 위한 투자, 호텔 시설물의 안전을 유지하고 개선하기 위한 이유 등으로 개 · 보수가 이루어진다고 할 수 있다.

유지관리적인 측면에서는 먼저, 객실의 유지관리를 살펴보면 객실의 침대 및 각종 가구, 비품류의 유지와 관리가 매우 중요한 부분이며, 현관서비스를 제공하는 로비의 유지관리도 매우 중요한 부분인데, 특히 로비는 고객이 처음으로 호텔에 대한 평가가 이루어지는 장소이기 때문에 호텔로비지역의 대리석이나 카펫 등과 관련된 유지관리가 중요하다고 할 수 있다.

한편 식음료 부서의 유지관리와 관련하여 식음료 업장에서 고려할 시설과 설비는 다음과 같다.

- 직원이 편안하게 준비하고 서비스할 수 있도록 한다.
- 식음료 재료를 편하게 공급받을 수 있도록 한다.
- 공간이용을 극대화할 수 있도록 한다.
- 항상 청결이 유지될 수 있도록 한다.
- 원가관리를 효율적으로 할 수 있도록 한다.
- 고객에게 인테리어에 관한 최대한의 만족도를 제공할 수 있도록 한다.
- 에너지 비용을 효율적으로 활용해야 한다.
- 고객과 직원의 동선의 효율성을 고려해야 한다.

09

호텔마케팅

호 텔
경영론

제 9 장

호텔마케팅

1. 마케팅의 개념

현재 우리가 살아가고 있는 시대를 마케팅의 시대라고 할 만큼 모든 분야에 있어서 마케팅의 중요성은 점점 증가하고 있다.

특히, 글로벌화와 정보화의 확산으로 전 세계의 모든 사람과 소셜네트워크 시스템을 통해서 커뮤니케이션이 가능해지면서 마케팅에 관한 비중은 이전에 비해서 더욱 증가하고 있다고 할 수 있다.

마케팅에 대한 정의는 1960년 미국마케팅협회(AMA : American Marketing Association)에서 처음 공식적으로 제기되었으며 여러 가지 환경의 변화와 학문적으로 마케팅이 발전하는 과정에서 마케팅에 대한 정의도 변화를 가져왔다. 현재, 가장 일반적으로 사용되고 있는 마케팅에 대한 정의는 1985년 미국마케팅협회에서 발표한 아래와 같은 정의이다.

마케팅이란 개인과 조직의 목표를 만족시켜주는 교환을 창조하기 위하여 아이디어, 재화, 서비스에 대한 개념, 가격, 촉진, 유통을 계획하고 집행하는 과정이다(Marketing is the process of planning and executing the conception, pricing, promotion, and distribution of idea, goods, and services to create exchange that satisfy individual and organization objectives).

최근에는 스마트폰을 기반으로 한 다양한 애플리케이션 사용의 일반화로 인하여 마케팅의 개념에서 모바일 마케팅이 차지하는 비중이 급속하게 증가하고 있으며, 이러한 경향은 향후 더욱 가속화 될 것으로 예측된다.

호텔마케팅과 객실영업의 관점에서도 이러한 마케팅 트렌드로 인하여 고객 입장에서는 더욱 편리하게 전 세계의 모은 호텔의 객실요금 및 객실과 관련된 정보를 비교할 수 있기 때문에 호텔의 입장에서는 더욱 치열한 마케팅 환경에 노출되었다고 할 수 있다.

따라서 호텔마케팅 및 객실영업업무와 관련하여 호텔의 마케터들은 자사의 객실영업 및 마케팅과 관련된 정보뿐만 아니라 경쟁호텔의 객실상황와 마케팅 전략 등 더욱 확인해야 할 정보가 많아졌다고 할 수 있다.

2. 마케팅 개념의 발전과정

마케팅 개념의 발전과정은 생산개념, 제품개념, 판매개념, 마케팅개념, 사회적 마케팅 개념의 다섯 단계의 발전과정을 보이고 있다.

1) 생산개념

제품의 공급이 수요에 비해 부족한 시장환경에서는 제품은 만들기만 하면 판매가 된다거나 소비자들에게 저렴한 가격으로 원하는 만큼 구매할 수 있게 해주는 것이 마케팅의 중요한 기능 중 하나라고 생각하는 견해가 나타나게 된다. 이와 같이 소비자들의 수요와 욕구충족을 위해 생산성의 향상과 원가절감에 초점을 맞추어야 한다는 생산지향적인 마케팅 이념을 생산개념(production concept)이라고 한다. 이러한 상황에서는 기업들이 우선적으로 생산을 증가시킬 수 있는 방법을 찾는데 주력하게 된다.

2) 제품개념

제품개념(product concept)은 소비자들이 우수한 품질의 제품을 선호할 것으로 보고 최고 품질의 제품생산에 주력하는 제품지향적 마케팅 이념을 의미한다.

제품개념에 입각한 기업의 시장활동은 기본적으로 잘 만들어진 우수한 제품은 소비자들의 만족도가 상당히 높을 것이라는 가정 하에 이루어지며, 그렇기 때문에 이러한 기업의 마케팅활동은 기업의 연구개발부서에서 제품을 개발하고 생산부서에서 생산된 제품을 시장에 판매만 하는 것이다.

3) 판매개념

판매개념(selling concept)이란 판매기능을 가장 중요시하는 기업의 이념으로 이러한 기업은 어떤 제품이든 충분한 판매노력을 기울이면 판매량을 늘릴 수 있고, 소비자들은 기업이 많은 판매와 촉진활동을 하지 않으면 많은 구매를 하지 않는다고 가정한다. 따라서 판매개념을 중요시하는 기업들은 판매와 촉진활동에 초점을 맞추게 되는데 이 개념이 주장하는 근거는 소비자들에게 판매 및 촉진활동을 하지 않으면 제품의 존재를 알지 못하며 많이 구입하지 않는다는 것이다. 이와 같이 소비자 중심이 아닌 판매자 중심의 시장개념에 따라 활동하는 기업은 판매 자체가 목적이기 때문에 소비자의 구매 후 만족 여부에는 관심을 가지는 것이 어렵다.

4) 마케팅 개념

마케팅 개념(marketing concept)은 판매개념 다음에 나타난 개념으로 기업의 목표달성 여부는 시장에 있는 소비자의 욕구를 파악하고 이들에게 만족을 전달해 주는 활동을 얼마나 경쟁자보다 효율적으로 수행할 수 있느냐에 달렸다고 보는 이념을 의미한다.

판매개념과 마케팅 개념의 차이점은 판매개념은 판매자의 욕구에 초점이 맞추어져 있지만 마케팅 개념은 구매자의 필요와 욕구에 초점을 맞춘다는 점이다. 다시 말하면, 판매지향적 기업은 제품을 현금으로 바꾸려는 판매자의 욕구에 초점이 맞추어져 있는 반면, 마케팅 개념에 입각한 기업은 제품의 생산, 유통, 소비와 관련된 모든 활동에 있어서 소비자의 필요와 욕구를 만족시키는데 초점을 두고 있다는 것이다.

또한, 마케팅 개념은 제품생산에서부터 유통, 판매 후 관리까지 통합적 마케팅을 통해 소비자들의 필요와 욕구를 최대한 충족시키는 것을 마케팅 활동에서 가장 중요한 과제로 본다.

5) 사회적 마케팅 개념

사회적 마케팅 개념(societal marketing concept)은 소비자들의 단기적인 욕구와 만족을 충족시키는 것도 중요하지만 사회 전체적인 이익과 복지의 증진도 매우 중요하다고 보는 마케팅 이념을 의미한다. 최근, 기업들은 기업을 둘러싸고 있는 여러 가지 환경의 변화들로 인하여 마케팅 활동의 의사결정 시 사회의 관심사를 함께 고려해야 할 필요가 있는데, 이렇게 사회적 마케팅 개념에 입각한 기업은 기업의 이윤추구, 소비자의 필요 및 욕구충족과 더불어 사회전체의 이익과 복지도 조화롭게 고려해야 할 것이다. 최근, 자연환경문제를 고려해서 공해를 줄이는 제품생산과 기업의 공해방지시설 설치 등을 강조하는 그린 마케팅(green marketing) 등도 사회적 마케팅 개념의 한 예라고 할 수 있다.

3. 마케팅 믹스

마케팅 믹스(marketing mix)란 마케팅 프로그램과 전략개발을 위해 사용할 수 있는 통제 가능한 마케팅 도구들의 집합을 말하며, 마케팅 믹스의 결과로 얻어진 최종의사결정의 내용을 마케팅 프로그램(marketing program)이라고 한다.

고객의 욕구를 충족시켜주는 교환을 창출하기 위해서는 마케팅 전략을 수립하고 그에 따라 마케팅 활동을 수행해야 하는데, 마케팅 전략의 핵심은 표적시장을 선정하고 그 시장의 고객욕구를 충족시키는 마케팅 믹스를 개발하는 것이다. 마케팅 믹스는 제품(product), 가격(price), 유통(place), 촉진(promotion) 등 네 가지 요소로 구성되며 모두 영어 알파벳 'P'로 시작되기 때문에 4P's라고도 한다.

마케팅 믹스의 구성요소들 상호 간에는 서로 영향을 미치게 되며 이들 4개의 요소를 어떻게 조합하느냐에 따라서 마케팅 성과는 많은 차이를 나타낼 수 있다.

1) 제품

제품(product)은 교환을 위해 시장에 제공되는 제품, 서비스, 아이디어, 장소 등 교환제공물로써 품질, 기능, 디자인, 브랜드 등 제품의 구성요소들이 마케팅 믹스 전략의 도구로 사용된다.

따라서 호텔에서 객실영업부서에서 객실영업 업무를 담당하는 직원들은 자사의 호텔 객실이라는 상품을 최대한 판매하는 것이 가장 큰 목표설정이 될 수 있다고 할 수 있다.

2) 가격

가격(price)은 제품의 거래조건을 구성하는 것으로서 제품과 서비스의 효용 및 가치를 금액으로 표시한 것이라고 할 수 있다.

객실영업에 있어서 가격이란 매우 중요한 부분이라고 할 수 있는데 호텔객실의 가격은 다양한 요인에 의해 형성될 수 있지만 일반적으로 호텔의 브랜드(brand)와 접근성이 가장 많은 영향을 미친다고 할 수 있다. 호텔의 브랜드와 관련해서는 일반적으로 큰 규모의 호텔체인기업들은 일반적으로 한 브랜드가 아닌 복수의 브랜드를 보유하는 멀티브랜드 전략(multibrand strategy)을 구사하는데 같은 기업의 복수의 브랜드는 더 고급스러움을 추구하여 가격형성이 높게된 브랜드와 그렇지 않은 브랜드가 공존한다고 할 수 있다.

예를 들면, 일반적으로 동일한 조건하에서 Hyatt Corporation의 Grand Hyatt라는 브랜드가 더 고급스러움을 추구하는 브랜드인 Park Hyatt보다 가격이 저렴하다고 할 수 있다.

다음은 가격형성과 관련하여 접근성의 비중을 들 수 있는데 특히 교통의 편리성은 호텔 객실의 가격을 형성하는데 매우 중요한 요소가 될 수 있다고 할 수 있다.

3) 유통

유통이란 생산된 제품이나 서비스를 소비자에게 이전하는 과정을 의미하며, 유통경로(channel of distribution)란 제품이나 서비스를 생산자로부터 소비자에게 이전되어 가는 과정에 거치게 되는 경로를 의미하는 것으로, 이 과정에 참여하는 모든 개인 및 조직의 집합체로 구성된다.

유통(place)은 유통기관, 유통경로, 유통방식 등이 전략수단으로 사용된다.

4) 촉진

촉진(promotion)은 소비자와 커뮤니케이션을 하기 위해 사용하는 수단들인 광고, 판매촉진, 인적판매, 홍보 등이 마케팅 믹스 전략의 수단으로 작용된다. 촉진과 관련해서는 모든 산업이 마찬가지겠지만 스마트폰을 기반으로 한 정보화의 발전으로 인하여 호텔객실의 영업 및 예약 관련된 부분에서도 오프라인적인 촉진보다는 모바일을 이용한 촉진의 영향이 매우 크다고 할 수 있으며 이러한 경향은 향후 더욱 가속화될 것으로 예측된다.

4. 시장세분화, 표적시장, 포지셔닝

1) 시장세분화

(1) 시장세분화의 개념

시장세분화(market segmentation)란 전체시장을 공통적인 특성을 가진 구매자들끼리 그룹으로 나누는 과정을 의미한다. 또한 이렇게 나누어진 동질적인 부분시장을 세분시장(market segment)이라고 하며, 이러한 세분시장 중 마케터들이 구체적인 마케팅 믹스(marketing mix)를 개발하여 초점을 맞추고 있는 시장을 표적시장(target market)이라고 한다. 표적 마케팅(target marketing)은 이러한 표적시장에 대해서 마케팅 활동을 펴는 것을 의미한다.

특히, 호텔마케팅 및 호텔의 객실과 관련해서 세분시장은 매우 중요한 부분이라고 할 수 있으며 일반적으로 비즈니스적인 특성을 가진 세분시장과 관광 및 방문이 목적인 세분시장으로 분류되는 경우가 많다고 할 수 있다.

(2) 시장세분화의 이점

시장세분화는 인구증가가 둔화되고 더욱 많은 제품들이 성숙기에 접어들면서 기업들이 시장점유율 획득과 브랜드 확장 · 확대 등을 통해 성장을 추구하기 때문에 시장에서 경쟁이 점점 치열해지면서 더욱 중요성이 증대하고 있다. 또한 고객들의 욕구와 취향의 다양화도 시장세분화의 중요성을 증가시키는 한 요인으로 작용하고 있다.

시장세분화는 다음과 같은 이점이 있다.

❶ 시장기회를 더욱 쉽게 찾아낼 수 있다.

각각의 세분시장의 욕구와 이들을 대상으로 하는 상품들을 살펴보면, 충족되지 못한 고객의 욕구를 찾아낼 수 있는데, 이것이 바로 시장기회이다. 이러한 시장기회를 이용하여 그 세분시장에 적합한 상품을 개발할 수 있게 된다.

❷ 마케팅 믹스를 보다 효과적으로 조합할 수 있다.

세분시장의 특정요구에 초점을 맞춰 제품 · 가격 · 유통경로 · 촉진 등의 마케팅 믹스 요인들을 일관성 있게 조화시켜 고객들이 제품을 명확하게 이해하고 인식할 수 있게 하고, 경쟁제품과도 차별화시킬 수 있게 된다.

❸ 시장수요의 변화에 신속하게 대처할 수 있다.

세부시장은 전체시장보다 규모가 작기 때문에 기업은 수요의 변화를 쉽게 파악할 수 있고, 세분시장의 수요변화에 대해서도 신속하게 대응할 수 있게 된다.

(3) 시장세분화의 요건

시장세분화를 하는 목적 중 가장 중요한 것이 마케팅 믹스를 효과적으로 활용하려는 것이다. 이러한 목적을 달성하기 위해서는 가장 적절한 방법으로 시장세분화를 해야 하는데, 이를 위해서는 각각의 세분시장이 다음과 같은 요건을 갖추어야 한다.

❶ 측정가능성

시장세분화 변수들 중에는 측정하기 어려운 변수들도 있는데, 측정가능성(measurability)이란 세분시장의 규모와 구매력(purchasing power)을 측정할 수 있는 정도를 의미한다.

❷ 세분시장 내의 동질성

세분시장 내의 동질성(homogeneous-within)이란 각 세분시장 내의 소비자들이 시장세분화를 위한 변수의 측면에서 가능하면 서로 비슷하여야 한다는 것을 의미한다. 예를 들면, 우리나라 자동차시장을 소득수준과 가족 수를 기준으로 세분화하였을 때 각 세분시장 내 소비자들의 소득기준과 가족 수가 서로 유사해야 한다는 것이다.

❸ 세분시장 간의 이질성

세분시장 간의 이질성(heterogeneous-between)이란 시장세분화가 효과적으로 이루어지기 위해서는 각 세분시장 간 소비자들의 특성이 서로 달라야 하는데 이것을 세분시장 간의 이질성이라 한다.

❹ 규모

어느 한 세분시장을 표적시장으로 삼아서 마케팅 믹스를 제공하는 데에는 상당한 비용이 투입되기 때문에 적어도 하나의 세분시장의 규모(size)가 독자적인 마케팅 프로그램을 시도할만한 크기가 되어야 한다.

❺ 접근가능성

접근가능성(accessibility)이란 세분시장에 접근할 수 있고 그 시장에서 활동할 수 있는 정도를 의미한다. 충분한 규모의 세분시장이 존재하더라도 세분시장을 연결해 줄 매개체가 없으면 시장세분화는 성공하기 힘들다.

(4) 시장세분화의 기준

시장세분화는 효과적인 마케팅 믹스를 위해서 이질적인 전체시장을 동질적인 세분시장으로 나누는 것으로, 전체시장을 세분시장으로 나누는 기준이 되는 변수를 시장세분화변수(market segmentation variables)라고 한다. 일반적으로 사용되는 시장세분화변수는 지리적 변수, 인구통계적 변수, 심리적 변수, 행동분석적 변수 등이 있다.

❶ 지리적 변수

지리적 변수(geographic variables)는 시장을 국가 · 도 · 시 · 군 등의 지역, 도시와 시골, 기후 등에 의해서 세분화하는 변수이다.

❷ 인구통계적 변수

인구통계적 변수(demographic variables)는 연령 · 성별 · 소득 · 학력 · 직업 · 종교 및 결혼 여부 등의 인구통계적 변수를 기준으로 시장을 세분화하는 변수이다. 인구통계적 변수는 고객의 욕구 및 구매행동과 밀접하게 관련되어 있는 경우가 많으며, 다른 변수들에 비하여 측정이 비교적 쉽기 때문에 가장 많이 사용되는 변수라고 할 수 있다.

❸ 심리적 변수

심리적 변수(psychographic variables)는 사회계층 · 라이프스타일 · 개성 등으로 시장을 세분화하는 것이다. 사회계층(social class)은 비슷한 수준의 사회적 지위와 경제력을 지닌 사람들의 집합으로 같은 계층구성원들끼리는 가치관 · 사고방식 · 행동 · 태도 면에서 많은 공통점을 가지고 있다. 심리적 변수 중 가장 대표적인 것이 라이프스타일(life style)인데, 주로 사람들의 활동(activity), 관심(interest), 의견(opinion)을 기준으로 집단을 분류하며 영문표기의 머리글자를 따서 AIO분석이라고도 한다.

개성(personality)은 개인의 내적 · 외적 기질을 말하는 것으로 Horney는 사람의 주요한 개성을 순응형 · 공격형 · 고립형으로 분류하였다. 심리적 변수에 의한 세분화는 시장을 더욱 효과적으로 세분화할 수 있게 해주고 많은 정보를 제공해주지만, 몇 가지 한계점을 지니고 있다.

먼저 지리적 변수나 인구통계적 변수는 비교적 개념이 분명하지만 심리적 변수는 변수의 정확한 측정이 어려운 점이 있다. 또한 심리적 변수와 고객욕구 사이에 상관관계가 모호한 경우가 많으며, 세분화의 기준이 추상적일 경우에는 세분화에 대한 효과적인 접근매체가 없어서 어려움이 있다.

❹ 행동분석적 변수

위에서 언급된 지리적 · 인구통계적 · 심리적 변수들은 모두 고객의 특징에 초점을 맞춘 분석방법이었다. 그러나 행동분석적 변수(behavioral variables)

는 소비자와 상품과의 관계에 초점을 두는 세분화의 기준이다. 세분화의 기준으로는 소비자가 상품에 대해 나타내는 반응을 토대로 추구하는 편익 · 사용량 · 상표충성도 등이 있다.

(5) 호텔 객실영업과 시장세분화

호텔의 객실을 이용할 수 있는 시장은 다양한 호텔비즈니스 및 관광객의 욕구로 인해 다수의 이질적인 시장으로 구성되어 있다고 볼 수 있다. 이러한 관점에서 볼 때 호텔객실을 이용하는 호텔관광시장은 인구통계적 · 사회경제적 기준, 심리적 기준, 지리학적 기준, 여행목적기준, 유통경로기준, 행동기준, 편익기준, 구매계기기준 등 8가지로 세분화할 수 있다.

❶ 인구통계적 · 사회경제적 세분화

이 기준은 통계자료의 수집과 매체 및 조사를 통한 각종 정보의 비교와 적용, 자료의 해석과 응용의 용이성으로 인해 현재까지 시장세분화의 기준으로 가장 많이 활용되고 있다. 일반적으로 연령과 수익은 레크리에이션 참여의 주요변수임은 부정할 수 없으나 시장을 세분화할 때 이러한 변수들만으로는 세분시장에 속한 구성원들이 유사한 선호를 가지고 있다고 보기 힘들기 때문에 불완전한 점이 많이 있다.

❷ 심리적 세분화

호텔을 이용하는 고객들은 호텔 객실상품 구매 시에 그 선택기준이 이상적이거나 경험적 가치보다는 준거집단의 형태를 모방하거나 답습하려는 성향이 많다고 할 수 있다.

일반적으로 다른 사람을 의식하고 타인과의 경쟁심리가 많이 작용되므로 심리적 세분화 방법은 호텔 객실상품의 영업에 있어서 매우 중요한 부분이라고 할 수 있다.

심리적 세분화는 실행상 어려움이 많고 비용이 많이 드는 단점에도 불구하고 기존의 분석방법에 의해 획득된 정보를 보완하여 활용되면 고도로 전문화되고 광범위하게 개발된 호텔상품에서 많은 효과를 거둘 수 있는 방법 중 하나라고 할 수 있다.

특히, 모발일 마케팅의 일반화와 향후 이러한 트렌드의 강세로 인하여 더욱 이러한 경향을 두드러질 것으로 예측된다.

❸ 지리적 세분화

지리적 세분화는 세분시장의 경계가 명확하다는 장점이 있지만, 통신과 교통수단이 발달한 요즘에는 지리적 세분화가 동질성을 가지고 있다고 기대하기 어렵다.

또한 지리적 세분화는 목표시장에 접근하기 위한 수단을 제시해 주고, 잠재고객이 소재하고 있는 곳을 알게 해 줌과 동시에, 이들과 커뮤니케이션을 가능하게 해줄 방안을 제시해주기 때문이다.

❹ 여행목적별 세분화

여행목적별 세분화는 호텔객실 상품을 비즈니스 시장과 관광목적 시장으로 세분화하고 있다. 예를 들면, 싱가포르에 위치한 호텔들은 관광시장을 단체시장과 개인시장으로 나누고, 다시 단체시장은 그룹투어 · 국제회의 · 항공사승무원 등으로 분류하고, 개인시장은 개인여행객과 빈번한 여행객(frequent traveler) 등으로 세분화하고 있다.

❺ 행동적 세분화

행동적 세분화는 호텔객실상품을 고객이 보유하고 지닌 지식 · 태도 · 용도 및 반응, 이용률, 추구편익, 구매계기, 여행객의 지위, 상표집착도 등을 기준으로 해서 세분화하는 것이다.

❻ 편익 세분화

편익 세분화는 호텔객실상품을 구매한 후 고객이 느끼는 효익에 대한 상대적인 중요성을 기초로 해서 시장을 세분화하는 방법이다.

편익 세분화를 실시할 때는 고객들이 상품의 구매에서 얻으려는 주요혜택이 무엇이고, 각 혜택을 찾는 여행객들의 유형은 어떠하며, 각 혜택을 줄 수 있는 상표품은 무엇인지 결정해야 한다.

❼ 구매계기의 세분화

구매계기의 세분화는 호텔의 서비스를 구매하는 경우 구매계기에 따라 고객을 세분화하는 것이다.

2) 호텔객실상품 표적시장

시장세분화는 표적시장 선정을 위한 준비단계인데, 시장세분화를 통해 나누어진 세분시장 중에서도 구체적인 마케팅 믹스(marketing mix)를 개발하여 대상으로 삼으려는 세분시장을 표적시장(target market)이라 한다. 기업이 여러 개의 세분시장 중 표적시장을 선정할 때 고려해야 할 요인은 세분시장의 전반적인 매력성과 기업의 목표 및 보유하고 있는 자원과 능력이다. 전반적인 시장의 매력성이란 세분시장의 규모 · 성장성 · 수익성 · 경쟁 정도 · 위험도 · 규모경제 등을 분석한 것이다. 또한 표적시장을 선정할 때에는 기업의 목표와 일치하는지와 이를 위해 기업이 보유하고 있는 자원과 능력을 고려해야 한다.

3) 호텔객실상품 포지셔닝

(1) 포지셔닝의 개념

Al Ries와 Jack Trout(1972)가 고객의 마음에 자리잡기 위한 광고나 촉진 노력의 중요성을 설명하기 위해 도입한 포지셔닝(positioning)이란 용어는 시장 내 고객들의 마음에 위치잡기라는 의미를 갖는다. 시장에서 기업의 포지셔닝 전략은 시장세분화를 기초로 정해진 표적시장 내 고객들의 마음에 시장분석, 고객분석, 경쟁분석 등을 기초로 하여 얻은 전략적 위치를 계획한다는 의미를 갖는다. 즉, 시장에서의 차별적 위치를 차지하여 고객욕구를 충족시키는 서비스를 표적시장에 제공하는 것이다(이유재, 2004: 72).

서비스 제품의 포지션(position)은 고객이 서비스를 지각하는 방식을 의미하는데, 특히 경쟁기업의 서비스와 관련이 많다고 할 수 있다. 포지셔닝은 현재 제공되고 있는 서비스의 이미지를 고객들의 마음속에 유지시키고 강화시키는 데도 매우 중요한 부분이라고 할 수 있는데 예를 들어 Marriott Corporation의 다른 브랜드인 Residence Inn은 "집으로부터 떨어져 있는 집"이란 이미지로 장기 투숙객들에 포지셔닝되어 있다. Marriott Corporation은 여러 서비스 마케팅 요소들을 이용하여 고객들에게 이러한 포지셔닝이 되도록 하였는데 브랜드 네임 자체가 표적시장의 특성을 잘 요약해서 나타내고 있다. 또한, 호텔의 커뮤니케이션에 집(home)과 이웃(neighborhood)이란 단어를 자주 사용하였고 시설로 인한 커뮤니케이션 역시 부엌을 갖추고 있고 거실과 벽난로까지 설치하여 최대한 집과 같은 느낌이 나도록 하였다.

(2) 포지셔닝 전략

기업은 다양한 방법으로 제품이나 서비스를 포지셔닝시킬 수 있다. 포지셔닝의 유형을 살펴보면, 소비자 포지셔닝과 경쟁적 포지셔닝을 구분할 수 있다. 소비자 포지셔닝은 소비자에 관심을 두고 기업의 제품이나 서비스를 소비자 마음속에 자리매김하는 것이다.

소비자 포지셔닝은 속성, 이미지, 사용상황 및 사용목적, 제품사용자에 의한 포지셔닝이 있다. 속성에 의한 포지셔닝은 제품의 속성 및 고객의 혜택과 관련하여 포지셔닝하는 방법으로 예를 들면, 볼보 자동차 같은 경우는 튼튼하고 안전한 차로 소비자들에게 포지셔닝되어 있다.

이미지 포지셔닝은 말 그대로 이미지를 포지셔닝하는 것으로 의류 · 보석 등에 많이 사용된다. 사용상황 혹은 사용목적에 의한 포지셔닝의 예로는 이온음료를 들 수 있는데, 이온음료는 운동 후 빠른 갈증해소로 포지셔닝되어 있다. 제품사용자에 의한 포지셔닝은 특정한 개인이나 집단에 초점을 맞추어 포지셔닝하는 것을 의미한다.

(3) 지각도

지각도(positioning map)란 여러 가지 평가할 수 있는 차원에 따라 제품이나 브랜드의 위치를 나타내는 것이다. 즉, 지각도는 제품의 심리적인 포지셔닝을 위한 하나의 강력한 도구로 사용되는 기법으로, 소비자가 제품 · 브랜드 등에 대한 신념과 선호도를 형성하는데 고려하는 여러 가지 제품속성을 2~3개의 차원으로 압축하여 차원들 사이의 제품지각공간을 형성한 다음, 제품들의 전반적인 유사성이나 선호도에 대한 소비자조사를 근거로 각 제품 브랜드 등을 기하학적인 거리로 환산하여 공간상에 표시하는 것이다.

5. 제품전략

1) 제품의 이해

(1) 제품의 개념

제품(product)이란 소비자의 필요(needs)와 욕구(wants)를 충족시켜 줄 수 있는 모든 것을 의미하는 것으로, 유형적인 제품, 무형적인 서비스, 사람, 관광지와 같은 장소 등을 모두 포함한다. 제품이 소비자의 욕구를 충족시켜 줄 수 있는 것은 그 제품이 지니고 있는 속성(attribute) 때문인데, 이러한 제품의 속성들은 핵심제품(core product), 유형제품(tangible product), 확장제품(augmented product)의 세 가지 차원들로 구성된다.

(2) 제품의 구성요소

소비자들은 자신의 욕구를 충족시키기 위하여 제품을 구입하게 되는데 실제로 소비자들이 원하는 것은 구매하는 제품으로부터 얻게 되는 혜택의 조합이라고 할 수 있다.

동일한 제품에 대해서도 소비자들마다 얻는 혜택이 다르기 때문에 마케팅 관리자들은 제품을 구성하는 요소들을 효과적으로 통합하여야 한다. 제품을 구성하는 요소들은 품질, 디자인, 상표, 포장으로 분류할 수 있다.

(3) 제품의 분류

제품은 크게 소비재와 산업재로 구분되는데, 소비재는 소비자가 최종소비를 위해 구매하는 제품이며, 산업재는 다른 제품의 생산이나 사업을 위해 구매되는 제품을 의미한다. 소비재는 소비자의 쇼핑습관에 따라 편의품 · 선매품 · 전문품 · 미탐색품 등으로 분류할 수 있다. 편의품(convenience goods)은 소비자가 최소의 노력으로 자주 구매하는 제품을 의미하며, 다시 필수품(staple goods), 긴급품(emergency goods), 충동품(impulse goods)으로 분류할 수 있다.

선매품(shopping goods)이란 소비자가 가격 · 품질 · 디자인 등을 평가해서 탐색한 후 구매되는 제품을 말한다. 선매품은 편의품보다 구매빈도는 낮지만 가격이 높은 편이다.

전문품(specialty goods)은 소비자가 제품을 구매할 때 많은 탐색노력을 기울이는 제품을 말한다. 전문품은 일반적으로 상표인지도와 상표충성도가 높으며, 대표적인 전문품으로는 고가의 자동차와 시계들을 예로 들 수 있다.

미탐색품(unsought goods)이란 소비자들이 평소에 거의 제품탐색 의도를 보이지 않는 제품을 말한다.

2) 제품수명주기

(1) 제품수명주기의 개념

제품수명주기(product life cycle)란 새로운 제품이 개발되어 시장에 출시된 이후 성장하다가 일정기간을 경과한 후에 쇠퇴되어 시장에서 사라지기까지의 과정을 의미한다. 다시 말하면 특정제품이 개발되어 시장에서 출시된 이후 시간이 경과함에 따라 매출액과 이익이 변화해 가는 과정을 나타낸 것이다.

(2) 제품수명주기의 단계별 특성 및 전략

제품수명주기는 도입기 · 성장기 · 성숙기 · 쇠퇴기로 나누어 볼 수 있는데, 단계별 특성은 다음과 같다.

❶ 도입기

도입기(introduction stage)는 특정제품이 처음으로 시장에 출시되어 소비자가 구매하게 되는 단계로 기업은 시장개척자로서 계획된 제품 포지셔닝 전략에 따라 마케팅 믹스 전략 등을 실행한다.

❷ 성장기

성장기(growth stage)에는 매출액이 증대되어 이익이 증가하지만 높은 시장점유율을 유지하기 위해 촉진 및 유통에 많은 자금이 투입되는 시기이기도 하다.

❸ 성숙기

성숙기(maturity stage)에 들어서면 매출액이 감소하기 시작하기 때문에 기업은 시장과 제품 및 마케팅 믹스 등에 변화를 주어 확보한 시장을 방어하게 된다.

❹ 쇠퇴기

쇠퇴기(decline stage)에는 기술혁신 · 경쟁심화 등으로 매출액이 감소한다.

3) 신제품 개발

기업이 신제품을 얻을 수 있는 방법은 크게 두 가지로 나누어 볼 수 있는데 첫 번째는 신제품을 보유하고 있거나 신제품 개발에 적극적인 기업을 인수, 합병하는 방법이고 두 번째는 기업 내부적으로 연구개발 부서에 의한 신제품 개발이다.

최근에는 정보화의 발전 및 확산의 영향으로 이전에는 없었던 새로운 서비스들이 창출되고 있으며 스마트폰의 확산으로 이러한 경향은 더욱 두드러질 것으로 예측된다.

(1) 신제품개발의 의의

다양한 소비자들의 욕구를 충족시키기 위하여 기업들은 제품차별화(product differentiation) 전략으로써 신제품을 개발한다. 또한 상황에 따라서는 기존제품을 계획적으로 진부화시키기 위해서 신제품을 개발하기도 한다. 신제품은 시초제품 · 혁신제품 · 수정제품 · 신상표 등의 유형이 있는데, 시초제품은 핵심기능을 최초로 제공하는 제품을 의미하며, 혁신제품은 핵심기능이 혁신적으로 변화된 제품을 의미한다.

수정제품은 핵심기능이나 부수적 기능이 수정된 제품이며, 신상표는 똑같은 기능의 제품을 상표와 포장만 바꾼 제품이다. 신제품이 시장에서 성공하기란 매우 어렵기 때문에 기업의 입장에서 신제품개발 전략은 매우 위험도가 큰 전략이다.

(2) 신제품의 성공 요인

❶ 소비자와 관련된 요인

신제품이 시장에서 성공하기 위해서는 가장 먼저 소비자의 필요에 적합해야 하는데, 그러기 위해서는 표적고객의 선택이 정확해야 한다. 또한, 제품의 테스팅, 출시 및 수명주기의 관리에 있어서도 고객의 필요를 해결하기 위한 제품의 편익이 소비자에게 적절하게 제공되고 있는지를 주기적으로 점검하는 것이 필요하다. 또 다른 소비자 관련 요인으로는 소비자에게 가격에 비하여 높은 효용을 줄 수 있는 제품이어야 한다.

❷ 기술 관련 요인

신제품의 성공 요인 중 기술관련 요인이란 자사의 신제품이 경쟁사에 비해 독점적 기술우위를 가지고 있는 것도 중요하지만 그 보다도 소비자들이 원하는 편익을 제공할 수 있는 능력을 의미한다고 할 수 있다. 물론, 다른 경쟁기업과 비교하여 독점적 기술우위를 보유하게 되면 그 신제품은 시장에서 성공할 확률이 더 높겠지만 소비자들이 원하는 편익이 무엇인지 파악을 하지 못하게 되면 그 성공확률은 낮아지게 된다.

❸ 시장환경 관련 요인

일반적으로 신제품 중 성장잠재력이 큰 제품은 시장에서 성공할 확률이 높다고 할 수 있다. 성장잠재력이 큰 제품은 제품수명주기상 성장기에 있는 제품을 말하며, 신제품의 진부화 속도, 전체 잠재시장의 크기 등을 모두 고려하여 성장 잠재력을 판단하여야 한다.

❹ 기업 내부 요인

Robert(1990)에 의하면 신제품들 중에서 독특한 기술을 가지고 기존 제품과의 관련성이 높은 시장에 진입했을 때는 67%의 성공률을 보였으며, 독특한 기술은 있으나 관련성이 낮은 시장에 진출한 경우에는 25%, 독특하지 않은 기술을 이용하여 관련성 없는 시장에 진입한 경우에는 극히 낮은 성공확률을 보였으며, 독특하지 않은 기술로 관련성이 높은 시장에 진입한 경우 25%의 성공률을 보였다. 따라서 독특한 기술처럼 강점을 가지고 있으며 기존 제품과의 관련성이 높은 시장에 진출한 경우가 가장 성공 가능성이 크다고 할 수 있다.

그 외에도 신제품을 성공시키기 위한 기업 내부적 조건들 중에서 중요한 것들로는 최고경영자의 지원, 신제품개발과 관련된 기능 부서들 사이의 원활한 의사소통, 신제품을 성공시키려는 강력한 의지를 가진 임직원, 효과적인 신제품개발 조직 등을 들 수 있다(박흥수외, 2004:14).

❺ 신제품 개발기간 및 출시의 타이밍

많은 제품들이 제품수명주기가 빨라지면서 진부화 속도가 빨라지고 있는데 좋은 아이디어라고 하더라도 제품출시의 적기를 놓치면 시장에서 성공하기 어렵다. 특히, 하이테크 제품일수록 출시의 타이밍이 더욱 중요하다고 할 수 있다.

(3) 신제품의 실패원인

해마다 많은 신제품들이 시장에 출시되지만 그 중 많은 수가 실패하고 만다. 성공한 제품과 실패한 제품을 구별하는 기준은 다양하지만 일반적으로 신제품이 시장에서 실패하는 이유는 다음과 같다.

❶ 소비자 관련 요인

신제품이 실패하는 여러 요인 중에서 가장 일반적인 요인은 신제품이 기존제품과의 차별화된 독특한 편익을 소비자들에게 제공하지 못하는 경우이다. 모방전략(me-too strategy)에 의해 출시된 신제품이 시장의 기존제품을 따라 잡는 것은 아주 힘든 일이다. 또한, 독특한 편익은 있으나 소비자들의 기호가 바뀌어 더 이상 그 편익을 높이 사주지 않게 되는 경우도 볼 수 있다.

따라서 신제품이 시장에서 실패할 확률을 줄이기 위해서 가장 필요한 노력은 기존 제품과는 차별화되면서도 소비자들이 원하는 독특한 편익을 찾아내어 이를 제공할 수 있도록 제품을 설계하는 일이다.

❷ 마케팅전략 관련 요인

신제품의 성공은 정확한 표적시장의 선정과 그에 적합한 포지셔닝을 필요로 한다. 물리적으로는 훌륭한 제품을 만들어 놓고서도 마케팅 전략상의 실수로 인해 신제품이 실패하는 경우도 자주 볼 수 있다. 신제품의 실패 확률을 줄이기 위해서는 시장세분화가 올바르게 되어 있는가 하는 점과 표적고객들에게 파고들 수 있는 포지셔닝이 이루어져 있는가를 면밀히 검토해야 한다.

❸ 마케팅과 유통자원의 부족

신제품이 성공하기 위해 필요한 광고, 판촉, 유통상의 지원이 불충분해서 실패하는 신제품들을 볼 수 있는데, 특히 사내 영업조직이나 유통경로 구성원들을 설득하는데 실패하여 신제품을 취급하는 것을 회피할 경우 신제품이 시장에서 성공을 거두기가 어렵게 된다.

❹ 사내조직 관련 요인

신제품의 성공을 위해서는 전사적인 품질에 대한 인식과 고객지향적인 기업문화가 필요할 뿐만 아니라 기업 내의 마케팅부문, 연구개발부문, 생산부문, 영업부문 구성원들의 노력과 협조가 필요하다. 기업 내부적으로 위에서 언급된 부서의 협조가 부족하면 신제품은 시장에서 성공확률이 낮아지게 된다.

❺ 기타 요인

위에서 언급된 요인들 이외에도 기술개발과 관련된 요인, 신제품 출시의 타이밍, 수요예측의 실패, 경쟁기업에 대한 정보 부재 기업을 둘러싸고 있는 외부환경 등에 의해 신제품이 시장에서 실패할 수 있다. 신제품개발의 주요한 성공요인과 실패요인들을 살펴보면 다음과 같다.

4) 신제품 개발과정

신제품의 개발과정을 살펴보면 아이디어 창출(idea generation), 아이디어 채택(idea screening), 사업 분석(business analysis), 제품 개념 개발(product concept development), 제품 개념 테스트(product concept test), 제품 테스트(product test), 마케팅 믹스 계획(marketing mix planning), 시험 마케팅(test marketing), 상업화(commercialization)의 단계를 거친다.

아이디어는 기업 내부자료는 물론 경쟁사 · 고객 등 다양한 경로를 통해서 창출될 수 있으며, 창출된 아이디어 중 기업이 목표로 하는 매출액과 시장점유율 및 기업의 이용 가능한 자원 등을 고려하여 채택하게 된다. 그 다음 단계가 사업성 분석인데, 사업성 분석이란 채택한 아이디어가 상품화되었을 때, 비용 및 이익을 예측하는 것을 의미한다. 그 다음 제품 콘셉트를 개발하고 콘셉트에 대한 테스트를 실시한다. 그 다음 제품개발단계에서 제품출시에 문제가 없다고 판단되는 제품에 대해서 시험적으로 판매해 보는 시험 마케팅을 실시한다. 시험 마케팅을 통해서 기업들은 경쟁사의 제품과 비교해 매출액과 표적시장 및 고객들의 반응 등을 파악하게 된다.

6. 가격전략

1) 가격전략의 이해

(1) 가격의 개념

일반적으로 가격이란 제품을 구입하고 그 대가로 지불하는 화폐가치를 의미하는데, 소비자의 입장에서 보면 가격은 소비자가 재화나 서비스를 획득 또는 사용을 통해서 얻게 되는 가치에 대해서 지불하는 대가라고 할 수 있다. 그러므로 가격은 제품의 교환가치로 볼 수 있으며, 좀 더 구체적으로 말하면 구매자들이 특정 제품을 구매함으로써 얻게 되는 효용에 부여된 가치라고 할 수 있다.

가격은 일반적인 제품가격 외에 여러 가지 다른 형태나 명칭으로 나타날 수 있는데, 일정 기간 건물의 사용에 따른 임대료, 학교에서의 등록금, 직장인의 월급, 은행의 대출이자 등은 모두 가격의 의미를 담고 있다고 할 수 있다.

(2) 가격의 중요성

가격은 소비자의 입장에서 제품을 선택할 때 가장 중요한 결정요인 중 하나로 작용하기 때문에 마케팅 관리자들 입장에서는 가격을 결정하는 것이 가장 중요한 문제 중 하나가 된다. 기업이 마케팅 믹스로 사용하는 도구들 중 가격은 경쟁에 가장 민감한 특성을 가지고 있기 때문에 기업의 입장에서 즉각적인 효과가 발생한다. 그렇기 때문에 가격은 가장 강력한 경쟁도구로의 사용이 가능하지만 경쟁기업의 즉각적인 모방이 가능하다는 단점을 가지고 있다. 만약, 자사가 경쟁우위 확보를 위해 가격을 인하하였는데, 경쟁사가 모방을 하게 되면 기업은 가격인하를 통해 기대 했던 목표 달성을 이루기 어렵고 수익성의 감소만 가져오게 된다.

특히, 서비스 기업들의 경우는 수요가 피크일 때 수요를 감소시키기 위해 가격을 올리기도 하며, 수요가 적을 때는 가격을 아주 낮게 책정하기도 하는데 영화관의 조조할인, 항공사의 비수기 할인 등이 그 예이다. 이처럼 가격(price)은 서비스 마케팅의 7P믹스 중에서 다른 믹스와는 달리 쉽게 변화시킬 수 있고 가장 빨리 변화의 결과를 얻을 수 있다.

2) 가격 결정요인

기업이 자사의 제품이나 서비스에 대해서 가격을 결정할 때는 기업의 가격목표, 제품에 대한 수요, 원가 구조, 경쟁상황, 정부정책 등을 고려해야 한다.

(1) 기업의 가격목표

기업이 가격을 통해서 어떠한 목표를 추구하는지가 가장 먼저 자사의 제품가격을 결정하는 요인으로 작용하게 된다. 이때 가격목표는 단독적으로 결정되기보다는 다른 마케팅 믹스 변수들과의 관계를 고려하여 결정되어야 하기 때문에 그 기업의 마케팅전략목표에 따라서 기업의 가격목표가 정해지게 된다.

(2) 제품에 대한 수요

제품에 대한 소비자들의 수요에 따라서 가격결정은 달라지는데, 예상되는 수요량이 얼마나 되며, 수요의 가격탄력성이 어느 정도인가에 따라 가격결정에 많은 영향을 미칠 수 있다.

(3) 원가 구조

기업의 원가구조는 가격의 하한선을 결정하게 하는데 기업은 생산, 유통, 판매 등에 소요되는 비용을 충당하고 투입한 노력과 위험에 비추어 적당한 이익이 보장되는 가격을 결정하게 된다. 기업이 고려해야 할 원가에는 크게 고정비와 변동비의 두 가지가 있는데 고정비는 생산 및 판매수입에 관계없이 발생하는 비용으로서 예를 들면 임대료, 직원들의 급여 등이 포함된다. 변동비는 생산수준에 따라 변화하는 비용을 말한다.

(4) 경쟁상황

기업은 경쟁기업의 가격과 품질을 파악한 후 자사의 가격결정의 가이드라인으로 사용할 수 있는데, 예를 들면 자사제품과 경쟁제품의 품질이 비슷한 경우 자사제품의 가격은 경쟁제품과 비슷한 선에서 결정되어야 하며, 자사 제품의 품질이 경쟁제품보다 떨어지면 가격도 낮게 책정해야 하며, 자사 제품의 품질이 경쟁제품보다 높다고 판단이 되면 경쟁제품보다 가격을 높게 책정할 수 있게 된다.

또한, 경쟁기업의 가격을 평가할 때에는 다음과 같은 점을 고려해야 한다(이우용 외, 2003:520).

- 산업 내에 얼마나 많은 경쟁자가 있는가? 여기에는 대체제의 생산업자도 포함하여 분석해야 한다.

- 그들의 시장점유율과 시장은 어떠한가?
- 그들의 자금동원능력 및 경영능력은 어떠하며 지금까지 이 제품에 어느 정도 투자하여 왔는가?
- 자사와 비교하여 그들의 원가구조는 어떠한가?
- 지금까지 어떠한 가격체계를 유지하여 왔는가?
- 소비자들은 경쟁제품에 어떠한 반응을 하는가?

한편, 경쟁상황과 고려하여 가격 결정시 경쟁자들도 자사의 가격변화에 대응하여 그들의 가격을 변화시킬 수 있다는 점을 고려해야 하기 때문에 가격결정 시에는 자사의 가격변화에 대한 경쟁기업들의 반응도 같이 고려해야 한다.

(5) 정부정책

가격결정은 항상 기업의 의지대로만 되는 것이 아니라 특별한 상황에서는 정부의 정책이나 법적 규제에 의해서 제품의 가격결정이 큰 영향을 받게 된다. 우리나라의 경우 1981년 공정거래법 제정 이전까지는 정부의 개입이 매우 직접적인 형태로 나타났기 때문에 주요한 공산품 가격인상을 위해서는 사전에 정부의 허가가 필요했었다. 이러한 상황하에서의 가격인상은 원가인상요인이 있다고 판단되었을 때에만 가능했기 때문에 상당한 부작용이 초래되었으며 기업의 입장에서는 이러한 문제 해결을 위해 신제품을 개발하거나 기존제품의 품질을 저하시키는 방법을 사용하였다. 이러한 경우 직접적으로 제품을 사용하는 소비자의 입장에서 품질이 저하된 제품을 사용하게 되고 국산품의 품질향상이나 기술적인 면에서 문제가 발생되었다. 이와 같이 상황에 따라서는 가격에 대한 정부의 직접적인 규제가 가격의 수급조절기능을 약화시키고 여러 가지 문제점을 야기시킬 수도 있다.

3) 가격결정방법

(1) 원가중심 가격결정법

원가를 중심으로 가격을 결정하는 방법에는 원가가산법(markup or cost plus pricing)과 목표수익률법(target profit pricing)이 있다. 원가가산법은 가장 일반적으로 쓰이는 방법으로 원가에 표준이익을 가산하여 가격을 결정하는 방법이다. 목표수익률법은 일정한 표준생산량 하에서의 총원가에 예정된 수익률을 가산함으로써 가격을 결정하는 방법이다. 목표수익률법은 손익분기점(break-even point)을 이용하여 가격을 결정한다.

(2) 수요중심 가격결정법

수요중심 가격결정법이란 기업이 제품을 생산하는 데 들어간 원가가 아니라 소비자가 인식하는 제품의 가치에 따라 가격을 결정하는 방법이다. 이 방법은 소비자가 인식하는 가치에 따라 가격이 결정되는 방법이기 때문에 소비자들의 가치인식의 파악을 위해 일반적으로 소비자 조사를 실시한다.

(3) 경쟁중심 가격결정법

경쟁중심 가격결정법이란 경쟁기업의 가격을 검토한 후 그 가격을 기준으로 자사의 가격을 결정하는 방법이다. 따라서 기업은 경쟁기업의 가격과 비교한 후 시가가격, 저가격, 중가격, 고가격 중 하나를 선택하게 되는데, 여기서 시가가격이란 가격변화에 가장 영향력을 가진 선도기업이 결정한 가격을 의미한다.

4) 가격전략

가격전략은 기업의 현재와 미래의 경쟁상황을 분석해 보았을 때, 어떤 전략이 가장 효율적인지에 의해서 결정되는데 기업의 마케팅 목표 및 마케팅 믹스와 연관지어 결정해야 한다.

이러한 상황에서 단순히 고가격전략, 중가격전략, 저가격전략은 의미가 크지 않기 때문에 경쟁상황 등을 고려하여 상대적 고가격전략, 대등가격전략, 상대적 저가격전략으로 나누어서 생각할 수 있다.

(1) 상대적 고가격전략

상대적 고가격전략(premium pricing strategy)은 자사 제품의 가격을 경쟁기업 제품의 가격보다 높게 책정하는 전략으로 자사의 제품이 그 시장에서 우수하거나 명성이 높을 때 사용 가능하다. 상대적 고가격전략은 이미지를 중시하는 고가 의류제품이나 전문품 등에서 일반적으로 나타나며, 소비자가 가격에 의해서 제품의 품질을 평가하는 경향이 강하거나 제품이 개인의 사회적 지위나 명예, 건강 등의 상징적 의미를 갖는 경우에 자주 사용되는 가격전략이다(채서일, 2004:360).

(2) 대등가격전략

대등가격전략(parity pricing strategy)이란 기업이 경쟁기업 제품의 가격과 동일하거나 거의 비슷한 수준으로 가격을 책정하는 전략을 말한다. 대등가격전략은 시장의 수요가 가격에 대해 탄력적이지 않고, 경쟁기업의 가격인하에 대해서 동일한 수준의 가격으로 대응이 가능할 때 사용된다. 기업이 대등가격전략을 구사할 때는 마케팅전략에서 가격이 차지하는 비중이 그만큼 줄어들고 제품, 유통, 촉진과 같은 다른 마케팅 믹스 요소들이 보다 더 중요한 역할을 하게 된다.

(3) 상대적 저가격전략

상대적 저가격전략(value pricing strategy)이란 경쟁기업보다 낮은 가격을 책정함으로써 철저하게 생산규모와 판매량을 늘리는 데 목적이 있을 경우 사용되는 가격전략의 유형이다.

상대적 저가격전략은 수요의 탄력성이 높아 소비자가 가격에 대해 민감한 반응을 보일 때나 자사가 진출하려고 하는 시장에 경쟁기업의 수가 너무 많을 경우에 사용될 수 있으며, 이 전략을 구사하려면 경쟁기업들에 비해서 원가구조상의 우위를 가지고 있어야 한다.

5) 서비스 가격전략

서비스 기업들이 가격전략을 구사하는데 있어서 가장 중요한 점은 어떤 수준의 가격을 책정하는가에 관한 문제라고 할 수 있지만 이외에도 서비스 가격전략과 관련해서 몇 가지 목표를 설정해야 한다(이유재, 2004, p.175).

■서비스 가격전략의 실제적 이유

서비스 가격전략의 이슈	내용
특정 서비스에 대한 가격책정	· 서비스 조직은 어떠한 원가를 보전하려 하는가와 관련된 문제 · 서비스 조직의 특정 이익마진이나 투자수익률을 얻고자 하는 노력과 관련된 문제 · 소비자들의 상이한 가격에 대한 민감도와 관련된 문제 · 경쟁기업의 가격과 관련된 문제 · 기본적인 가격으로부터 소비자에게 어느 정도의 할인을 제공할 수 있는 것과 관련된 문제 · 심리적인 가격결정이 관례적으로 이용되는지와 관련된 문제 · 벨맨과의 인수인계와 고객의 현관의 안내를 돕는가.
가격결정의 원천	· 특정업무의 수행 · 서비스 시설에 대한 입장 · 시간단위(시간, 주, 월, 년) · 거래금액에 대한 수수료 비율 · 소비되는 물질적 자원 · 지리적 거리나 제공되는 서비스의 중량이나 크기 · 각각의 서비스 요소들이 개별적으로 수금되는지와 관련된 문제 · 패키지에 대해 하나의 가격이 부과되어야 되는지와 관련된 문제
지불금액 수금 주체 관련	· 서비스를 제공하는 조직 · 전문적인 중개인 · 중개인은 중개를 통하여 얼마나 보상받아야 하는가와 관련된 문제

서비스 가격전략의 이슈	내용
지불 장소	· 서비스가 제공되는 장소 · 편리한 소매대리점 또는 금융중개인 · 구매자의 가정(우편, 전화, 인터넷 등)
지불 시기	· 서비스 제공 전이나 제공 후 · 하루 중 아무 시간이나 · 일주일 중 무슨 요일
지불 방식	· 현금 및 수표 · 신용, 직불카드 · 서비스 제공자와의 신용거래 · 상품권 · 온라인 결제
목표시장에 알리는 가격 관련	· 어떤 커뮤니케이션 매체를 통해서 알리는 것과 관련된 문제 · 어떤 메시지를 전달하는가와 관련된 문제

6) 호텔 객실요금 가격결정방법

호텔의 객실요금을 결정하기 위해서는 내부환경요인과 외부환경요인을 분석하는 것이 필요한데, 내부환경요인으로는 투자자본, 인건비, 간접비용 등이 있으며 외부환경요인으로는 수요와 공급, 경쟁상황 등이 있다.

또한 회계학적인 접근방법과 비회계학적인 접근방법이 있는데 회계학적인 접근방법은 영업비용, 세금, 감가상각비 등을 고려하고, 손익분기점을 분석하여 분석하는 방법이다.

비회계학적인 가격결정방법으로는 선두기업 가격결정방법, 경쟁 가격결정방법, 심리학적 가격결정방법, 시험적 가격결정방법, 직관적 가격결정방법 등이 있으며 각 방법에 대한 간략한 설명은 아래와 같다(박영기 외, p.57 참조).

(1) 선두기업 가격결정방법

같은 산업군 내에서 시장점유율이 가장 높은 선두기업의 가격 결정방법과 유사하게 가격을 책정하는 방법을 의미한다.

(2) 경쟁 가격결정방법

경쟁호텔의 객실상품과 유사한 가격을 책정하는 가격 결정방법이라고 할 수 있다.

(3) 심리학적 가격결정방법

수요와 공급, 계절적 요인 등을 고려하여 호텔에서 객실상품의 가격을 책정하는 방법을 의미한다.

(4) 시험적 가격결정방법

일정한 시험적 기간에 고객들의 반응을 테스트 한 후 호텔객실상품 가격을 책정하는 방법을 의미한다.

(5) 직관적 가격결정방법

호텔객실상품의 가격을 책정하는 의사결정권자의 직관으로 책정하는 방법이라고 할 수 있다.

7. 유통전략

1) 유통전략의 이해

유통이란 생산된 제품이나 서비스를 소비자에게 이전하는 과정을 의미하며, 유통산업이란 도매상과 소매상 및 물적 유통기관 등과 같이 유통기능을 수행하고 지원하는 유통기구들의 집합을 말한다. 유통경로(channel of distribution)란 제조업자 → 도매상 → 소매상 → 소비자 형태와 같이 제품이나 서비스가 생산자로부터 소비자에게 이전되어 가는 과정에 거치는 경로이며, 이때의 유통경로는 제품 · 가격 · 촉진과 함께 마케팅 믹스 구성요소의 하나가 된다.

2) 호텔관광기업의 유통

유통의 기본적인 기능은 판매자의 상품을 효율적으로 시장에 전달하고 시장에서 얻은 정보를 수집하여 판매자에게 전달시켜 주는 역할을 하는 것이다. 일반적으로 관광유통은 관광공급업자와 소비자인 관광객 사이에 여행사와 같은 알선업체가 유통을 담당한다.

다시 말해서 관광유통은 관광공급업자가 관광객을 위한 시설, 호텔, 항공사, 테마파크, 리조트, 렌터카 등의 관광상품을 여행사에 제공하고 여행사는 관광공급자의 관광상품을 받아 관광객에게 판매하는 유통구조를 가지고 있다. 그러나 관광상품은 제품처럼 제조업자 → 도매상 → 소매상 → 소비자의 유통과정을 반드시 거치지 않는 경우가 많다.

예를 들어 관광객이 직접 호텔과 항공사에 예약을 하고 현지관광도 관광객이 현지에서 직접 수배하는 것이 가능하기 때문이다. 특히 호텔 숙박 또는 항공좌석 등 단일 관광상품만을 이용할 경우 유통과정을 거치지 않고 직접 구매하는 경우가 많이 있다(이정학, 2003:173).

8. 촉진전략

1) 촉진전략의 이해

(1) 촉진의 개념

촉진(promotion)이란 기업의 제품이나 서비스를 주어진 가격에 구매하거나 구매를 계속하도록 유도할 목적으로 제품 또는 서비스의 성능이나 가치에 대하여 현재 및 잠재고객을 대상으로 정보를 제공하거나 설득하는 것과 관련된 마케팅 노력의 일체를 의미한다(Robertson, 1971:43-44 ; 김종의 외, 2003:284 재인용). 즉, 촉진이란 마케터가 자사의 제품이나 서비스를 경쟁기업의 제품이나 서비스보다 우수하다는 것을 고객들에게 알려서 그들로 하여금 제품을 구매하도록 유도하기 위해 판촉, 광고, 홍보 등의 수단을 활용하여 정보를 제공하고 설득하는 종합적인 활동을 의미한다.

위에서 설명한 바와 같이 촉진은 일종의 커뮤니케이션(communication)이라고 할 수 있으며 이러한 촉진수단으로는 광고, PR, 인적판매, 판매촉진 등이 있다.

촉진전략은 푸시전략(push strategy)과 풀전략(pull strategy)으로 분류할 수 있다. 푸시전략은 제조업자가 중간상을 대상으로 적극적인 촉진전략을 사용하여 도매상이나 소매상들이 자사의 제품을 적극적으로 판매하도록 유도하는 전략이며 푸시전략에서는 중간상 판촉의 중요성이 증가하게 된다. 풀전략이란 최종소비자들을 대상으로 적극적인 촉진을 사용하여 소비자가 자사의 제품이나 서비스를 적극적으로 찾게 함으로써 중간상들이 자발적으로 자사의 제품을 취급하게 만드는 전략을 말한다.

(2) 촉진의 기능

❶ 정보제공

잠재고객이 어떤 제품을 구매하려면 우선 그 제품에 대한 지식을 필요로 하기 때문에 정보제공(informing)은 촉진의 가장 기본적이고 중요한 기능이라고 할 수 있다. 정보제공적 촉진기능은 기업이 신제품을 출시하여 본원적 수요를 창출하고자 하는 경우에 특히 중요시되는데 신제품을 출시한 기업은 제품의 구매를 촉구하기보다는 그 제품의 존재가치나 특성 또는 경쟁제품 보다 우수함을 알려주는 촉진활동을 하게 된다.

❷ 설득

설득(persuading)기능이란 소비자의 구매행동에 영향을 끼칠 목적으로 긍정적이고 호의적인 소비자 태도를 개발하거나 재강화하기 위해 노력하는 촉진활동을 의미한다.

경쟁기업이 자사와 유사한 제품을 공급하고 있는 경쟁적 시장상황이라면, 마케터는 자사 제품의 비교우위적 특성을 부각시켜 표적 고객들로 하여금 자사의 제품을 구매하도록 설득하여야 한다.

❸ 회상

소비자들이 자사 상표에 대하여 잘 알고 있으면서 긍정적일 경우 촉진의 주요한 목표는 회상(reminding)이 된다. 그 이유는 소비자가 자사의 제품에 대한 선호도가 높더라도 경쟁기업의 여러 촉진도구에 끌릴 수 있기 때문에 소비자에게 자사제품의 장점을 회상시키고 소비자들이 올바른 선택을 하고 있다는 것을 다시 확인시키기 위해서이다. 회상기능은 주로 제품수명 주기상 성숙기 제품의 중요한 촉진목표가 된다.

2) 촉진수단

(1) 광고

일반적으로 광고(advertising)란 자신의 이름을 밝힌 광고주가 사람의 대화가 아닌 정보전달의 매체를 이용하여 어떤 상품(서비스, 생각, 사람, 조직단체 등 포함)을 특정 대상에게 소개하거나 판매를 촉진하는 활동으로 정의할 수 있는데 여러 학자들에 의해서 다양하게 정의되고 있다.

모든 광고에는 초점이 있어야 하는데 일반적으로 초점이란 상품 자체를 의미하는데 더 정확하게 말하면 상품에 대해 알리고자 하는 내용을 의미한다.

또한, 모든 광고는 사용하는 목적이 있어야 하며 또한 그 성과에 대한 평가가 필요하다. 광고는 상품을 소개하거나 판매를 촉진하기 위해 사용되는데, 광고의 효과는 상당히 다양하므로 다목적으로 사용이 가능하고 각 목적별로 어느 정도의 효과 측정이 가능하다.

(2) 홍보

홍보(publicity)란 대가를 지불하지 않고 TV, 라디오, 신문, 매체 등의 비인적매체를 이용하여 제품 및 서비스에 관한 소식을 고객에게 제공하는 활동을 말한다. 홍보는 다음과 같은 특성을 가지고 있다. 첫째, 홍보는 비용을 기업이 부담하지 않고 매체회사가 부담해 무료로 이루어진다. 둘째, 매체회사의 주관에 뉴스형태로 정보가 제공되기 때문에 광고와 비교해서 훨씬 소비자들의 신뢰도가 높다. 셋째, 매체의 사정에 따라 모든 것이 결정되고 진행되기 때문에 뉴스 형태로 제공되는 자사 관련기사 내용이나 정보제공시간 등에 대해 통제의 어려움이 있다.

(3) PR

PR(public relations)은 기업 이미지를 제고시킬 목적으로 각종 간행물을 발행하고, 자선단체를 지원하며, 지역사회 봉사활동을 하는 등 고객뿐만 아니라 일반대중에게 직·간접의 편익과 혜택을 제공하는 활동을 말한다. PR의 궁극적인 목적은 이미지 제고를 통해서 자사제품이나 브랜드의 선호도를 높이려는데 있다.

(4) 인적판매

❶ 인적판매의 개념

인적판매(personal selling)란 판매원을 통해 잠재고객에게 제품에 대한 정보를 제공하고 구매하도록 설득하는 촉진수단으로 방문판매나 점원의 구매권유 행위가 그 대표적인 예이다.

일반적으로 인적판매의 목적은 예상고객을 찾고, 그들에게 구매하도록 확신시키며, 구매결과에 대해 만족감을 갖도록 하는 데 있다. 대부분의 잠재 구매자들은 제품을 구매하기 전에 정보를 탐색하기 때문에 판매원은 먼저 그들의 정보욕구를 확인한 다음 관련되는 정보를 제공해야 한다.

❷ 인적판매의 장점 및 단점

인적판매는 다음과 같은 장점과 단점을 가지고 있다.

- 장점
- 고객과 판매원이 양방향 커뮤니케이션(two-ways communication)을 하기 때문에 고객이 많은 정보를 접할 수 있다.
- 다른 촉진도구들과 비교할 때 보다 효과적으로 표적시장의 핵심고객을 겨냥할 수 있다.

- 고객과 판매자 사이의 적극적인 상호작용이 일어나기 때문에 특정한 고객의 욕구에 유연성 있게 대처할 수 있다.
- 고객반응에 대해서 즉각적인 피드백이 이루어질 수 있으며 고객들과 장기적인 관계를 구축할 수 있다.

• 단점

- 판매원이 접촉할 수 있는 고객의 수가 한정되어 있기 때문에 촉진의 속도가 매우 느린 편이다.
- 고객 한 명에 대해서 많은 촉진비용이 사용된다.
- 유능한 판매원을 선발, 교육, 훈련하는 데 비용이 많이 들며, 유능한 판매원을 확보해서 유지하는 데 어려움이 따른다.

(5) 판매촉진

판매촉진(sales promotion)이란 기업이 소비자들의 즉각적인 반응을 유발시켜 단기적으로 매출을 증대시키기 위하여 사용하는 모든 수단을 의미한다. 소비자 판매촉진의 목적은 대량구매와 충동구매를 자극하고, 비사용자의 시험사용을 유도할 뿐만 아니라 경쟁제품을 사용하는 고객을 자사의 고객으로 전환시키려는 목적을 가지고 진행된다. 소비자 판매촉진 기법들로는 견본, 쿠폰, 프리미엄, 현금환불, 소액할인, 무료시용, 연계촉진 등이 있다.

(6) 직접마케팅

직접마케팅(direct marketing)은 대중매체나 판매원을 활용하지 않고 고객에게 직접 다양한 방법으로 커뮤니케이션을 하는 촉진활동을 의미하며 직접마케팅의 방법으로는 DM(direct mail)을 발송하거나, 텔레마케팅(telemarketing), 이메일 등을 통한 촉진활동이 있다. 직접마케팅은 고객에게 맞춤정보를 제공할 수 있는 장점이 있지만, 촉진속도가 느리고 비용이 많이 들뿐만 아니라 제한된 시간 내에 접근할 수 있는 고객의 수가 제한적이라는 단점이 있다.

Hotel Management

10

호텔 인적 자원관리

호 텔
경영론

제 10 장

호텔 인적 자원관리

인적 자원관리의 정의는 다양하지만 여러 연구자들의 정의를 종합적으로 정리하면 인적 자원관리(human resources management)란 조직목적을 달성하기 위하여 인적 자원을 효율적으로 관리하기 위한 통합적 의사결정 시스템이라고 할 수 있다. 인적 자원의 개념이 본격적으로 기업에 도입된 이후 여러 단계를 거쳐 발전하고 있다고 할 수 있다.

1. 인적 자원의 전략적 중요성

호손공장의 실험을 계기로 인간관계론과 관련지어 이전에 비해 중요성이 커지기는 했지만, 1960년대까지만 해도 경영에 있어서 인적 자원관리의 중요성은 아직 충분히 인식되지 못하였으며, 주로 생산직 종업원에게만 해당되는 부분으로 인식되는 부분이 많다고 할 수 있다. 1970년대에 들어서자 인적 자원관리(human resources management)라는 용어가 등장하여 인사관리(personnel management)라는 용어를 대체하기 시작하였다. 새로운 용어인 인적 자원관리는 단순한 서류작업이나 기록보존 이상을 의미하게 되었으며,

다양한 인적 자원기능들이 잘 통합될 경우, 인적 자원관리는 기업의 성공에 중요한 요소로 기여할 수 있다고 인식되게 되었으며, 종업원들이 기업에 있어서 중요한 자산으로 인식되게 되었다.

이러한 인적 자원관리의 발전과정 이후, 최근 들어 기업들은 경쟁우위(competitive advantage)를 달성하는데, 인적 자원이 핵심적인 요소임을 인식하고 사업과 부합되는 인적 자원관리인 전략적 인적 자원관리를 강조하게 되었다.

따라서 조직은 다음과 같은 기준을 충족할 때, 인적 자원을 통하여 경쟁우위를 달성할 수 있다(Snell and Wright, 2002).

1) 가치창출

인적 자원이 기업의 효율성 증진에 기여할 때 인적 자원은 경쟁우위의 요인이 될 수 있다. 조직구성원들이 비용 절감하는 방법을 발견하거나 고객에게 독특한 무엇인가를 제공할 때 가치가 증대된다. 임파워먼트, 전사적 품질개선, 지속적인 업무개선 등은 조직구성원이 가치를 창출할 수 있도록 설계된 프로그램이다.

2) 희소성

조직구성원들이 경쟁사는 보유하지 못한 독특한 스킬, 지식, 능력을 지니고 있을 때 인적 자원은 경쟁우위의 요소가 된다. 따라서 많은 기업들은 경쟁우위를 달성하기 위하여 최고의 인재를 채용하고 개발하려고 노력한다.

3) 모방의 어려움

종업원의 능력이나 공헌을 다른 경쟁사가 모방할 수 없을 때, 인적 자원은 경쟁우위의 요인이 된다.

4) 조직화

조직구성원들이 임무에 따라 잘 배치되고 조화를 이룰 때, 인적 자원은 경쟁우위의 요인이 된다.

2. 인적 자원관리 전략의 개념

인적 자원관리에 있어서 전략적 접근법을 선택한다는 것은 기존의 서무적 기능으로서의 인적 자원관리의 내용을 운영적인 측면보다는 전략적인 측면에 초점을 맞추는 것이라고 할 수 있다. 전략적 인적 자원관리는 사람관리에 가장 높은 비중을 부여하며 기업의 전략적인 틀 내에서 모든 인적 자원정책과 프로그램을 통합하는 것이라고 할 수 있다. 재무, 마케팅 등 조직의 다른 기능에 관한 모든 의사결정은 조직구성원들에 의해 이루어진다는 점에서 볼 때 인적 자원관리는 사람이 조직을 형성하거나 깨뜨릴 수 있다는 것을 인정하고 있다.

전략적 인적 자원관리는 조직의 전략적 목표달성을 촉진하기 위하여, 인적 자원과 관련된 일관성 있고 서로 부합되는 인적 자원정책과 프로그램의 개발을 의미한다. 전략적 인적 자원관리는 조직의 목표를 구체적인 인간관리 시스템으로 전환함으로써 조직 내 모든 인적 자원관리 시스템들이 전략적 의미를 갖게 한다고 할 수 있다. 구체적인 방법이나 과정은 조직마다 다르겠지만, 전략적 인적 자원관리에 있어서 핵심적인 개념은 일관성(consistency)이라고 할 수 있다. 즉 모든 인적 자원정책과 프로그램들이 넓게는 조직의 미션(mission)과 좁게는 조직목표(objective)를 달성하기 위하여 통합되어야 한다는 것을 의미한다(황규대, 2008, p. 42).

■전통적 인적 자원관리와 전략적 인적 자원관리의 비교

구 분	전통적 인적 자원관리	전략적 인적 자원관리
인적 자원관리에 대한 책임	전문적 스태프	라인 경영자
초점	종업원 관계	내부 및 외부고객과의 파트너십
인적 자원관리의 역할	거래적, 변화추종자, 반응적	변혁적, 변화주도자, 주도적
추진방법	느리고 반응적이며 단편적임	신속하고 선행적이며 통합적임
계획기간	단기	단기, 중기, 장기
통제	관료적이며, 역할, 정책, 절차적임	유기적이며, 유연함
직무설계	노동의 분화, 전문성, 독립적임	유연하며, 팀워크, 교차훈련
주요투자	자본, 제품	사랑, 지식
책임	비용	투자

자료 : Mello, 2002, Strategic Human Resources Management.

3. 인적 자원관리 기능의 역할

조직에게 인적 자원관리의 역할은 계속해서 변화해 왔으며, 앞으로도 시간이 지나면서 변화할 것으로 생각된다. 하지만 최근 인적 자원관리의 변화 경향을 살펴보면 첫째, 운영적인 것에서 전략적인 것으로 변화하고 있다. 둘째, 단기적인 관리에서 장기적인 관리로 변화하고 있다. 셋째, 기능 중심에서 사업 중심으로 변화하고 있다. 넷째, 내부 중심에서 외부 및 고객 중심으로 변화하고 있다. 다섯째, 수동적 역할에서 주도적 역할로 변화하고 있다. 여섯째, 활동 중심에서 문제해결 중심으로 변화하고 있다. 위의 언급된 내용에서 최근 경향은 인적 자원기능의 단지 관리적인 의무만 수행하는 것이 아니라 조직의 조직성과 향상에 기여할 수 있다는 것을 알 수 있다. 또한, 성공적인 많은 기업들은 인적 자원기능을 중요한 전략적인 부분으로 생각해서 장기적이고 변혁적인 역할을 강조하고 있다(김용구 외, 2003).

■인적 자원관리 기능의 역할

역 할	성 과	활 동
전략적 인적 자원관리	전략의 실행	인적 자원의 관리와 사업전략의 방향을 일치시킴
기업 인프라 관리	효율적인 인프라 구축	조직 프로세스에 대한 리엔지니어링
종업원 공헌의 관리	종업원의 헌신과 역량의 향상	종업원에 대한 경청과 반응
변혁 및 변화의 관리	쇄신된 조직의 창출	변혁과 변화의 관리

자료 : 김용구 외, 2003; 황규대, 2008, p. 13 참조하여 수정 정리.

4. 인적 자원관리 전략과 호텔관광 인적 자원관리

호텔기업은 매일 24시간, 1년 365일 동안 연중무휴로 사업을 운영하기 때문에 기업의 입장에서는 인적 자원에 대한 의존도가 높으면서도 직원들의 야간수당, 휴일수당, 초과수당 등 인건비의 부담이 추가되게 된다. 직원들의 입장에서도 불규칙한 근무시간이 발생하게 되는데 교대근무 · 주말근무 · 휴일근무 등 근무시간이 불규칙하다는 부담이 있다.

특히, 호텔기업의 경우는 근무시간관리가 상당히 중요한 부분이라고 할 수 있는데, 먼저, 정규근무와 교대근무의 차이점은 교대근무에서는 정규근무시간 외에도 지속적으로 근무가 이루어진다는 점이다. 호텔산업은 이렇게 교대근무제가 시행되는 대표적인 산업 중 하나라고 할 수 있다. 이러한 교대근무제는 일반적으로 종업원의 관점에서 분석해 보면, 야간근무에 따른 약간의 임금수준 차이 외에 특별한 장점은 없다고 할 수 있겠다. 교대근무와 관련한 교대근무의 유형은 다음 표와 같다.

■교대근무의 유형

구 분	내 용
연속적 교대근무	24시간 연중무휴 가동, 특정시간, 예를 들면 밤이나 주말에 근무인원을 줄일 수 있다.
준연속적 교대근무	24시간 가동하거나 일주일에 5일 또는 6일만 가동한다.
2교대근무	낮 근무조(day shift)와 밤 근무조(night shift) 2개조로 편성되어 있으며, 상황에 따라 3교대(낮근무, 저녁근무, 밤근무)로 실시할 수 있다.
중복 교대근무	정상작업보다 긴 시간의 작업 또는 기계가동을 위해 고안되었으며 정규직사원과 시간제 근무직원을 결합하여 실시할 수 있다.

호텔기업의 인적 자원관리에 있어서 궁극적인 목표는 최적의 인원을 유지하고 가용인원을 최대한 활용하여 경영목표를 달성하는 것이다. 이러한 목표를 달성하기 위해서 기업의 입장에서는 인원계획에서부터 시작하여 채용, 급여체계, 교육훈련, 직무만족, 인사고과, 노사관계 등을 포함한 인적 자원관리를 성공적으로 수행해야 한다. 호텔기업의 인원계획은 제조업과 달리 어떠한 일정한 공식에 의해서 계수화하는 데 많은 어려움이 있다.

따라서 호텔의 규모와 상황에 따라 현실적인 적정인원을 산출하여 인원계획을 수립하는 것이 매우 중요하다고 할 수 있다. 인원계획 시 고려사항으로는 객실 및 부대업장의 규모, 근무교대시간, 정규직과 비정규직, 예산 등이 있다. 호텔기업의 채용과 관련하여 일반적으로 국내의 호텔기업들은 공개채용과 수시채용을 통해 직원들을 채용하고 있으며, 모집방법으로는 직접모집과 더불어 산업의 특성상 네트워크의 형성이 비교적 원활하기 때문에 연고모집이나 추천 등에 의해서 채용이 이루어지고 있다고 할 수 있다. 앞서 언급된 산업의 특성이란 우리나라의 호텔산업은 시장경쟁구조상 과점(oligopoly)에 포함된다고 할 수 있기 때문에 같은 산업군 내에서 비교적 입사와 퇴사가 빈번한 편이라고 할 수 있다.

호텔기업의 인적 자원관리는 호텔경영의 목적을 달성하기 위하여 기업활동의 원동력이 되는 인간의 능력을 호텔의 장기적 전망에 따라 확보하고, 종사원 개개인의 인격을 존중하며 능력을 육성 · 발전시켜 조직구성원으로서의 양호한 인간관계를 유지하도록 환경 또는 장을 만들어 종사원 스스로 최대의 목적을 얻게 하여 결과적으로 호텔에 최대한 공헌할 수 있도록 하는 시스템으로 정의할 수 있으며, 호텔 인적 자원관리는 종사원의 모집에서부터 퇴직에 이르기까지 종사원에 대한 문제가 제기되는 데 있어서의 관리과정을 총망라하고 있다. 인적 자원의 성과는 종사원의 욕구와 동기, 태도와 행동 그리고 만족감 여하에 따라 결정되고, 경영관리에 대한 반응으로 나타나게 된다. 즉 인적 자원이 부족하더라도 효율적으로 활용되면 좋은 성과를 거둘 수 있는 반면에 인적 자원관리가 부실하면 아무리 우수한 인적 자원을 보유하더라도 성과는 저조하게 된다(신강현 · 강인숙, 2006, p. 311).

기업에서 직원들이 맡아서 하는 일들을 우리는 작업(work), 과업(task), 직무(job) 등의 여러 가지 용어로 부르고 있다. 또한, 기업에는 여러 가지 업무가 모여서 하나의 업무를 완성하는 일이 많기 때문에 한 사람이 여러 가지 일을 맡아서 하기도 하고 여러 사람이 각자 한 가지씩 업무를 나누어서 수행한 다음 그 업무를 합하기도 한다. 어떤 경우에는 비슷한 일을 하는 사람이 모여서 하나의 부서가 형성되고 그 비슷한 부서 직무끼리 모아서 그보다 상위개념의 직무를 통합하여 기업차원의 하나의 상위 직무를 완성하게 된다. 그러므로 한 기업의 직무는 개인단위의 직무, 부서단위의 직무, 조직단위의 직무로 나누어서 생각할 수 있다.

직무관리(job study)란 직무를 어떻게 규정하고 설계할 것인가 등의 문제를 다루는, 다시 말해 직무의 체계적이고 합리적인 관리를 말한다.

직무관리는 직무분석(job analysis), 직무평가(job evaluation), 직무설계(job design)로 구성된다. 호텔기업에서의 직무는 객실업무, 식음료업무, 하우스키핑업무, 회계업무 등 여러 업무로 구성되어 있다.

직무와 관련된 용어들을 정리해 보면 다음과 같다.

■ 직무관련 용어 정리

구 분	내 용
직군(job family)	직무들의 집단으로 일반적으로 기능에 따라 분류되며, 생산, 재무, 마케팅, 회계 등과 같이 분류된다.
직종(job category)	직군 내 혹은 직군 간에 있는 포괄적인 직함이나 직종에 따른 직무들의 집단을 의미한다.
직무(job)	과업이나 과업차원이 유사한 직위들의 집단을 의미한다.
직위(position)	한 개인에게 할당되는 업무들을 구성하는 과업 혹은 과업차원들의 집단을 의미한다.
과업(task)	직무수행을 위하여 논리적이고 필수적인 단계들인 업무활동을 형성하는 요소들의 집단으로 위에서 언급된 업무들은 차별화 되어 구분이 가능해야 한다.
요소(element)	업무가 개별적인 동작, 이동, 정신적 과정들에 대해 분할될 수 있는 가장 작은 단위를 의미한다.
책임(responsibility)	주어진 과업과 임무를 수행할 종업원의 의무
임무(duty)	직무에서 주어진 책임을 수행하기 위한 과업

이렇게 인적 자원관리의 중요한 토대가 되는 직무관리(job study)는 직무분석(job analysis), 직무설계(job design), 직무평가(job evaluation)로 구성된다.

인적 자원관리에 있어서 직무관리의 중요성은 매우 크다고 할 수 있는데, 그 이유는 직무관리와 사람관리가 연결되어 있는 부분이 많기 때문이다. 예를 들어 직무분석, 직무설계, 직무평가 모두 인적 자원 확보, 인적 자원의 개발과 유지, 인적 자원 보상, 인적 자원 방출 등의 사람관리와 밀접한 관계가 형성되어 있다고 할 수 있다.

5. 직무분석

1) 직무분석의 개념 및 목적

직무분석(job analysis)은 1960년대부터 미국에서 시작되었다고 할 수 있는데, 미국은 유럽과 달리 숙련공의 수가 적은 편이었고, 1900년대부터 산업이 급속도로 기계화되자 기능공 중심의 직종이 분해되어 한 직업 내에서 직무수가 많아져 이전과 같이 직종명만으로는 직무의 내용을 알 수 없게 되었다. 따라서 인적 자원관리의 기초적 정보의 하나로 배분된 일의 내용이나 특징, 요건 등을 명확하게 해주는 절차로서 직무분석의 개념이 도입되었다.

직무분석의 실질적인 의의는 직무의 기본요소인 무엇(what)을, 왜(why), 어떻게(how), 어디서(where), 누가(who) 수행할 것인가를 명확하게 하고 그 직무의 성질을 결정함으로써 합리적인 채용기준을 설정하고, 종업원을 적재적소에 배치하기 위한 정확한 자료와 교육훈련의 기초자료를 제공하며, 노동력을 유용하게 이용하여 적정임금수준의 결정과 직무의 상대적 가치를 결정하는 자료를 제공하는 데 있다(원융희 외, 2004, p. 121). 따라서 직무분석을 정의해 보면 연구자들에 따라 약간 차이가 있기는 하지만, 특정한 직무의 내용과 직무를 수행하는 데 요구되는 직무수행자의 행동, 정신적 · 육체적 능력 등 직무를 수행하기 위한 자격요건을 밝히는 체계적인 과정이라고 정의할 수 있다.

호텔관광기업을 포함한 여러 기업에는 많은 직무들이 있는데 각각의 직무들이 어떤 일인지, 어디서, 언제, 왜 하는지, 그 직무의 작업환경은 어떠하며 그 직무를 수행할 사람의 자격과 기술은 어느 정도를 원하는지 파악하는 것이 직무분석(job analysis)이다. 즉 기업들은 직무에 관한 정보를 수집하면서 그 직무에 관한 정보와 그 직무를 맡은 사람에게 요구되는 능력과 의무 등에 관한 정보를 수집하는 것이다. 위의 내용들을 정리하여 직무분석의 목적을 나누어 보면, 인적 자원의 채용관리를 위한 직무분석, 인적 자원의 교육 및 훈련을 위한 직무분석, 인적 자원들의 임금관리를 위한 직무분석, 조직관리를 위한 직무분석 등으로 나누어볼 수 있다.

직무분석은 직무를 담당하는 사람과 직무에 대한 정보를 수집하는 사람이 서로 다르기 때문에 실무자들의 적극적인 협조 없이는 정확한 정보를 얻기 어렵다.

2) 직무분석 방법

직무분석을 하기 위해서는 먼저 정보의 수집이 필요하며, 이러한 정보의 수집을 위해서는 몇 가지 방법을 선택하여 사용할 수 있다. 직무분석 방법으로는 경험법(experience method), 관찰법(observation method), 면접법(interview method), 질문지법(questionaire method), 기록법(employee recording method) 등을 사용할 수 있으며, 직무분석의 목적, 직무의 특성, 기업의 상황 등을 고려하여 기업에게 가장 적합한 방법을 사용하면 된다. 첫째, 경험법은 그 직무를 직접 경험해 보는 방법이다. 이러한 경험법을 호텔기업의 직무분석에 적용시켜 보면 벨(bell)업무는 일반적으로 어느 정도 이상의 강인한 체력이 필요하기 때문에 여성보다는 남성에게 적합한 업무라고 할 수 있다. 경험법은 그 직무에 대해서 자세하고 깊이 있게 파악할 수 있지만 시간과 비용이 많이 소요되며 현실적으로 실행하는 데 어려움이 따른다.

다음은 관찰법이 있는데, 관찰법은 해당 직무를 수행하는 직원 옆에서 직접 관찰해 보는 방법이다. 하지만 정신적인 직무인 경우 관찰에 한계가 있으며 관찰시간도 많이 걸리고 옆에서 관찰하고 있으면 작업자가 가식적으로 행동할 수 있다는 한계점이 있는 방법이다. 호텔기업에서 관찰법을 적용하기 적당한 업무는 객실청소 등과 같이 직무시간이 짧은 업무에 적당하다고 할 수 있다.

관찰법은 관찰자가 실제 작업에 참여하는 참여적 관찰(participative observation)과 관찰자가 작업집단에 아무런 역할을 담당하지 않는 비참여적 관찰(nonparticipative observation)로 구분할 수 있다.

면접법은 직접 질문을 통한 면접을 통해 정보를 수집하는 방법이며, 질문지법은 질문지를 통해 정보를 수집하는 방법인데, 일반적으로 기업에는 수많은 직무가 있고 조사원의 숫자는 제한적이기 때문에 한 번에 질문지를 배포하여 자신이 맡은 직무에 관해 응답하도록 하는 방법이 자주 사용되는 직무분석방법이라고 할 수 있다. 마지막으로 기록법은 작업일지의 작성과 같이 작업자가 자신의 직무를 완료한 후에 기록한 것을 토대로 하여 직무를 분석하는 방법이다.

직무정보 수집방법별 장점과 단점은 아래 표와 같다.

■직무정보 수집방법별 장 · 단점

구 분		내 용
경험법	장점	• 직접 경험을 하기 때문에 방법에 대한 이해가 빠름
	단점	• 시간과 비용이 다른 방법에 비해서 많이 소요됨
관찰법	장점	• 다른 방법에 비해 정보의 수집이 비교적 쉬움 • 직무 수행시간이 짧은 직무에 적당한 방법임 • 가장 일반적인 직무정보 수집방법임
	단점	• 정신적인 직무 등 관찰이 불가능한 직무에는 활용이 제한적임 • 직무 수행시간이 긴 직무에는 적합하지 않음 • 종업원의 직무수행에 지장을 줄 수 있음 • 다수의 관찰자가 동원되지 않는 이상 신뢰성과 타당성 문제가 제기될 수 있음 • 피관찰자인 종업원의 의도적인 가식적 행동이 나타날 수 있음
면접법	장점	• 종업원으로부터 직접적인 정보가 수집되므로 실질적인 정보가 수집될 수 있음 • 정신적인 직무에 관한 정보수집방법으로도 유용하게 활용될 수 있음 • 직무 수행시간이 장기화되는 직무에도 적용이 가능함
	단점	• 직무수행자의 이해에 영향을 미치므로 정보가 왜곡되어 전달될 수 있음 • 면접자의 역량에 따라 정보의 질이 달라질 수 있음 • 상대적으로 다른 정보수집방법에 비해 많은 시간이 소요됨
질문지법	장점	• 상대적으로 다른 방법에 비해 짧은 시간에 정보를 수집할 수 있음 • 여러 직무의 정보를 수집하기에 적당한 방법임
	단점	• 질문지를 작성하는 데 시간과 비용이 많이 소요되는 편임 • 질문해석상의 오류로 부정확한 정보가 제공될 수 있음 • 종업원의 의도적 왜곡이 있을 수 있음
기록법	장점	• 종업원이 직접 기록한 일차적인 정보이므로 다른 정보수집방법에 비해 신뢰성이 높음 • 다른 방법으로는 수집하기 어려운 정보수집이 가능함
	단점	• 포괄적인 정보를 수집하는 방법으로는 한계가 있을 수 있음 • 작업자기록이 존재하지 않은 직무에는 적용할 수 없음

6. 직무분석에 대한 결과와 분석

위에서 언급한 바와 같이 직무분석을 통해서 확인한 내용으로 직무기술서(job description)와 직무명세서(job specification), 성과기준, 보상요소, 직무분류 등을 작성할 수 있는데, 직무기술서란 직무를 있는 그대로 기술해 놓은 것으로, 예를 들면, 직무명칭, 수행임무와 책임, 직무환경 등에 관하여 일목요연하게 정리해 놓은 것이다. 직무명세서는 해당 직무를 효율적으로 잘 수행하기 위하여 담당자가 갖추어야 할 자격과 능력의 상세한 직무요건을 나열해 놓은 것을 의미한다. 호텔기업들도 이러한 직무분석에 대한 결과로서 각각의 직무에 대한 직무기술서와 직무명세서를 작성할 수 있다. 직무분석을 통한 주요 결과물에 대한 내용은 다음과 같다.

■직무분석을 통한 주요 결과물의 내용

구 분	내 용
직무기술서	작업자가 무엇을, 언제, 어떻게, 어디서 작업을 수행하는지에 관한 직무의 전반적인 기술서
직무명세서	직무담당자에게 요구되는 지식, 스킬, 능력 및 기타 특성에 관한 요건과 관련된 명세서
성과기준	직무성과를 평가하는 척도
보상요소	보상의사결정에 근거로 사용되는 직무와 개인의 특성
직무분류	직무, 작업자 및 환경특성에 따른 직무의 집단화

7. 채용관리

직무가 설계되고 어떤 직무에 어떤 사람이 어느 정도 필요한가가 정해지면 거기에 알맞은 인적 자원을 구해서 배치하면 되는 이러한 과정을 인력의 채용 혹은 충원(staffing)이라고 한다. 구체적으로 인력을 모집(recruitment)한 후에 여러 가지 도구를 가지고 각각의 지원자를 평가하여 적합한 인력을 선발

(selection)하고 그들을 필요한 직무에 배치(placement)하기까지가 채용관리의 대상이 된다. 미국 인사관리협회(Society for Human Resources Management)의 조사에 의하면 대부분의 기업들은 인적 자원관리와 관련한 활동 중 인력채용관리활동에 가장 많은 시간과 비용을 들이는 것으로 나타났다.

기업의 채용전략은 개인은 물론 기업과 사회에도 많은 영향을 미친다고 할 수 있는데, 기업 입장에서는 기업의 장기적인 전략을 수립하고 목표를 달성하기 위해서 채용전략이 꼭 필요한 부분이고, 개인적으로도 기업이 인적 자원들을 채용하지 않으면 일자리를 얻지 못하게 된다. 또한, 기업의 채용전략은 사회적으로도 많은 영향을 미치게 되는데, 기업의 채용전략이 제대로 실행되지 못하면 노동시장에 인력이 남아돌아 실업률이 상승하게 되고 사회적으로도 여러 가지 문제점이 발생하게 된다. 기업의 채용관리는 크게 모집과 선발로 나누어서 생각해 볼 수 있다.

1) 모집

(1) 모집의 개념

모집(recruitment)은 기업이 인적 자원의 선발을 전제로 지원자를 모으는 과정으로 정의할 수 있는데, 이러한 모집활동은 기업이 인적 자원을 기업 외부에서 모으는 방법인 외부모집과 기업 내부의 직원들을 대상으로 지원자를 모으는 내부모집으로 구분할 수 있다. 이러한 모집은 상당히 중요한 과정이라고 할 수 있는데, 모집방법에 따라 지원자의 자격요건이 달라지며 궁극적으로는 신입직원의 자격수준에 영향을 미치게 된다. 모집을 잘못하여 지원자의 수가 적으면 선발수준을 낮출 수밖에 없고, 향후 신규 종업원을 교육시키고 훈련하는 데 초과비용을 지급해야 한다. 또한, 모집시기에 우수한 인력이 지원하지 않으면 인력채용을 위해 많은 선발노력을 해야 하며, 이에 따른 비용과 시간을 더 투자하게 되어 결국 기업 전체적으로 보면 많은 희생을 감수해야 한다. 따라서 우수한 인력을 선발하려면 효율적인 모집이 선행되어야 하는데,

이를 위해서는 모집방법과 모집절차가 적절하게 이루어져야 한다. 먼저, 내부모집을 할 것인지 외부모집을 할 것인지를 결정해야 하고, 모집대상의 능력이나 자격을 고려해야 한다. 많은 지원자를 확보하려면 어떤 광고매체를 활용할 것인지도 중요한 변수가 되며, 모집시기에도 관심을 기울여야 한다. 모집시기와 관련해서, 조직외부로부터 인원을 충원하는 과정은 일반적으로 어느 정도 시간이 필요하다고 할 수 있다. 따라서 기업들은 상당한 시간적 여유를 가지고 모집활동을 하는 것이 일반적이라고 할 수 있다. 언제 모집활동을 시작하는 것이 적절한가를 판단하기 위해서는 시간경과자료(time lapse data)를 사용하는 것이 효율적이라고 할 수 있다. 시간경과자료란 외부 충원과정상 발생하는 주요 의사결정단계 사이에서 소요되는 평균시간을 의미한다.

한편, 이러한 조건하에서도 모집인원이 많지 않으면 모집전략을 다시 한 번 점검해 보고 전반적인 인적 자원관리 전략도 확인해 볼 필요가 있다고 할 수 있다. 위에서 언급된 모집방법 중 내부모집과 외부모집에 따른 장점과 단점은 아래와 같다.

(2) 모집방법

❶ 모집방법의 선택

기업이 모집방법을 선택할 때에는 어떠한 방법이 합리적인 기간과 비용한계에서 조직에 필요한 인력의 숫자와 수준 높은 인적 자원을 창출할 가능성이 있는지를 고려해야 한다.

가. 노동력의 공급량

모집방법에 따라 창출되는 지원자의 수가 달라질 수 있는데, 광고 같은 모집방법에는 다수의 지원자가 생긴다. 만약, 기업이 다수의 인력을 필요로 할 경우에는 광고와 같은 광범위한 매체가 적절하다.

나. 노동력의 질

모집과정에 있어서 양질의 지원자 확보에 관심이 큰 조직은 특정기능을 집중적으로 훈련시키고 개발하는 학교에서 집중적으로 모집활동을 하는 것이 바람직하다고 할 수 있다.

다. 모집방법의 가용성 여부

기업의 모집방법에 영향을 주는 요인으로 모집방법의 가용성이 있는데, 기업이 사용하는 모든 모집방법에는 항상 어려움이 따른다. 따라서 상황에 맞게 가장 적당한 모집방법을 사용하게 된다.

라. 예산

모집방법에 따라 소요되는 비용도 차이가 크다고 할 수 있는데, 이러한 예산의 제약으로 인해서 기업은 상황에 맞는 적당한 모집방법을 사용하게 된다.

(2) 모집유형

❶ 내부모집

내부모집이란 내부 노동시장에서 지원자를 모집하는 방법으로 사내에 모집공고(job posting system)를 내고 기존의 사원들이 응모하면 선발, 이동, 승진, 배치하는 모집방법이다. 호텔기업에서도 프런트 부서에서 근무하다 식음료 부서로 이동된다거나, 벨업무를 수행하다 프런트 부서로 이동하는 등 내부모집이 일어날 수 있다. 내부모집은 기업과 종업원 모두 서로를 잘 알고 충분한 검토를 통해서 지원자들을 적재적소에 배치할 수 있는 장점이 있다고 할 수 있다. 또한 기업의 입장에서는 내부모집을 통해서 외부모집 비용을 절감할 수 있고, 내부적으로 조직의 문화를 잘 이해하고 있는 내부인을 채용함으로써 교육훈련비용도 절감할 수 있다.

❷ 외부모집

외부모집은 지원자를 외부에서 모으는 방법을 말하며 모집방법으로는 모집

광고를 통한 방법, 기업을 대신한 헤드헌터 등의 외부기관을 통해서 모집하는 방법, 대학교 등의 교육기관과 연계하여 모집하는 방법, 일정 기간의 인턴십 등을 통한 후 모집하는 방법 등이 있을 수 있다.

내부모집과 외부모집을 비교하여 장점과 단점을 분석하면 다음과 같다.

■모집방법의 장점과 단점 비교

모집방법	내부모집	외부모집
장점	• 사기가 높아짐 • 능력개발 • 모집비용 절감 • 평가의 정확성이 높아짐	• 새로운 분위기 유발 • 인재채용의 폭이 넓어짐 • 교육 및 훈련비 절감
단점	• 모집범위의 제한성 • 탈락자들의 불만이 고조될 수 있음 • 경쟁이 과다해질 수 있음 • 전환배치(transfer) 시 교육비 상승	• 적응기간이 필요함 • 내부직원들의 사기가 저하됨 • 잘못된 평가가 있을 수 있음

2) 선발

(1) 선발의 개념

선발(selection)이란 모집된 지원자들에 관한 정보를 수집하여 자격심사를 하고 최적격자를 확정하는 과정이라고 할 수 있다. 따라서 직원들의 선발절차를 살펴보면 모집에서 시작하여 서류 및 자격심사과정을 거쳐 면접을 하여 선발하고, 선발된 인적 자원들을 교육하는 과정을 거치게 된다. 선발은 경제적인 관점과 전략적인 관점에서 기업에 많은 영향을 미치므로 기업의 입장에서는 선발의 의사결정에 신중을 기해야 한다.

이렇게 새로운 인력을 선발할 때에는 효율성, 형평성, 적합성 등을 고려해야 하는데, 효율성이란 선발된 인원들이 기업에 입사했을 때 최소한 기업에서 보상하는 비용보다는 공헌도가 커야 한다는 의미이다. 형평성이란 모든 지원자들에게 동등한 기회를 부여해야 한다는 의미이고, 적합성이란 기업의 전략이나 목표에 적합한 인력을 선발해야 한다는 의미이다. 기업은 직무분석을 통하여 직무를 수행하는 데 필요한 지식(knowledge), 스킬(skill), 능력(ability)을 식별할 수 있는데, 이러한 자료를 분석함으로써 지원자를 측정하고 평가하여 조직의 개인과 직무 적합도(job fit)의 상승을 달성할 수 있다. 기업들은 조직요건에 맞는 인적 자원을 선발하고자 하는데, 기업에 따라 차이는 있을 수 있지만, 일반적으로 기업들은 자사의 가치관이나 문화에 적합한 인적 자원을 선발하려는 경향이 강하다고 할 수 있다.

Marriott Corporation은 자사에서는 종업원들에게 어떠한 직무든지 수행할 수 있도록 훈련시킬 수 있지만, 친절한 태도를 갖게 하기 위해서는 채용 및 선발에서부터 시작되어야 한다고 한다. 이를 통해 신입사원 선발의 중요성을 알 수 있다.

(2) 선발도구

기업에서는 인력을 선발하는 선발도구로서 서류전형, 시험, 면접 등의 방법을 사용한다.

❶ 서류전형

일반적으로 기업들은 새로운 인력확보를 위한 선발도구로서 서류전형을 실시하는데, 서류전형이란 기업들이 지원자들로부터 확보하는 이력서, 자기소개서, 졸업증명서, 자격증, 추천서 등을 기초로 인력을 선발하는 도구 중 하나이다.

❷ 시험

기업에서 많이 실시하는 선발시험 유형으로는 성격검사, 능력검사, 지능검사, 적성검사 등이 있다. 성격검사를 통해서 기업들은 지원자의 성격과 맡은 직무와의 관계를 파악하며, 능력검사를 통해서 지원자의 일반적인 능력 및 과업과 관련된 전문적인 능력을 파악하게 된다. 지능검사를 통해 지원자의 지적 능력을 파악하고, 적성검사를 통해 선발 후 지원자들을 배치할 때 이 점을 최대한 고려하게 된다.

❸ 면접

면접(interview)이란 지원서나 선발시험을 통해서 잘 파악하지 못한 지원자의 특성을 파악(지원자의 성격, 외모, 지원동기 등)하는 과정이라고 할 수 있다.

면접의 유형은 구조적 면접과 비구조적 면접으로 나눌 수 있는데, 구조적 면접이란 직무에 관한 전문능력 파악을 위해 질문사항을 미리 준비하기 때문에 비전문가도 면접관으로서의 역할을 할 수 있다. 비구조적 면접이란 질문내용이 준비되지 않은 상황에서 면접이 진행되기 때문에 면접 후 평가에 관한 부분에 신경을 많이 써야 한다.

면접의 유형으로는 집단면접, 위원회면접, 스트레스면접, 상황면접 등이 있으며, 각각의 내용은 다음과 같다.

가. 집단면접

집단면접이란 복수의 지원자들을 면접하는 방법으로 다수의 지원자들을 비교평가하면서 진행되며, 시간이 절약되지만, 개인의 특성을 자세하게 파악하기는 힘든 단점이 있다.

나. 위원회면접

여러 명의 면접관이 한 명의 지원자를 대상으로 집중적인 질문을 하고, 평가 시에도 면접관 전원이 토론을 하면서 평가를 한다.

다. 스트레스면접

면접관들이 지원자의 약점 등에 대해 스트레스를 주고 그 상황에서 지원자의 반응을 살피는 형태의 면접이다.

라. 상황면접

기업에 취업 후 일어날 수 있는 상황을 설정한 후 지원자의 대응능력을 살피는 형태의 면접을 말한다. 이 밖에도 최근에는 여러 형태의 면접들이 진행되고 있다.

마. 면접관이 주의해야 할 점

① 부정적인 측면에 과도하게 집착하지 말아야 한다.

② 앞, 뒤의 사람과 비교하는 대조 오류를 범하지 말아야 한다.

③ 첫인상이나 초반 면접에서 성급하게 판단하지 말아야 한다.

④ 직무와 무관한 사항들에 집착하지 말아야 한다.

⑤ 몸가짐이나 옷차림 등 비언어적 단서에 치우치지 말아야 한다.

바. 응시자가 주의해야 할 점

① 기업에 대한 사전지식을 입수해야 한다.

② 자신의 표현에 대한 준비와 훈련이 필요하다.

③ 복장과 예의를 갖추어야 한다.

④ 어투와 대화법에 신경을 써야 한다.

⑤ 본인의 질문과 요구사항을 정확하게 제시한다.

일반적인 면접의 단계는 다음과 같다.

■전형적인 선발면접 단계

단계	지원자	면접자
1. 사전단계	• 복장 검토 • 현장 도착 • 대기 중 면접 준비물 검토	• 이력서 검토 • 면접지침 검토 • 질문사항 준비
2. 인사 및 분위기 형성	• 인사 • 요청 시 착석 • 좋은 인상	• 인사 • 착석 요구 • 적절한 화제로 분위기 이완
3. 직무 관련 질문	• 교육배경 제시 • 작업경험 제시 • 개인적 스킬과 능력 설명 • 직무에 대한 적절한 동기 제공	• 교육배경 요청 • 근무경험에 대한 관련된 세부사항 요청 • 특수한 스킬과 능력 논의 • 지원자의 근무동기 파악
4. 지원자 질문에 대한 답변	• 임금 및 복지후생 질문 • 승진기회 및 조직문화 등 질문	• 조직입장에서 지원자 질문 응답 • 조직에 대한 긍정적 인상을 주기 위한 시도
5. 마무리	• 면접자로부터 종료되었다는 신호를 기다림 • 다음 단계 논	• 면접이 거의 종료되어 간다는 것을 보여줌 • 다음 단계는 무엇이 될지 설명 • 일어서서 인사

자료 : Tullar, 1989; 황규대, 2008, p. 204에서 재인용.

3) 채용형태의 변화

최근 경영환경의 변화로 채용형태의 변화가 여러 부분에 걸쳐서 일어나고 있는데, 이러한 변화 중에서 가장 두드러진 부분이 아웃소싱(outsourcing)과 비정규직의 증가라고 할 수 있다(임창희, 2005, p. 141 참조).

(1) 아웃소싱

아웃소싱(outsourcing)이란 기업이 수행하는 다양한 활동 중 전략적으로 중요하면서도 가장 잘할 수 있는 분야나 핵심역량에 모든 자원을 집중시키고, 나머지 업무에 대해서는 그 업무 분야에 전문적인 외부의 우수기업에게 맡기거나 조달하는 것을 의미한다. 이러한 아웃소싱은 기업의 핵심역량을 핵심 부분에 집중하면서 외부 전문분야의 도움을 얻어 자사의 경쟁력을 높이기 위한 경영혁신운동의 일환이라 할 수 있다. 아웃소싱은 흔히 외부조달, 외부화란 용어로도 사용되고 있으며 최근 많은 기업들이 실시하는 상황이다. 아웃소싱의 유사개념으로는 하청, 외주, 인력파견, 업무대행 등이 있다. 하청이란 업무의 일부를 외부에 위임하는 것으로 부품과 기능의 일부를 외부기업에 발주하는 것이 포함된다. 하청은 넓은 의미에서 아웃소싱의 일부라고 할 수 있지만, 기획 등 업무의 핵심적인 부분이 발주한 기업에 있다는 점에서 아웃소싱과는 약간의 차이가 있다고 할 수 있다.

외주란 기업의 외부자원 활용이라는 점에서 아웃소싱 개념에 일치하기는 하나 외주는 하청과 업무대행 등을 포함하는 포괄적인 개념이다. 인력파견이란 업무를 지원할 목적으로 인력을 지원하는 것인데, 인력의 공급업체는 업무의 운영과 설계를 하지 않으며 업무의 수행과 관리만을 책임지는 것을 말한다. 아웃소싱의 장점과 단점은 다음과 같다.

❶ 아웃소싱의 장점

가. 핵심사업에 주력

핵심사업은 자사가 다른 기업보다 상대적인 우위에 있으므로 내부 인력을 활용하는 것이 외부 인력을 사용하는 것보다 효율성이 더 크지만, 비핵심사업은 부가가치가 낮아서 인건비를 감당하는 것도 어려울 때가 있으므로, 이러한 핵심사업을 더 잘하는 기업에 위탁하여 성과만을 활용하면 더 경제적일 수 있다. 간단히 말하면, 아웃소싱을 하는 이유는 주력업무에 경영자원을 집중하여 핵심역량을 강화하기 위해서이며, 아웃소싱은 인력과 자금이라는 관리의 기초자원을 재분배하며, 결과적으로 보다 적절한 자원배분이 가능하도록 한다.

나. 인력관리의 유연성

최근에는 급속한 경영환경의 변화로 인하여 정규인력만 채용하여 기업을 운영하는데 매우 많은 어려움이 따른다고 할 수 있다. 아웃소싱은 일반적으로 한시적으로 계약하기 때문에 기업이 인적 자원관리 정책을 유지하는 데 유연성을 제공한다. 하지만 아웃소싱 인력근로자의 입장에서 보면, 미래를 예측하기 어렵고, 고용에 대한 안정성이 떨어지기 때문에 아웃소싱이 결코 바람직한 방법은 아닐 수 있다.

다. 노동자 요구 감소

최근 들어 근로자의 요구가 다양해지고 있어 기업이 많은 부담을 안게 되는데, 그 결과 많은 기업들이 아웃소싱으로 그러한 부담에서 벗어나려는 경향을 보이고 있다. 그 이유는 아웃소싱을 제공해 주는 인력기관들은 노동자를 임시직 혹은 비정규직으로 고용하는 경우가 많아서 정규직보다 사용자에 대한 요구가 한정되어 있기 때문이다.

라. 신규 사업 진출

경영환경의 변화로 사업 분야가 다양해지기 때문에 기업은 경험과 전문적인 지식이 없는 사업에 투자할 때 종업원을 자사의 인원들로만 확충하기보다는 위험관리의 차원에서 그 사업분야에서 경쟁력 있는 기업의 인적 자원들로 구성하려는 경향이 나타날 수 있는데, 이러한 이유로 아웃소싱이 활성화된다고 할 수 있다.

마. 조직 활성화

아웃소싱을 조직적인 관점에서 살펴보면, 단순하고 반복적인 업무를 외부에 맡기기 때문에 기업조직이 슬림화되는 장점이 있다. 따라서 아웃소싱을 통해서 의사결정의 속도가 빨라지고 커뮤니케이션이 활발해지기 때문에 조직이 활성화된다. 또한, 유연성 있는 고용형태와 직무급 등의 급여체제도 실현 가능하게 된다.

바. 비용 절감

비용적인 측면에서도 아웃소싱은 고정비가 변동비가 되어 매출변동에 따라 비용절감이 가능해지도록 운영할 수 있기 때문에 사업 초기 진입 시에 투자되는 막대한 초기 투자비용을 절감할 수 있는 장점이 있다.

❷ 아웃소싱의 단점

가. 관리적 요소

아웃소싱의 단점 중 관리적인 요소와 관련된 부분은 첫째, 통제와 유연성의 문제를 들 수 있는데, 기업 관리자의 관점에서 아웃소싱은 자사의 직원들이 아니기 때문에 인적 자원들의 통제와 유연성에 문제가 생길 수 있다. 둘째, 장기적인 관점에서 발주기업의 관리자들은 자신들의 경력진로를 외부의 아웃소싱 인력에 의해 위협받을 수 있다는 점이다. 셋째, 근로자들로부터 고용안정, 몰입도 감소 및 정규직 근로자들과의 갈등요소가 존재한다고 할 수 있다.

나. 비용적인 요소

아웃소싱 업자와의 의사소통과 의견조정을 하기 위한 조정시간이 증가함에 따라 조정비용의 증가와 잠재비용의 발생 문제가 생길 수 있다.

다. 갈등요소

발주기업의 목표와 아웃소싱 업체의 목표가 서로 다르기 때문에 문제가 발생할 수 있는데, 이런 경우에 두 번째 요소인 조정기간과 조정비용이 증가할 수 있고, 아웃소싱 업체와 발주기업 간의 보안과 기밀에 대한 문제가 발생되어 상호 보완적인 관계에 좋지 않은 영향을 미칠 수 있다.

(2) 비정규직

최근 가장 이슈가 되는 부분이 비정규직 문제라고 할 수 있는데, 비정규직 고용의 증가이유는 정규직에 비해 낮은 임금수준과 해고 및 선발의 용이성 때문이라고 분석할 수 있다. 또한, 갈수록 심화되는 취업난과 구직난 등으로 인하여 비정규직이라도 취업하려고 하는 근로자들이 증가하는 것도 비정규직이 증가하는 주된 이유 중 하나라고 할 수 있다. 비정규직의 근로유형으로는 파트타임 사원, 파견근로자, 계약직 사원, 도급근로자 등을 들 수 있는데, 파트타임 사원은 정규직보다 근로시간이 적으며, 파견근로자는 인력파견업체에서 채용하여 요구하는 기업에 일정기간 파견 근무토록 한다. 계약직 사원은 채용시에 고용기간을 보통 1년에서 3년 정도 정해 놓고 근무를 하게 된다. 도급근로자는 계약당사자 일방이 어느 한 가지 단위의 일을 완성해 줄 것을 약속하고 그 일이 완성되면 사원에게 보수를 지급하는 동시에 계약이 완료되는 형태의 비정규직이라고 할 수 있다.

비정규직과 관련된 내용은 우리나라 기업들의 인적 자원관리 부분에서 가장 중요한 부분 중 하나이며, 많은 직원들이 비정규직으로 근무하고 있는 호텔관광산업에서는 더욱 중요한 부분이라고 할 수 있다.

8. 임금관리

기업의 임금관리는 넓은 의미로는 기업이 종업원에게 제공하는 보상(compensation)에 관한 부분으로 기업의 목적 달성에 기여한 공헌의 대가로 종업원에게 제공되는 경제적?비경제적 가치를 의미한다. 인적 자원관리에서 보상관리에 대한 의미는 고용관계의 일부분으로서 종업원이 기업으로부터 받는 금전적 보상과 서비스적 복리후생을 의미한다. 이러한 보상(compensation)은 직접보상인 임금과 간접보상인 복리후생으로 나누며, 임금과 관련된 부분은 임금관리, 복리후생과 관련된 부분은 복리후생관리로 다루게 된다. 임금관리는 기업의 인적 자원들이 가장 관심이 많은 부분이라고 할 수 있으며, 기업은 임금관리를 통해서 우수한 인적 자원을 채용하고 유지할 수 있으며, 종업원들의 동기를 유발시켜 궁극적으로 기업의 성과를 높일 수 있다. 이러한 임금관리는 안정성과 공정성을 기초로 관리되어야 하는데, 안정성은 임금관리가 종업원 개인의 경제적인 생활안정과 기업의 경영안정이 모두 달성될 수 있도록 적당한 균형을 유지해야 한다는 의미이다. 공정성의 의미는 배분공정성과 절차공정성으로 나누어서 생각해 볼 수 있는데, 배분공정이란 임금뿐만 아니라 비경제적, 심리적 보상까지 고려되었는지의 여부, 종업원이 공헌한 만큼 제대로 임금이 책정되었는지의 여부, 경쟁기업 등과 같이 기업 외부와 비교해서 적당한 임금수준이 책정되었는지의 여부 등에 관한 것을 의미한다. 절차의 공정이란 임금이 결정되기까지의 모든 절차가 공정했는지를 의미하는 것으로, 만약, 종업원 개개인의 성과측정이 잘못되었을 경우 절차의 공정성에 문제가 있다고 할 수 있다.

임금과 관련된 용어를 정리해 보면 다음 표와 같다(임창희, 2005, p. 236 기초로 재정리).

■임금 및 보상과 관련된 용어 정리

구 분	내 용
임금(wage)	사용자가 노동의 대가로 노동자에게 봉급, 급여, 보너스 등의 어떤 명칭으로 지급하는 금품
봉급(salary)	임금보다 좁은 의미로 정신노동자에게 장기간 기준으로 지급되는 주급, 월급, 연봉
급여(pay)	복리후생을 제외한 일체의 금전적 보상
기본급(base)	기업이 정해진 규칙에 의해 종업원들에게 공통적, 고정적으로 지급하는 현금 보상
수당(allowance)	기본급 이외에 추가적으로 지급되는 금전적 보상으로 식비, 교통비, 보너스 등 종류가 많아서 제수당이라 함
장려금(incentive)	종업원을 동기화시키려고 성과에 따라 일시적 포상의 의미로 지급하는 보상
복리후생(benefits)	종업원의 생활안정, 생활향상을 위해 부가적으로 지급되는 일체의 현금급여와 현물급여
보너스(bonus)	종업원과 기본적으로 약속한 금액보다 추가되는 일체의 보상
보상(compensation)	위에서 언급된 모든 것을 포함하는 것으로 종업원이 받는 모든 형태의 금전적 대가와 무형적 서비스 및 혜택

한편, 보상전략을 개발하기 위해서는 조직문화, 경쟁압력, 종업원의 욕구, 조직전략이 보상에 미치는 의미에 대한 평가가 필요하다. 다음 단계로는 조직전략과 환경에 보상결정을 적합시키며, 그 후 전략을 절차로 구체화시키기 위한 보상 시스템을 설계하고, 마지막으로 적합도를 재평가하는 것이 필요하다고 할 수 있다.

또한, 임금관리와 관련된 부분은 임금수준관리, 임금체계관리, 임금형태관리로 나누어서 생각해 볼 수 있다.

9. 임금관리의 영역

임금관리의 영역은 임금수준관리, 임금체계관리, 임금형태관리 등으로 나눌 수 있다.

1) 임금수준관리의 이해

임금수준관리(wage level management)란 직원들에게 지급하는 평균임금의 수준이 다른 기업과 비교하여 어떠한지와 관련된 문제라고 할 수 있다.

(1) 임금수준 결정요인

❶ 생계비

생계비(cost of living)는 임금의 최저 하한선을 책정하기 위한 것인 만큼 그 측정이 정확해야 한다. 하지만 실질적으로 개인마다 생활수준이 다르기 때문에 최저 생계비를 측정하는 것이 쉬운 일은 아니다. 또한, 기혼자, 미혼자, 다자녀 가정 등 각 개인별로 특수하게 처한 상황이 다르기 때문에 기업의 입장에서는 객관적인 생계비 측정에 더욱 어려움을 느낀다고 할 수 있다.

❷ 기업의 지급능력

기업이 임금수준을 결정하기 위해서는 임금을 결정하기 전 기업의 지급능력(ability to pay)을 파악한 후 임금수준을 결정하는 것이 바람직하다. 하지만 이 요인 또한 각 기업이 처한 상황이 다르기 때문에 쉽지 않다고 할 수 있다.

❸ 노동시장의 상황

노동을 일반 제품처럼 시장에서 거래가 일어나는 제품으로 생각한다면 노동인력의 수요공급에 의해서 임금이 결정된다고 할 수 있다. 따라서 기업은 노동시장에서 수요와 공급이 어떻게 이루어지는지를 파악하는 것이 중요한데, 만약 공급이 부족한 상황에서 임금수준을 낮추면 우수한 인적 자원 확보에 어려움을 겪게 된다.

❹ 최저임금법

기업이 임금수준을 결정할 때, 한 가지 더 고려해야 할 상황은 법으로 정해진 최저임금제를 지키는 것이라고 할 수 있다.

❺ 기타 요인

이 밖에도 기업의 임금수준에 영향을 미치는 요인들로는 기업의 규모, 노동조합 등이 있다. 규모가 큰 기업의 경우 규모의 경제 때문에 임금수준이 높을 수 있으며, 노동조합이 있는 기업들은 그렇지 않은 기업들과 비교해서 임금협상력을 더 보유할 수 있으므로 임금수준이 올라갈 수 있다.

(2) 최저임금제

최저임금제는 필요한 관점과 필요하지 않은 관점으로 생각해 볼 수 있다.

최저임금제란 기업이 종업원들에게 최저임금수준 이하로는 지급하지 못하게 하는 제도를 의미하는데, 저임금노동자 보호, 임금인하 경쟁방지, 유효수요 창조 등의 이유로 최저임금제가 필요하다고 볼 수 있다. 최저임금제를 통해서 저임금노동자를 보호해 주는 것이 기본권 보장차원에서 필요하다고 할 수 있으며, 임금인하 경쟁방지 관점에서는 임금의 최저수준이 법제화되지 않으면 사용자 측은 수가 적기 때문에 가격담합이 가능하며 이들 간의 단결로 임금이 저하될 수 있다.

유효수요 창조의 관점에서 보면 근로자들의 임금소득수준이 너무 낮으면 소비가 침체되고 기업의 성과가 좋지 않아져 악순환의 고리가 이어질 수 있다. 한편, 최저임금제가 필요하지 않은 관점에서 살펴보면 노동시장에 인력이 충분하면 기업들은 최저임금제도에 해당하는 인력들을 반드시 채용하지 않아도 될 것이다. 최저임금이 보장되면 기업의 입장에서는 운영비의 부담을 갖기 때문에 가격전략을 낮게 가져가는 데 어려움을 겪을 수 있으며, 이러한 어려움을 소비자들이 부담해야 하는 상황이 발생하게 된다.

2) 임금체계관리의 이해

임금체계관리(wage system management)란 임금제도를 선정하는 문제인데 정해진 임금총액을 종업원들에게 배분하는 것과 관련된다. 기업의 입장에서 임금 차이를 너무 크거나 너무 적게 관리해도 안 되고 적정한 수준의 임금체계관리가 필요하다고 할 수 있다.

(1) 임금체계의 기준

임금체계의 기준은 크게 직무급, 직능급, 연공급, 성과급 등으로 나눌 수 있다.

❶ 직무급

직무급은 직무의 가치에 따라 임금을 지급하는 임금체계이기 때문에 먼저, 직무평가가 선행되어야 한다. 따라서 직무급은 높은 가치의 직무를 수행하는 종업원에게는 높은 임금을 주고, 낮은 가치의 직무를 수행하는 종업원에게는 낮은 임금을 주고, 동일한 가치의 직무를 수행하는 종업원에게는 동일한 임금을 지급하는 임금체계라고 할 수 있다.

직무급이 공정하고 합리적으로 운영되려면 직무분석과 직무평가가 제대로 이루어져야 하며, 직무에 맞게 인적 자원이 배치되어야 하며, 직무 간의 자유로운 이동이 보장되어야 한다.

가. 직무급의 장점

① 개인별 차이에 대한 불만이 제거된다.

② 불합리한 상승이 억제된다.

③ 직원들 사이에 가치 있는 직무를 맡으려고 서로 경쟁하기 때문에 직원들의 직무에 관한 수준이 높아진다.

나. 직무급의 단점

① 직무가치의 평가와 절차가 복잡하다.

② 직무가치가 낮은 종업원은 새로운 직무와 직위가 제한적이기 때문에 이직률이 높아질 수 있다.

❷ 직능급

직능급이란 직무수행능력을 기준으로 임금을 결정하는 방법으로, 직무수행능력이 뛰어난 종업원은 많은 임금을 받고, 직무수행능력이 떨어지는 종업원은 낮은 임금을 받고, 동일한 직무수행능력을 가진 종업원들은 같은 임금을 받는 임금체계이다. 따라서 직능급은 연공서열이나 수행하는 직무가 같더라도 직무수행능력의 차이에 따라 임금이 달라진다.

가. 직능급의 장점

① 개인의 능력개발을 유도하고 잠재능력도 인정해 주기 때문에 미래지향적 임금관리가 가능하다.

② 개인의 능력을 인정해 주기 때문에 우수한 인재의 확보가 쉽다.

나. 직능급의 단점

① 능력 있는 직원과 그렇지 않은 직원 간의 임금격차로 인해 기업 내 분위기가 안 좋아질 수 있다.

② 능력평가에 대한 공정성에 문제가 있을 수 있다.

③ 능력을 인정받다가 그렇지 못할 경우 임금이 낮아지고 이직률이 높아질 수 있다.

❸ 연공급

연공급은 근속연수인 연공(seniority)을 기초로 임금을 산정하는 방식으로 연공서열이 낮은 종업원에게는 낮은 임금이 지급되고, 연공서열이 높은 종업원에게는 높은 임금이 지급되며, 연공서열이 동일한 종업원에게는 동일한 임금이 지급되는 방식이다.

가. 연공급의 장점

① 장기근속이 가능하고 이직률이 감소한다.

② 임금계산의 공정성이 높다.

③ 필요에 따른 기업 내부의 직무순환과 부서이동이 용이하다.

④ 평가가 정확할 가능성이 높다.

나. 연공급의 단점

① 직무가 아닌 사람이 기준이 되기 때문에 불합리성이 제기될 수 있다.

② 능력 위주가 아니기 때문에 종업원들이 나태해질 수 있다.

❹ 성과급

성과급은 종업원이 직무수행을 통해 달성한 구체적인 성과를 가지고 임금을 지급하는 임금체계이다. 성과급은 직무급, 연공급, 직능급과 달리 성과에 따라 변화하는 변동급의 특징을 가지고 있다. 또한, 성과를 통해 종업원들의 동기부여가 높아질 수 있으며, 호텔관광기업의 경우 일반적으로 영업부서 직원들에게 적용할 수 있는 임금체계라고 할 수 있다. 종업원 개인적인 관점에서 볼 때, 높은 성과를 올리면 높은 성과급을 지급받을 수 있지만, 성과를 올리지 못하면 낮은 성과급을 지급받아야 하는 문제점이 있을 수 있다. 성과급은 개인성과급과 집단성과급으로 나눌 수 있는데, 개인성과급은 개인에게 지급되는 성과급이고, 집단성과급은 팀별, 부서별 등 집단에 대한 성과의 의미로 지급되는 임금체계이다.

가. 성과급의 장점

① 생산성을 높이고 원가절감에 장점이 있다.

② 근로자들에게 동기부여를 시킬 수 있다.

③ 성과에 따라 인건비가 산정되기 때문에 인건비 산정이 정확한 편이다.

나. 성과급의 단점

① 정신노동의 경우 성과측정의 어려움이 있다.

② 성과측정을 위한 시간과 비용이 소모된다.

3) 임금형태관리의 이해

(1) 임금형태관리

임금형태관리(wage form management)란 한 사람에게 정해진 임금 총액을 언제 어떤 형태로 지급하느냐와 관련된 문제인데 연봉의 형태도 있을 수 있고, 월급의 형태도 있을 수 있다.

(2) 임금형태의 유형

❶ 상여금

상여금이란 종업원의 근로의욕을 고취시키는 의미에서 경영성과에 따라 분배하는 참여적 임금이라고 할 수 있다. 참여적이라 함은 종업원의 노력이 있었기에 기업의 성과가 올랐으며, 그 성과분배에 주주뿐만 아니라 종업원도 참여시킨다는 의미이다.

❷ 수당

수당은 종업원이 정규노동 이외의 노동력을 제공한 경우, 혹은 종업원의 생활을 보장하기 위해 기업이 지급하는 직접보상의 형태이다.

수당의 유형은 기준 내 수당과 기준 외 수당으로 분류할 수 있는데, 기준 내 수당은 다시 직무수당, 장려수당, 생활보조수당으로 나눌 수 있다. 직무수당에는 직책수당, 자격수당, 기능수당, 특수작업수당 등이 있으며, 장려수당에는 정 · 개근수당, 생산수당, 모범근속수당 등이 있다. 생활보조수당에는 가족수당, 물가수당, 주택수당, 지역수당, 통근수당, 피복수당, 의료수당 등이 있다.

기준 외 수당으로는 초과근무수당, 특근무수당, 휴무수당, 업적수당 등이 있다. 초과근무수당으로는 시간외근무수당, 휴일근무수당, 심야근무수당 등이 있다. 특근무수당으로는 숙?일직수당, 변칙근무수당 등이 있으며, 휴무수당으로는 유급휴가수당, 유급휴일수당, 휴업수당 등이 있다. 업적수당으로는 초과업적수당이 있다.

10. 이직관리

기업의 인적 자원 방출과 관련하여, 기업의 비용절감 차원과 경쟁력 보유 차원에서 다운사이징(downsizing), 조기퇴직(early retirement), 명예퇴직(honorable retirement) 등의 용어들이 사용되고 있다. 인력방출이란 인력채용의 반대되는 의미로 기업과 종업원의 관계가 종료되는 것을 의미하는데, 종업원이 기업을 떠난다는 의미에서 이직관리(turnover management)라고 한다. 이러한 인력의 방출은 저절로 이루어지는 것이 아니라 인력의 채용과 같이 관리가 필요한 부분이라고 할 수 있는데, 인력방출의 시기를 제대로 관리하지 못하면 인건비를 감당하지 못하면서 인력을 기업 내에서 활용하지 못하는 비효율적인 운영을 하게 된다.

기업의 인력방출 유형은 이직(turnover), 해고(dismissal), 퇴직(retirement)으로 나누어볼 수 있다. 또한 인력방출과 관련된 부분에서 중요한 점은 관계마케팅(relationship marketing)과 관련된 부분인데, 방출관리의 유형 중 이직과 관련된 부분에서 이직률의 감소와 관련된 부분은 관계마케팅의 간접적인 결과라고 할 수 있다. 고객의 만족도가 높은 기업에서 근무하는 종업원들은 자신들이 하는 업무와 근무하는 기업에 대한 자부심이 높기 때문에 이직률이 낮아질 수 있다. 특히 호텔관광 기업과 같은 서비스 기업에서는 서비스 접점에서 고객들을 직접 응대하는 인적 자원들의 중요성이 높기 때문에 종업원들의 이직률 감소는 기업과 고객 모두에게 긍정적인 영향을 미친다고 할 수 있다.

1) 인력방출관리의 중요성

기업에 있어 인적 자원의 방출은 매우 중요한 부분 중 하나라고 할 수 있는데, 이 합리적인 비용관리를 통해서 기업의 경쟁력을 높일 수 있다. 만약, 불필요한 인력을 적절한 시기에 방출하지 못하면 기업이 생산하는 제품이나 서비스 생산원가의 상승이 불가피하기 때문에 기업의 전체적인 경쟁력이 하락할 수 있다. 또한, 기업들은 인력의 방출관리를 통해서 방출되지 않고 남아 있는 기존의 인력들에게 긴장감과 도전정신을 불러일으켜 생산성 향상을 가져올 수 있으며, 더 많은 승진기회를 제공함으로써 기업 인적 자원들의 동기를 부여하는 효과를 가져오게 된다.

2) 인력방출의 원인

인력방출의 원인으로는 수요변동, 기술발전, 사업실패, 조직혁신 등을 들 수 있다(임창희, 2005, p. 316).

(1) 수요변동

기업이 생산하는 제품에 대한 수요가 계절적?유행적으로 감소할 수 있고 제품수명주기가 갑자기 쇠퇴기로 접어들 수 있다. 이러한 상황에서 기업은 인력감축의 압박에 시달릴 수 있다.

(2) 기술발전

사물인터넷(Internet of Things), 모바일(Mobile), 인공지능(Artificial Intelligence), 빅 데이터(Big Data), 클라우드(Cloud) 등을 기반으로 한 디지털 전환(Digital Transformation)으로 변화가 빠르게 진행되고, 기업의 모든 업무에 적용되어 새로운 가치를 창출하게 되면서 그동안 인적 자원들이 수행하던 업무들이 기계로 대체되는 속도가 빨라져 기존 인력이 덜 필요해지는 경우가 많아진다.

(3) 조직혁신

조직구조의 개편, 직무절차의 간소화, 다운사이징, 조직통폐합 등의 경영혁신과정에서 불가피하게 인력을 감축해야 할 상황이 생기게 된다.

3) 인력방출의 유형

(1) 이직

이직(turnover)이란 종업원이 기업에 입사하고 퇴사하는 것을 모두 포함하는 노동이동이라는 개념을 뜻한다. 이직에는 자발적 이직과 비자발적 이직이 있는데, 인적 자원관리에서 다루는 이직이란 종업원이 스스로 기업을 퇴사하는 자발적 이직에 초점을 맞추고 있다.

❶ 기업의 입장에서 본 자발적 이직의 장점과 단점

기업의 입장에서 볼 때 종업원의 자발적 이직은 장점과 단점을 모두 가지고 있다고 할 수 있다. 자발적 이직의 장점과 단점은 다음 표와 같다.

■자발적 이직의 장점과 단점

장 점	단 점
• 신규사원 조직활성화 • 무능사원, 불만사원 퇴직 • 잔류사원 이동 · 승진 기회 • 인력수급 유연성 제공	• 신규채용 및 교육훈련과 관련된 이직비용 • 경력자 상실 • 조직위화감, 불안감 조성 • 잔류사원의 업무량 증가

❷ 이직의 원인

가. 환경요인

외부 노동시장에 인력수요가 많다든지 수평적 노동시장의 발달로 기업을 이직하는 것이 사회적으로 쉽게 받아들여지면 이직이 증가하게 된다.

나. 기업요인

기업의 임금수준이나 인사제도 등에 불만이 있는 경우 이직이 증가하게 된다.

다. 직무요인

적성에 맞지 않는 직무나 장래성이 없는 직무라고 판단되었을 경우 이직이 발생하게 된다.

라. 인간적 요인

상사나 동료들과의 인간관계에 갈등이 생기면 이직의 가능성이 높아진다.

마. 개인적 요인

개인적인 성격, 성향, 능력, 태도 등에 따라서 이직성향의 높고 낮음이 결정될 수 있다.

(2) 해고

해고(layoff)란 종업원의 의사와 관계없이 기업의 의지에 따라 종업원이 기업을 떠나는 것을 의미한다. 종업원의 행위를 교정하는 방법은 크게 네 가지로 분류할 수 있는데, 첫째, 선발이나 승진절차와 같은 예방적 방법 둘째, 훈련이나 상담과 같은 교정적 방법 셋째, 보상을 활용하는 방법 넷째, 해고와 같은 벌칙을 활용하는 방법이 있다.

해고는 징계해고와 정리해고로 분류할 수 있는데, 징계해고란 기업이 종업원의 잘못된 행동에 대해 점진적인 징계방식을 택하는 것으로 구두경고, 견책, 감봉, 정직, 해고의 순으로 진행된다.

정리해고는 아직 정년이 안 되었더라도 기업의 정책이나 구조조정과정에서 인력이 남을 경우 정년에 가까운 사람부터 미리 퇴직시키는 것을 의미한다.

(3) 퇴직

생애고용인 경우를 제외하고 모든 기업은 종업원들이 일정 연령까지만 근무하도록 제한해 놓았기에 그 연령이 되면 무조건 기업을 퇴직해야 한다. 하지만 퇴직자들이 보유한 지식의 활용과 고령화 사회로 인한 사회적인 관점에서 고령 퇴직자들을 위한 여러 가지 프로그램 및 정책의 운영이 가능하다. 예를 들면, 퇴직상담 프로그램 운영, 재택근무 업무 제공, 반일근무제 적용, 고위 관리직에 대한 교육 및 재배치 등이 그러한 대안이 될 수 있다.

11. 노사관계관리

노사관계는 노동을 공급하는 근로자와 공급받는 사용자 간의 개별적 고용관계에 기초를 두고 있지만, 실질적으로는 노동조합과 사용자 사이의 집단적 관계를 의미한다. 즉 근로자 단체와 경영진들 사이의 요구와 문제해결이 종업원 집단과 관리자 집단과의 집단적 수준에서 행해진다는 의미이다. 노사관계는 다음과 같은 이중적인 특성을 가지고 있다.

첫째는 협조관계와 대립관계의 특성인데, 생산 측면만 보면 노사가 서로 협조해야 하지만 생산의 성과를 배분할 때에는 서로 대립하는 관계가 형성된다. 둘째, 개별적 노사관계와 집단적 노사관계이다. 개별적 노사관계는 종업원과 사용자가 동등한 계약을 체결하고 권리와 의무를 다해야 하지만, 실질적으로는 이러한 상황이 어렵기 때문에 종업원들은 권익을 보호하기 위하여 집단적으로 노동조합을 결성한다.

1) 노동조합의 이해

(1) 노동조합의 개념

노동조합(labor union)의 효과는 긍정적인 효과와 부정적인 효과로 나누어 볼 수 있는데, 긍정적인 효과로는 종업원들의 임금인상, 고용안정, 근로조건 등의 개선에 긍정적인 효과를 발휘할 수 있다는 점이 있다. 또한, 좋은 근로조건을 확보하면 종업원들의 이직률이 감소하게 된다. 한편, 부정적인 효과로는 지나친 임금인상과 근로조건 개선의 요구로 기업의 경쟁력이 약화될 수 있으며, 이로 인해 종업원의 고용안정에 문제점이 발생될 수 있다는 점이다. 이렇게 노동조합은 긍정적인 효과와 부정적인 효과 모두를 가지고 있는데, 인적자원에 대한 의존도가 상대적으로 큰 호텔관광산업의 경우에는 노동조합의 영향력이 더 중요한 요인이 될 수 있다.

(2) 노동조합의 역할

❶ 조직활동

노동조합에서 행하는 조직활동으로는 숍제도(shop system)와 체크오프제도(check off system)가 있다. 숍제도는 신규채용종업원의 신분과 관련된 기업의 인적 자원 확보활동과 노동조합의 관계에 있어서 운영되는 시스템을 말한다. 숍제도에는 노동조합의 가입 여부와 관계없이 종업원을 고용할 수 있는 오픈 숍제도(open shop system), 반드시 노동조합에 가입해야만 고용하는 클로즈드 숍제도(closed shop system), 조합원이나 비조합원 모두 채용할 수 있지만 비조합원은 채용 후 일정 기간이 지난 뒤에 반드시 노동조합에 가입해야 하는 유니온 숍제도(union shop system) 등이 있다.

한편, 체크오프제도는 조합원의 임금에서 조합비를 일괄적으로 공제하는 제도를 말한다.

❷ 단체교섭

단체교섭(collective bargaining)이란 노동조합 혹은 조합원을 위하여 노동조합의 대표자가 사용자인 기업과 근로조건이나 기타 사항에 대하여 단체협약을 체결하는 것을 말한다.

❸ 쟁의행위

노사관계에서 단체교섭을 통하여 기업과 노동조합 간의 합의가 이루어지지 않은 상태를 노동쟁의(labor disputes)라고 하며, 이러한 상황에서 노동조합은 주장을 관철하기 위해서 실력행사를 하는데 이를 쟁의행위라고 한다. 이러한 노동조합의 쟁의행위로는 파업(strike), 태업(sabotage), 불매운동(boycott), 피케팅(picketing), 준법투쟁 등이 있다.

가. 파업

파업은 조합원들이 집단적으로 노동의 제공을 거부하는 행위로 파업의 목적에 따라 경제적 파업, 부당노동행위파업, 동정파업, 총파업 등이 있다.

나. 태업

취업 및 작업의 상태는 유지하면서 의도적으로 작업능률을 저하시키는 행위이다.

다. 불매운동

기업과 거래관계에 있는 제3자의 제품구매 혹은 시설의 이용을 거절할 것을 호소하는 행위로 조합원을 대상으로 하는 1차적 불매운동과 조합원 이외의 사람에게 불매를 호소하는 2차적 불매운동으로 구분된다.

라. 피케팅

비노조원 혹은 쟁의행위에 동참하지 않는 조합원의 사업장 출입을 저지하며 동참할 것을 호소하는 행위이다.

마. 준법투쟁

법에 정해진 대로 권리를 행사하는 쟁의행위로 집단휴가와 정시 출?퇴근 등이 이에 해당한다.

11

글로벌 호텔경영

호 텔
경영론

제 11 장

글로벌 호텔경영

1. 글로벌화의 이해

1) 글로벌화의 개념

최근 세계경제가 큰 변화를 겪고 있는데 그 핵심적인 내용은 여러 가지 장벽에 의해서 국가별로 운영되던 경제시스템이 국가별로 언어(language), 문화(culture), 거리(distance) 등의 차이에도 불구하고 점점 하나의 경제 시스템으로 통합되는 경향을 나타낸다는 것이다.

이러한 현상 속에서 여러 국가 간의 상호의존성(interdependence)도 점차 높아지고, 모든 산업은 더욱 빠른 속도로 글로벌화되고 있고 글로벌기업들은 서로 무한경쟁을 하고 있는 현실이다.

글로벌화(globalization) 또는 우리말로 세계화에 대한 정의는 다양하지만 일반적으로 기업이 개별국가시장에 대해 각각 다른 전략을 취하기보다는 전 세계시장을 하나의 시장으로 보고 통합된 전략을 수립하는 것을 의미한다(Porter, 1986; 장세진, 2004).

글로벌화는 시장의 글로벌화와 생산의 글로벌화의 두 가지 주요한 부분으로 구성되어 있는데, 시장의 글로벌화란 국가별로 나누어져 있던 시장을 하나의 거대한 글로벌시장으로 합병하는 것을 의미한다. 생산의 글로벌화는 기업들이 노동력. 토지. 원자재. 에너지 등의 생산요소들을 가격과 품질 측면에서 국가별 차이를 이용하여 제품과 서비스를 다른 지역에서 생산하는 경향을 나타내는 것을 의미하는데, 생산의 글로벌화가 일어나는 이유는 기업들이 경쟁기업들보다 경쟁우위를 확보하기 위하여 낮은 비용구조와 높은 품질을 소비자들에게 제공하기 위하여 노력하기 때문이다.

글로벌화와 국제화(internalization)를 비교해보면, 국제화는 국가 단위로 시장이 구성되었던 상황에서 한 국가에 있던 기업이 다른 국가로 진출하는 것을 의미했던 반면, 글로벌화는 국가별로 시장을 구분하는 의미가 없어졌다는 것이다. 글로벌화된 환경에서는 제품. 서비스. 기술 등이 각 국가에서 국가로의 이동이 자유롭고, 인적 자원과 자본의 흐름도 자유롭다고 할 수 있다.

특히, 글로벌화가 관광산업에 미치는 영향은 매우 크다고 할 수 있는데 글로벌화로 인해 국제관광이 촉진되어 관련 산업이 빠른 속도로 성장하고 있다. 이러한 글로벌 경영환경에서 국제관광과 관련된 기업인 호텔, 항공사, 외식업체, 여행사 등이 다국적기업화되어가고 있는 추세이다. 따라서 글로벌화는 이제 일반적인 현상이 되었으며 국제관광경영적인 측면에서도 많은 국제 관광기업들이 급변하는 글로벌 경영환경에 적합한 경영전략을 수립하는 것이 필요하다고 하겠다.

2) 글로벌화의 촉진요인

(1) 자본집약적인 생산방식과 규모의 경제 중요성 증대

우리나라의 많은 기업들이 해외로 진출하는 것을 일반화하고 있는데 가장 큰 이유는 우리나라 소비자들만을 대상으로 제품을 판매하면 생산비용을 충당하기가 어렵기 때문이다. 그만큼 이제는 글로벌화가 일반화되었고 글로벌 경영환경의 변화도 급속하게 일어나고 있다.

이러한 환경에서 최근 모든 산업의 생산방식에서 공통적으로 일어나는 현상 중 하나는 노동집약적인 생산 시스템에서 자본집약적인 생산 시스템으로의 전환 가속화를 들 수 있다. 이러한 현상은 생산 활동에서 노동비용의 비중이 점차 감소하는 동시에 자본비용이 증가한다는 의미인데, 자본비용 증가의 주요한 이유는 연구개발비용의 증가와 첨단생산설비로 인한 비용 증가이다.

특히, 이러한 현상은 정보통신(telecommunication)과 생명공학(biotechnology) 등의 첨단산업과 자동차, 화학 등 생산비용이 많이 소요되는 산업에서 더욱 두드러지게 나타나고 있다. 이러한 생산활동비용의 증가로 기업의 입장에서는 규모의 경제(economies of scale)를 이용한 대량생산을 하게 되고, 각 국가별 내수시장만으로는 대량생산된 제품의 수요가 한정되어 있기 때문에 전 세계시장으로의 제품판매를 모색하게 된다. 우리나라의 현대, 기아자동차가 세계 곳곳에 생산기지를 건설하고 전 세계시장을 대상으로 자동차 판매에 힘쓰는 것이 좋은 예라고 할 수 있다.

(2) 기술의 발전

글로벌화를 촉진시키는 요인 중 하나는 기술의 발전인데, 특히, 교통기술의 발전, 정보통신기술의 발전, 첨단산업기술의 발전 등을 이유로 들 수 있다. 먼저, 교통기술의 발전과정을 살펴보면, 제2차 세계대전 이후 항공산업기술의 발전과 컨테이너 운송의 도입으로 급격한 교통의 발전을 가져왔으며 이러한 교통산업의 급속한 발전이 글로벌화를 더욱 촉진시키는 중요한 원인이 되었다.

또한, 빠른 기술의 발전과 더불어 많은 연구개발(R & D)에 대한 투자가 글로벌화를 촉진시키는 원인이 되었다.

예를 들어 첨단산업이라고 할 수 있는 전자, 통신, 컴퓨터, 의약품 제조산업 등에서는 총매출액에서 연구개발비용이 차지하는 비율이 평균적으로는 7~8%, 높게는 15%까지도 소요되고 있는데, 이와 같이 연구개발비용이 많이 투자되는 사업에서는 국내시장의 수요만으로는 그처럼 높은 연구개발비를 충당하기 힘들다. 그렇기 때문에 위에서 언급된 첨단산업의 경우 전 세계시장을 대상으로 신제품개발과 판매가 지속되어야 연구개발비용을 충당할 수 있게 된다. 따라서 이렇게 첨단산업에 속해 있는 다국적기업들이 시장을 전 세계를 대상으로 하고 있기 때문에 글로벌화는 더욱 가속화되고 있다고 할 수 있다.

(3) 전 세계 소비자 취향의 동질화

글로벌화의 가장 큰 요인 중 하나는 이질적이었던 각국 소비자의 취향이 점점 동질화되어가고 있다는 점이다. 이렇게 전 세계 소비자의 수요와 구매행태가 과거에 비해 동질화되어가고 있는 가장 큰 이유는 인터넷을 중심으로 한 정보통신기술의 발전이라고 할 수 있다.

이와 같이 하루가 다르게 발전하고 있는 정보통신기술의 발전으로 기업들은 전 세계를 단일시장으로 보고 빠른 시간 내에 전 세계 소비자들의 수요에 부응할 수 있는 제품을 만들어야 경쟁력을 가지고 생존할 수 있게 되었다.

여기서 한 가지 비교해야 할 점은 최근 전 세계 소비자 취향의 동질화는 과거의 국제화의 영향으로 선진국에서 먼저 개발된 제품이 점차 저개발국가로 이동되어 시차를 두고 전 세계 소비자 취향이 동질화되었던 이른바 제품수명주기이론(product life cycle theory)과는 다르다는 것이다. 예전에는 시차를 두고 전 세계 소비자 취향의 동질화가 있었던 것에 비하여 최근에는 인터넷의 일반화로 선진국과 후진국과의 약간의 시차는 있겠지만 거의 비슷한 시기에 같은 제품이나 서비스에 대해서 전 세계의 모든 소비자들의 취향이 동질화되었다고 할 수 있다. 또한, 소비자 취향의 동질성이 비슷한 시기에 나타나는 다른 이유로 전 세계 소비자들의 구매력 증대를 꼽을 수 있다. 개발도상국들의 경제적 발전이 국민들의 소득증대로 나타나고 이러한 국민들의 소득증대가 선진국에서 생산되는 제품을 소비하려는 경향으로 나타나고 있다.

(4) 무역장벽의 감소

최근 전 세계적으로 극소수의 국가를 제외하고 무역장벽이 낮아지고 있는 상황이며, 자본의 이동도 자유로워지고 있다. 특히, WTO(World Trade

Organization : 세계무역기구) 체제의 출현으로 이러한 현상은 앞으로 더욱 가속화될 것으로 예측된다.

또한, 요즘 활발하게 진행되고 있는 여러 국가와의 자유무역협정(free trade agreement)의 진행 등에 힘입어 가까운 시일 안에 국가 간의 무역장벽의 감소는 더욱 더 가속화될 것으로 예측된다. 우리나라의 경우도 최근 미국, 인도, EU 등과 자유무역협정을 체결하거나 체결을 진행 중이며, 이러한 영향으로 서비스산업을 더욱 더 글로벌화될 것으로 기대되며, 특히, 호텔관광산업에서 많은 영향이 있을 것으로 예상된다.

이러한 글로벌 경영환경의 변화 속에서 우리나라의 관광기업들도 글로벌화된 세계적인 관광기업들과 경쟁하기 위해서는 우리나라 기업들만이 보유한 경쟁우위를 활용할 수 있는 적합한 방법을 찾아보는 것이 시급하다고 할 수 있다.

글로벌라이제이션

롤랜드 빌링어(Roland Villinger) 맥킨지 서울사무소 대표
강혜진 맥킨지 서울사무소 부파트너

기업의 글로벌라이제이션(globalization)이란 기준으로 평가할 때 한국은 소수정예라는 특징을 갖고 있다. 글로벌 시장이란 링에 오른 기업은 많지 않지만, 챔피언은 많이 배출했다는 얘기다. 맥킨지가 2005년 말 기준으로 전 세계 시가총액 상위 2000개 기업(G2000)을 글로벌 경쟁력에 따라 등급을 평가한 결과, 3.4%인 68개 기업이 최고 등급인 '글로벌 챔피언(global champi-on)'으로 분류됐다. 글로벌 챔피언은 과거 10년간의 경영성과, 진출지역 및 사업의 다각화 정도, 매출액 · 시가총액 등 다양한 항목에서 강력한 글로벌 위상을 갖고 있는 기업으로, MS(마이크로소프트), GE(제너럴일렉트릭), 존슨앤존슨(Johnson&Johnson), HSBC 등 내로라하는 서구 기업들과 함께 인도 릴라이언스그룹(Reliance Group) 등 아시아 기업들도 포함돼 있다.

■ 소수정예 한국의 글로벌 기업

조사결과를 들여다보면, 한국 입장에서 고무적인 현상과 우려스러운 대목이 한 가지씩 눈에 띈다. 먼저 고무적 현상은 한국이 경제규모에 비해 글로벌 챔피언을 많이 배출했다는 것이다. 세계 GDP에서 한국의 비중은 2% 남짓이지만, 글로벌 챔피언 중 4%(3개)를 한국 기업들이 차지했다. 실제로 GDP 1조 달러당 글로벌 챔피언의 수는 한국이 3.7개로, 미국(2.2개), 일본(0.7)개, 중국(0.4개) 등을 능가한다.

반면 우려스러운 대목은 한국에 글로벌 기업의 저변이 취약하다는 것이다. G2000 중 한국 기업의 비중은 2%(41개)로 글로벌 챔피언(4%)의 절반 수준이다. 또 글로벌 챔피언의 다음 등급인 '글로벌 유망주(global contender)'로는 G2000 중 426개 기업이 선정됐는데, 이중 한국기업의 비중은 2%(9개)에 그쳤다. 글로벌 유망주는 내수 시장에서 강력한 경쟁력을 갖추고 있지만, 사업규모와 진출지역, 사업분야의 다양성 등에서 글로벌 챔피언만큼의 수준을 확보하지 못한 기업이다. 인도 복제약(generic) 의약품 시장의 선두주자인 란박시(Ranbaxy)같은 기업들이 글로벌 유망주에 해당한다.

반면 중국의 경우, 글로벌 챔피언에서 차지하는 비중은 2%로 낮지만, 점진적으로 세계화를 진행하는 G2000이나 글로벌유망주에서 차지하는 비중은 각각 4%로 한국보다 높다. 특히 중국과 인도 기업들이 빠른 속도로 글로벌화하고 있다는 점을 감안할 때, 한국의 소수정예주의가 오래 지속되기는 어려울 것으로 보인다. 단적인 예로, 해외직접투자액의 경우 한국은 2003년 34억 달러에서 2006년 71억달러로 연평균 28% 증가하는 데 그쳤지만, 중국과 인도는 같은 기간 연평균 77%, 68% 급증했다.

■ 글로벌라이제이션의 6가지 과제

글로벌라이제이션은 한국 기업이 피할 수 없는 숙명적 도전이자 극복해야 할 과제다. 하지만 성공적으로 글로벌화하는 것은 쉬운 일이 아니다. 실제로 성공보다는 실패 사례가 더 많다. 글로벌화 추진 과정에서 기업들이 직면하게 되는 주요 도전과제는 다음과 같다.

① "왜 글로벌인가?" 목표와 전략을 명확히 하라

의외로 글로벌화를 주장하는 많은 기업들이 왜, 어디서, 어떻게, 언제 글로벌화할지에 대한 명확한 전략을 갖고 있지 않아 실패하곤 한다. 글로벌화를 추진하는 기업들은 다음과 같은 몇 가지 질문을 던져봐야 한다. 진출하려는 시장이 매력적인가, 새로운 사업을 구축할 것인가 아니면 기존 업체를 인수할 것인가, 언제 어떻게 글로벌 전략을 실천에 옮길 것인가, 언제까지 임직원들의 역량을 글로벌 수준으로 키워야 하고 그를 위해 얼마만큼의 노력이 필요한가 등이다. 한발 더 나아가, 기업들은 R&D부터 판매까지 가치사슬(val-ue chain)의 어떤 부분을 어느 지역에서 특화시킬 것인지를 고민해야 한다. 예컨대 원가경쟁력이 중요하면 인건비 · 재료비 · 운송비 등이 싼 지역에, 기술 경쟁력이 중요하면 인재 선발과 활용이 유리한 곳에 거점을 두는 식이다. 의류업체 리앤펑(Li&Fung)은 37개국 7500개의 협력기업 네트워크를 구축해 활용하고 있다. 방한복을 만들 때 직물 공급은 중국, 디자인은 홍콩, 지퍼는 대만, 재봉 작업은 방글라데시에서 이루어지는 식이다.

② 항상 M&A에 준비된 자세 갖춰야

HSBC와 미탈스틸 등 글로벌 챔피언의 약 65%는 인수합병(M&A)을 통한 성장에 크게 의존하고 있다. 반면 한국 기업들은 글로벌 M&A에 소극적이다. 언제라도 M&A를 추진할 수 있는 철저한 준비가 돼 있지 않을 경우, 매물이 시장에 나온 뒤에야 다급하게 검토하게 되므로 인수기회를 놓치거나 너무 비싼 가격을 지불하는 잘못을 저지르기 쉽다. 이를 해결하려면 먼저 M&A의 전략적 목적을 명확히 한 후 잠재적 인수대상 리스트를 작성해 관리해야 한다. 또 회사 내에 M&A 전담팀을 구성해 내부적으로 전문성을 쌓고, 외부에 신뢰할만한 투자은행(IB)과 컨설팅회사 같은 자문단을 확보해야 한다. 세계 1위 철강업체인 미탈스틸 회장의 회고록에는 "그의 성공은 전 세계 지도를 놓고 손실을 내는 철강회사를 찾아 인수하고 흑자로 돌려놓는 노력에 있었다. 그는 끊임없이 다음 거래를 찾고 있다"는 평가가 실려 있다.

③ 외국의 법적 · 사회적 리스크를 고려하라

해외 M&A를 추진할 때는 노동법, 퇴직금 제도, 환경규제 등 그 나라만 독특하게 갖고 있는 위험요소를 고려해야 한다. 예컨대 미국의 경우, S&P500대 기업의 85%는 퇴직연금을 지급하기 위한 내부 유보금이 부족한 상태이며, 부족금액은 총 1,500억 달러에 달한다. 이러한 사안들을 제대로 평가하지 않고 인수했다가는 큰 낭패를 겪게 된다. 기업들은 정치 · 여론 등 경영 외적인 변수를 과소평가하는 경향이 있다. 중국 국영 해양석유공사(CNOOC)는 미국의 에너지 회사인 유노칼(Unocal)의 인수를 시도했다가 반대여론 때문에 실패했다. 중국의 유노칼 인수를 반대했던 측은 "기간산업을 '적성국(敵性國)' 에 매각하는 것은 국가안보를 위협하는 것"이라며 반대여론을 조성했다. 중국은 대대적인 홍보캠페인을 벌였지만 효과를 보지 못했다.

④ 자사의 브랜드와 기업이미지 구축에 투자하라

글로벌 기업으로 성장하겠다는 야망을 가진 회사는 브랜드 가치와 기업이미지를 구축하는 투자를 게을리해서는 안 된다. 기업이미지는 해외 시장에서 빨리 성장하는 데 큰 장애물이 될 수도 있다. 급성장하는 중국이 이미지 관리에 실패한 대표적 국가다. 글로벌 브랜드 담당자들을 대상으로 "'Made in China' 표시가 중국 기업의 이미지에 도움이 되는가, 해가 되는가"를 물어봤을 때 79%가 "해가 된다"고 답했다. 또 중국 제품을 봤을 때 떠오르는 5가지 단어는 '싸다', '품질이 낮다', '가치가 낮다', '신뢰할 수 없다', '정교하지 않다'로 조사됐다.

⑤ 글로벌 인재를 유치하고 충분한 책임과 권한을 부여하라

글로벌 경영은 한국 기업들의 가장 취약한 분야다. 선도적인 한국전자회사들은 매출액의 80%가 해외에서 발생하지만 외국 임원 비중은 평균 2~3%에 불과하다. 해외사업장의 주요 요직은 대부분 한국 본사에서 파견된 임직원들이 차지하고 있다. 이들은 다국적 문화에 대한 경험과 이해도가 낮을 뿐 아니라, 공식적인 보고체계를 무시하고 본사의 직속상사에게 비공식적으로 보고함으로써 현지 임직원들의 사기를 떨어뜨린다.

한국 기업들이 진정한 글로벌 기업으로 발돋움하고 싶다면 더욱 적극적으로 외국인 경영진과 인재를 영입하고, 이들에게 적절한 책임과 권한을 부여해야 한다. 그러지 않으면 역량 있는 글로벌 인재의 유치는 더욱 어려워진다.

⑥ 조직과 문화의 통합을 위해 최고경영진이 직접 나서라

마지막으로, 장기적인 관점에서 조직과 문화를 통합하는 노력이 필요하다. 기업이 세계화할수록 조직은 더욱 복잡해지고, 임직원들은 자신의 생각을 정확히 전달하는 데 어려움을 겪게 된다. 문화·언어 등의 차이로 여러 국적의 동료와 일할 때 쓸데없는 오해와 갈등이 발생하기도 한다. 따라서 최고경영진은 외국의 문화와 언어를 이해하고 국가 간 네트워크를 구축하는 데 적극적으로 나서야 한다. 해외 M&A를 추진할 때도 문화 진단과 함께 인수 후 통합 계획을 세워야 한다.

진화론의 창시자인 찰스 다윈은 "살아남는 생물은 가장 강한 생물도, 가장 영리한 생물도 아니라 변화에 가장 잘 적응하는 생물"이라고 말했다. 역동적인 글로벌 경제의 변화 속에서 살아남기 위해서는 그 어느 때보다 민첩한 적응력이 필요하다.

공동기획 | McKinsey&Company

자료 : 중앙일보

2. 다국적기업의 이해

1) 국제경영의 개념 및 의의

국제경영이란 간단히 말해서 두 개 이상의 국가와 관련하여 이루어지는 모든 기업활동, 혹은 이를 경영하는 활동을 의미한다. 여러 학자들의 견해 중 대표적인 몇 개의 예를 들어보면 Robock과 Simmonds 및 Zwick는 그들의 공저인 『International Business and Multinational Enterprises』에서 국제경영을 다음과 같이 정의하고 있다. "국제경영이란 국경을 넘는 사업활동을 경영교육 및 학문적 연구의 대상으로 하는 분야로서, 여기서 국경을 넘는 사업활동의 대상에는 재화, 서비스, 자본, 인력, 기술이전 그리고 인력관리 등이 모두 포함된다"(International Business as a field of management training and scholarly research deais primarily with business activities that cross national boundaries, whether they be movements of goods, services, capital, or personnel; transfer of technology; or even the supervision of employees)(johanson & Vahlne, 1977).

한편 Robinson은 그의 저서 『International Business Management』에서 국제경영을 다음과 같이 정의하고 있다. "국제경영이란 한 나라, 한 영토 또는 한 식민지 이상의 사람 또는 기관에 영향을 미치는 공사(public and private)의 경영활동을 대상으로 하는 연구 및 실무의 한 분야이다(International Business as a field of study and practice encempasses that public and private business activity affecting the persons or instiutions of more than on national state, territory or colony)(Davidson, 1980).

다시 말해서 만약 기업의 모든 경영활동이 순순하게 국내에서만 이루어지지 않는다면 이 기업은 국제경영에 참여하고 있다고 말할 수 있다. 오늘날의 거의 모든 기업들은 국제경영활동과 관련되어 있다고 해도 과언이 아니다. 우리들이 가장 잘 알고 있는 국제경영활동의 형태로는 수출입과 현지 생산활동이 있다. 또한 라이센싱(licensing)과 프렌차이징(frenchising) 등의 계약방식과 관광 · 운송 · 보험 등의 각종 국제서비스활동도 국제경영의 주요형태이다.

2) 다국적기업에 대한 이해

다국적기업(multinational corporation)에 대한 정의는 여러 학자들마다 다양하지만, 일반적으로 두 개 국가 이상에서 현지법인을 운영하고 있는 기업이라고 정의할 수 있다. 다국적기업은 말 그대로 여러 개의 국적을 가진 기업을 뜻하는 것으로서 해외직접투자(foreingn direct investment)를 통해 현지판매법인이나 현지생산법인을 소유하고 있는 기업을 의미한다.

■ 다국적기업의 기준과 명칭

관점	기준	명칭	학자
구조	• 경영활동이 일어나는 국가의 수≥2 • 기업의 소유권자의 국적의 수≥2 • 최고경영층의 국적의 수≥2 • 6개국 이상에 제조업 투자 • 초국적주체에 의하여 관리되는 기업	Multinational Firm Multinational Firm Transnational Enterprise Multinational Enterprise Cosmo Corporation	D.E. Lilienthal J. Fayerweather J. Behrman D. Kircher R. Vemen G. Ball
성과	• 해외부문의 매출액 · 투자 · 생산 · 고용 등〉25% • 해외부분의 매출액 · 이익 · 자산 · 종업원수〉일정비율	International Corporation Multinational Corporation	S. Rolfe J. Bruck & F. Lee
형태	• 경영의 관점이 국제적 • 세계적인 관점에서 자원배분 • 본국중심적 사고, 현지중심적 사고, 세계중심적 사고 • 세계시장을 하나의 시스템으로 보아 각국의 경영전략을 유기적으로 조정	World Corporation Supernational Corporation Ethnocentric Firm Polycentric Firm Geocentric Firm Global Corporation	G. Clee & A. Discipio R. Robinson H. Perlmutter M. Porter

3) 다국적기업의 조직구조

다국적기업의 조직구조와 관련해서 중요한 점은 조직구조의 집권화와 분권화에 관련된 부분인데, 다국적기업의 집권화와 분권화에 있어서 의사결정의 집권화란 다국적기업 조직 내에서의 의사결정이 어느 수준에서 이루어지는 것인가에 초점을 맞춘 것이다. 의사결정이 본사 수준에서 내려질 경우 집권화

(centalization)에 속하고 자회사 수준에서 많은 의사결정권한이 주어질 경우 분권화(decentralization)에 속한다고 할 수 있다.

이것은 조직이론에서 조직의 기본변수 중 하나인 집권화 개념의 특성 중 장소적 분석개념이 외국에 해외자회사를 하부단위조직으로 구성하고 있는 다국적기업의 조직에 적용된 것이다. 다국적기업의 본사는 자회사의 모든 활동에 직접 개입한다는 것은 사실상 불가능하고 비능률적이므로 의사결정의 비중에 따라 선택적으로 관여한다고 할 수 있다. 따라서 모든 기능영역이 동일한 정도로 집권화되어 있지는 않다고 할 수 있다.

집권화와 분권화는 경향성을 나타내는 용어라고 할 수 있다. 이는 극단적인 의미의 집권화와 분권화는 존재하지 않음을 의미하며 어떠한 다국적기업 조직도 의사결정을 본사에서 또는 자회사에서 단독으로 결정하지는 않는다는 의미이다. 따라서 집권화와 분권화를 연속선상의 개념으로 파악하려 한다든지 집권화 정도 혹은 분권화 정도 등으로 분석하게 된다. 즉, 상대적인 비교의 틀로서 스펙트럼상의 어느 위치를 차지하는 것으로 판단하게 된다(양창삼, 1990).

Johanson과 Vahlne은 기업들의 해외진출과정이 처음에 수출로 시작하여 판매법인으로 확장되고, 그 다음단계에서 생산법인을 설립하여 순차적으로 해외시장에 진출한다고 주장하였다. 즉 점점 해외시장의 중요성이 증가함에 따라 그만큼 투자를 증대시킨다는 이론이다. 이러한 기업들의 순차적인 해외시장의 진출은 Johanson과 Vahlne의 주장대로 그 해외시장의 중요성이 점점 높아진다는 관점에서도 볼 수 있지만, 한편으로는 기업들이 해외시장에 대해서 순차적으로 진출하는 이유를 위험관리의 측면에서도 볼 수 있다. 다시 말하면 기업들이 해외시장의 진출 초반에는 해외시장진출 경험부족과 현지시장에 대한 정보부족으로 수출로 해외시장에 진출한 후 어느 정도 해외시장진출에 대한 정보가 축적되면 판매법인을 설립하고, 그 이후에 생산법인을 설립하게 된다.

한편, Davidson은 기업이 세계의 여러 국가에 진출할 때에 동시다발적으로 진출하기보다 문화 · 언어 · 경제적 환경이 비슷한 국가로부터 상이한 국가의 순서로 순차적으로 진출한다고 주장하였다.

또한, 장세진은 기업이 여러 사업부를 가지고 있는 다각화 기업일 경우 현지 기업에 비해 경쟁우위가 강한 사업부에 최초의 투자가 이루어지고, 경쟁우위가 약한 사업분야로 순차적으로 진입한다고 주장하였다(Chang, 1995; 장세진, 2004: 250 재인용).

위에서 언급한대로 기업들이 해외시장에 순차적으로 진입하면서 다국적기업의 조직구조도 계속해서 변화하는데 그 내용은 다음과 같다.

(1) 수출부서 조직구조

내수 위주의 기업이 수출량이 늘어나면서 수출만을 전담할 조직을 영업부 산하에 두는 조직구조를 말한다. 처음에는 수출부서를 조직하여 활동하다 수출제품이 증가하고 수출지역이 다변화되면서 수출부서가 제품별 혹은 지역별로 분화된다.

(2) 국제사업부 조직구조

국제사업부 조직구조는 기업들이 해외시장에 대한 비중이 증가하면서 기존의 제품별 국내 사업부와 마찬가지로 해외영업부나 국제사업부와 같은 새로운 사업부를 설치하여 국제업무를 담당하게 하는 조직구조를 말한다. 국제사업부 조직구조는 내수에 초점을 맞추는 조직구조이기 때문에 주요 의사결정권한이 내수위주의 제품별 사업부에 집중되어 있다. 그렇기 때문에 국제사업부는 해외영업의 제한된 영역에서 의사결정권한만 행사할 수 있기 때문에 전반적인 기업활동이 내수 위주에 초점이 맞춰지는 조직구조이다.

(3) 글로벌사업부 조직구조

기업의 해외사업비중이 증가하면서 국제사업부 조직은 글로벌사업부 조직으로 확대 개편되는데, 기업의 상황과 해외시장의 외부환경에 따라 제품별 글로벌사업부제와 지역별 글로벌사업부제 및 글로벌 매트릭스 조직 중에 선택해서 운용한다.

세 조직구조의 특성은 다음과 같다.

❶ 제품별 글로벌사업부제

국제사업부가 별도로 존재하였던 국제사업부조직은 내수 부문은 제품사업부로, 해외부문은 국제사업부로 각각 분리되어 운영되었지만, 제품별 글로벌사업부제 조직구조에서는 개별제품별 사업부가 내수 부문과 해외부문을 모두 관리하게 된다. 현재 글로벌경쟁을 하고 있는 서구의 대규모 기업들의 구조를 살펴보면, 대부분의 경우 글로벌제품별 사업부제 조직을 갖춘 기업들이 많은데, 그 이유는 제품별 사업부가 내수 사업만이 아니라 해외영업과 전 세계에 대한 모든 생산과 판매활동을 함으로써 규모의 경제를 살리고, 제품을 동시다발적으로 많은 시장에 판매하는 등 효율적인 생산체제를 갖출 수 있다는 점에서 글로벌사업부 조직의 장점이 있다고 하겠다(장세진, 1994: 356~357).

그러나 제품별 글로벌사업부제 조직구조는 해외사업관련 제품사업부 간 조정의 어려움이 있고, 해외지역에 대한 전문성이 축적되어 활용되기가 어렵다. 또한 제품사업부 간 지역에 대한 정보가 공유되지 못하고, 해외에 있는 다제품 생산공장의 경우 원가배분과 수익측정 등에서 갈등요소가 존재하는 단점이 있다.

❷ 지역별 글로벌사업부체

지역별 글로벌사업부제는 전 세계 지역을 몇 개의 주요지역으로 나누고 각각의 지역사업부가 생산 · 판매 · 연구개발 등을 책임지는 조직구조이다. 지역별 글로벌사업부제는 현지시장 특성에 맞추어 제품의 생산과 마케팅을 현지화시킬 수 있는 장점이 있지만, 의사결정권한이 지역사업부에 있기 때문에 개별제품의 글로벌 표준화 가능성이 약해지고, 제품에 대한 전문지식 축적 및 활용이 어렵게 된다.

지역별 글로벌사업부제는 다음과 같은 경우에 적용할 수 있다.

- 현지국가의 특수한 여건에 대응하여 지역별 생산체제를 갖출 필요가 있는 기업의 경우
- 제품이 상당히 표준화되어 있어 기술적인 문제보다는 마케팅이 중요한 이유
- 제품이 제품수명주기상 성숙단계에 위치하는 경우
- 현지시장의 여건에 대응하는 것이 가장 중요한 목표인 경우
- 총매출에서 해외시장의 매출비중이 확대되는 경우

❸ 글로벌 매트릭스 조직구조

매트릭스 조직은 기업을 제품 차원과 지역 차원으로 나누어 조직에 소속된 모든 사람들을 제품과 지역 양쪽 조직에 속하게 만든 조직형태이다. 매트릭스 조직은 해당사업부가 제품 측면과 지역 측면을 함께 같은 비중으로 관리하기 때문에 제품과 지역 차원에서 발생하는 경영문제를 유연하게 관리할 수 있는 장점이 있다(전용욱 외, 2003: 50~51).

그러나 매트릭스 조직을 취했던 많은 기업들이 얼마 후 다시 지역별 혹은 제품별 사업부조직으로 돌아가게 되었는데, 그 가장 큰 이유는 매트릭스 조직이 구조상 무척 복잡하고 혼란스럽기 때문이다. 특히 두 명의 상급관리자의 지시를 받아야 하는 중간관리자들에게는 만약 제품별 상급관리자와 지역별 상급관리자의 의견이 다를 경우 어느 의견을 따라야 하는지의 문제가 발생하게 된다.

3) 해외자회사의 유형

Barlett과 Ghoshal은 다국적기업조직이 획일적인 통제 시스템을 가진 조직이 아니라 각 시장의 특성과 개별 자회사의 능력에 따라 차별화된 네트워크 조직이라고 주장하였다. 또한 자회사의 현지시장의 중요성과 자회사의 핵심역량에 따라 전략적 리더(strategic leader), 기여자(contributor), 실행자(implementer), 블랙홀(black hole)의 4가지로 분류하였다(Barlett & Ghoshat, 1989). 여기서 핵심역량(core competencies)이란 경쟁기업에 비해서 우월한 능력을 의미한다.

(1) 전략적 리더

전략적 리더(strategic leader)란 자회사가 전략적으로 중요한 시장에 위치하고 있고, 높은 수준의 핵심역량(core competencies)을 보유하고 있는 경우를 말한다. 여기서 전략적으로 중요한 시장이란 다음과 같은 면에서 평가될 수 있다(장세진, 2004: 181~182).

① 시장규모가 크고 그 시장에서 이익을 얻을 수 있는 가능성이 높은 시장 : 주요시장에서 성공하면 그만큼 규모의 경제를 활용할 가능성이 높아지고, 신규시장의 진출을 위하 재원 마련에도 크게 도움이 된다.

② 글로벌고객의 모국 : 글로벌고객을 상대하는 기업은 전 세계적으로 사업활동을 하는 고객에게 효과적인 서비스를 제공하기 위해서 고객의 모국과 그 고객이 활동하는 주요국가에 진출하고 있어야 한다.

③ 경쟁기업의 내수시장 : 경쟁기업을 가장 효과적으로 견제할 수 있는 방법은 그 경쟁기업의 가장 중요한 시장을 공략하는 방법이다.

④ 기술혁신이 많이 일어나는 시장 : 기술혁신의 본거지에 위치하는 것은 뛰어난 기술력을 확보함과 동시에, 경쟁기업의 움직임을 포착하는 데 크게 도움이 된다.

(2) 기여자

기여자(contributor)란 시장규모가 작거나 전략적으로 중요하지 않은 시장에 위치하고 있지만 높은 수준의 핵심역량을 보유하고 있는 자회사의 유형을 말한다.

(3) 실행자

실행자(implementer)란 전략적으로 그다지 중요한 시장에 위치하고 있지 않으며, 단순한 현지업무를 수행할 수 있는 정도의 핵심역량을 보유한 자회사의 형태를 의미한다.

(4) 블랙홀

블랙홀(black hole)은 본사에서 계속해서 경영자원을 투입해도 핵심역량을 개발하지 못하는 자회사의 형태를 의미한다.

■해외자회사의 유형

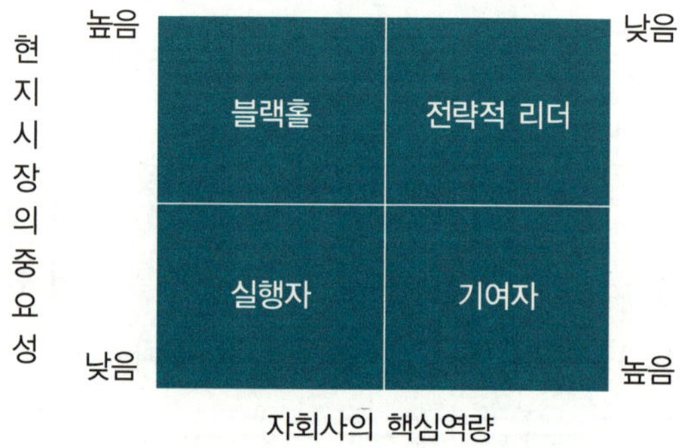

4) 해외지역 본사제도

(1) 해외지역 본사제도의 개념

해외지역 본사(regional headquarters)제도란 지역별 전략국가에 현지를 관할하는 제2의 본사를 설립하는 것을 말한다. 해외지역 본사는 금융 · 정보 · 컨설팅 · 자원조직을 전략적으로 보강하여 제반 경영요소의 통합 · 분배 · 조정기능을 갖게 되며, 이러한 해외지역 본사제도가 정착되면 지역 내 사업장 간의 시너지효과가 극대화될 뿐만 아니라 현지에서 신속한 의사결정이 이루어지고, 현지문화에도 쉽게 적응할 수 있게 된다.

(2) 해외지역 본사의 역할

해외지역 본사의 역할은 기업적인 역할과 통합적인 역할로 분류할 수 있다. 기업적인 역할은 신규 사업 추진과 해외지역전략 실행력 강화 및 전략지역에 대한 상징부여 등의 역할을 수행하는 것을 의미한다.

첫째, 신규사업추진의 역할이란 해당지역 내 신규 사업을 개발하고, 개발과 관련된 마케팅정보 · 전략정보를 수집하며, 사업기회를 발굴하고, 제휴대상기업을 탐색하는 역할 등을 수행하는 것을 말한다.

둘째, 해외지역전략 실행력 강화의 역할이란 다음과 같은 내용을 의미한다. 환경의 변화가 빠른 지역이나 시장정보와 경쟁정보가 체계적으로 수집되지 않은 지역의 경우 본사의 글로벌전략의 차원에서 사업 추진이 어려운 경우가 많이 있다. 또한 국가별로 나뉘어져 있는 지역의 경우도 특정국가의 관리자가 사업추진에 대한 아이디어를 본사전략에 반영시키기 어려운데, 이러한 경우 해외지역 본사는 글로벌전략에 지역 및 국가전략을 반영할 때, 특정국가의 아이디어를 적극적으로 반영하는 역할을 수행할 수 있다.

셋째, 전략지역에 대한 상징성 부여의 역할이란 특정지역이 전략적으로 중요하다고 판단될 때 대내외적으로 중요성을 알리는 역할을 들 수 있다. 그러기 위해서는 먼저 대내적으로 본사의 사업담당 또는 자원담당의 임원들에게 지역의 미래 잠재력에 대한 확신을 심어 주고 태도의 변화를 일으키게 하는 역할을 담당해야 하는데, 이러한 상황에서 지역본사 담당자는 고위임원이어야 한다.

통합적 역할은 조정역할과 자원공동활용의 역할로 나눌 수 있다. 조정역할이란 지역전략과 사업전략이 서로 일관성을 유지하고, 상호 상충되지 않게 하면, 사업간 혹은 국가 간 시너지효과가 충분히 발휘될 수 있게 하는 역할을 의미한다.

자원의 공동활용은 지원센터기능과 관리센터기능으로 나눌 수 있다. 지원센터기능이란 역내 자회사간 업무가 중복되어 낭비가 발생되는 경우 이를 관장하여 공통 서비스를 제공하는 역할을 수행하는 것을 의미한다. 예를 들면, 입찰준비 · 재고관리 · 인적자산관리업무 · 제품개발 등의 업무가 있다. 관리센터의 기능은 외환관리 · 조세관리 · 재무관리 등을 효율적으로 수행하기 위하여 특정자원의 집중관리를 위한 전문가를 공동활용하는 역할을 의미한다.

(3) 해외지역 본사제도의 성공요건

❶ 권한 있는 임원의 지역본사 배치

해당 지역 내 법인들에게 실질적인 조언을 하고 권한을 행사할 수 있는 임원이 지역본사에 배치되게 되면 지역본사의 위상이 높아질 것이다.

❷ 본사와의 협력

해외지역 본사의 현지화 추구전략에도 불구하고 일반적인 경우에 대부분의 경영자원을 본사가 보유하고 있기 때문에 현실적으로 본사와 해외지역 본사와의 협력이 필요하다. 그러기 위해서는 본사에서는 지역본사에 힘을 실어 주는 노력이 필요하고, 해외지역 본사의 입장에서는 본사의 의사결정권자와의 정기적인 만남을 통하여 권한을 부여받을 수 있다.

❸ 현지 인력의 활용

지역 내 현지화(localization)를 추진하기 위한 해외지역 본사의 인사 정책은 본사에서 파견된 관리자의 활용이 아니고 효과적인 현지 인적 자원의 활용이다. 따라서 우수한 현지 인적 자원의 선발과 교육 프로그램의 개발 및 선발 · 교육된 우수한 인적 자원의 효과적인 관리가 중요하다.

❹ 경영자원 보유를 위한 노력

핵심적인 자원의 본사보유로 해외지역 본사의 책임 및 권한은 제한적일 수밖에 없다. 해외지역 본사의 궁극적인 목적인 각 지역에 본국모회사의 기능에 필적하는 능력을 구축하기 위해서는 경영자원의 독립된 기업으로서의 경영능력을 겸비했을 때만 가능하다.

❺ 본국중심주의적 사고방식의 타파

본국중심주의적 사고방식이란 본국에서 파견된 해외파견인력이 현지국에 가서도 본국의 가치관과 행동방식을 그대로 적용하려는 성향을 의미한다. 이러한 본국중심주의적인 사고방식의 서로 이질적인 문화환경 속에서 효과적인 해외사업을 운영하는 데 있어서 커다란 장애요인이 될 수 있다.

5) 해외자회사 자율성의 개념

해외자회사의 자율성은 다국적기업의 해외자회사에 대한 통제(control)에 관한 문제인데, 그 중에서도 의사결정의 집권화(centralization)와 분권화(decentralization)와 관련된 문제이다. 즉 해외자회사(subsidiary)를 관리하는 데 의사결정권한을 본사와 자회사가 어떻게 보유하고 배분하는가에 관한 문제이다. 다시 말하면 다국적기업 해외자회사의 자율성(autonomy)이란 해외자회사가 본사(headquarters)의 통제(control)와 상관없이 가질 수 있는 의사결정권한(decision-making authority)의 정도(degree)를 의미한다. 지금까지 다국적기업 해외자회사의 자율성 결정요인에 관한 많은 연구들이 진행되었지만 아직까지 일관된 연구 결과들이 도출되지 못하고 있다.

6) 본사 전략과 자회사 자율성

다국적기업의 해외자회사들은 조직구조상 기업의 일부이지만 지리적으로 다른 국가에 위치하고 있다.

다국적기업들은 해외자회사를 관리하는데 이러한 특수한 상황을 고려해야 한다. 많은 산업에서 글로벌화가 촉진되면서 다국적기업 내부적으로 다른 여러 부서들이 하나로 통합되기 위해서 하나의 중요한 전략이 요구되는데, 이러한 상황은 다국적기업의 통합적인 활동을 촉진한다(Porter 1986; Prahalad and Doz 1987). 동시에, 다국적기업은 현지국 소비자들의 독특한 취향과 특수한 상황을 고려해야 하며, 많은 산업에서는 글로벌화와 현지화가 동시에 요구되기 때문에 다국적기업들은 이러한 두 가지 요구를 모두 만족시키기 위해 노력한다(Bartlett and Ghoshal 1987).

위에서 언급된 두 가지 전략적인 요구인 통합(integration)과 차별화(differentiation)는 다국적기업들의 전략과 밀접한 관련이 있다. 글로벌화가 가속화되면서 나타나는 다국적기업들의 국제화 유형은 크게 세 가지로 나누어 볼 수 있다. 그 세 가지는 국가별 전략(multidomestic strategy), 글로벌 전략(global strategy), 초국적 전략(transnational strategy) 이다.

첫째, 국가별 전략을 구사하는 다국적기업은 기업활동의 범세계적인 배치는 넓게 퍼져 있으면서 기업활동의 범세계적인 조정은 낮은 형태의 전략을 사용한다. 다시 말하면 현지화 전략을 사용하는 다국적기업의 형태를 의미하는데 이러한 다국적기업들은 각 국가별로 자회사를 설립하고 각 자회사의 관리는 각 국가별 자회사에 일임하는 형태의 전략을 구사하기 때문에 본사와 자회사의 협조관계는 긴밀하지 못한 경향을 나타낸다. 산업별로는 건설, 제약 등의 업종에서 주로 이루어진다.

둘째, 글로벌 전략을 사용하는 다국적기업들은 기업활동의 범세계적인 배치는 지역적으로 집중화되어 있으면서 기업활동의 범세계적인 조정은 높은 강도인 국제전략을 의미한다. 여기서 기업활동의 범세계적인 조정이 높은 강도라는 것은 본사에서 자회사에 대한 통제의 정도가 강하다는 의미이다. 즉, 다국적기업의 본사가 전 세계 주요 지역에 소수의 자회사를 설치하고 본사가 강하게 조정하고 통제하는 형태의 전략을 의미한다. 이러한 전략은 가전제품과 같이 표준화된 제품의 시장에 적합한 전략이며 규모의 경제를 이용하여 비용을 절감할 수 있는 장점이 있다.

셋째, 초국적 전략을 구사하는 다국적기업들은 기업 활동의 범세계적인 배치가 지역적으로 넓게 퍼져 있으면서 기업 활동의 범세계적인 조정의 강도가 높은 형태의 국제 전략을 의미한다. 초국적 전략을 구사하는 다국적기업들은 세계 여러 지역에 해외직접투자를 통해서 해외자회사를 설립하고 이들 자회사에 대해서 강력한 통제를 하는 전략을 구사한다.

대부분의 국제경영 관련 연구에서는 기업의 유형을 낮은 통합(low integration)과 높은 현지화(responsiveness)로 구성된 국가별(multidomestic)기업, 높은 통합과 낮은 현지화로 구성된 글로벌기업, 높은 통합과 높은 현지화로 구성된 초국적(transnational)기업으로 구분한다.

지금까지 통합적인 시각에서 다국적기업의 유형을 분류한 연구는 매우 미미한 편인데, 그래도 Bartlett and Ghoshal(1989)의 연구가 가장 폭넓은 연구라고 할 수 있다. Bartlett and Ghoshal의 연구 중 초국적기업(transnational)에 대한 연구가 이 분야에서 가장 많은 영향을 미쳤다고 할 수 있다. 하지만 Bartlett and Ghoshal의 연구는 단지 9개의 다국적기업만을 대상으로 하였고 다양한 종류의 특성을 체계적으로 분석하지 못하였다(Harzing, 2000).

같은 유형의 다국적기업을 표현하는데 학자들끼리 약간의 표현의 차이가 있다. 예를 들어 Bartlett and Ghoshal(1989)의 표현과 달리 Adler and Ghadar의 연구에서 글로벌(global)기업은 Bartlett and Ghoshal 연구의 초국적기업(transnational)을 의미하고 multinational과 international은 global과 현지화 기업을 의미한다.

Bartlett and Ghoshal(1990)은 다국적기업의 주요한 글로벌 전략을 비용적인 측면과 현지화에 대한 압력의 정도에 따라 현지화 전략(multidomestic), 글로벌 전략(global), 초국적 전략(transnational) 등으로 분류하였다. 국가별 전략을 추구하는 다국적기업들은 일반적으로 각국에 자회사를 설립하고 자회사의 운영은 자회사에게 일임하기 때문에 본사와 자회사 간의 상호의존성이 낮은 전략유형이다. 글로벌 전략은 경험효과와 location economies를 통해 비용절감을 추구하는 전략이라고 할 수 있는데 기업이 생산, 마케팅, 연구개발 등을 수행함에 있어서 세계 주요한 몇 지역에 자회사를 설치해 두고 본사에서 자회사들을 통제하는 형태의 전략이다. 초국적 전략은 다국적기업이 경쟁이 치열한 글로벌 경영환경 하에서 생존하기 위해서 세계 여러 지역에 자회사를 설치해두고 비용절감효과가 있는 글로벌 전략의 추구와 동시에 현지화에 대한 압력에 대해서도 대처하는 전략을 말한다.

local responsiveness란 소비자의 선호도에 대한 지역적인 차이에 대한 자회사가 반응하는 범위를 말하는데 그렇기 때문에 자회사의 전략과 역할에 있어서 매우 중요한 구성요소이다(Harzing, 2000).

경쟁적인 측면을 살펴보면, 글로벌기업과 초국적기업은 글로벌 level에서 경쟁해야 하지만 현지화 기업은 국내적으로 경쟁해야 한다. 조직구조를 살펴보면, 글로벌기업은 집권화되어 있고 자회사는 주로 본사의 전략을 보완해주는 역할을 수행한다. 이것이 제품과 전략에 있어 pipeline 역할을 수행한다는 의미이다(Harzing, 2000). 현지화 기업은 특성상 분권화되어 있고 조직의 구조가 상대적으로 느슨하다. 초국적기업은 현지화와 글로벌의 특성을 모두 포함하고 있다. Bartlett and Ghoshal(1989)은 글로벌기업의 전략적인 기본은 규모의 경제를 이용해 비용을 절감하는 것이고 현지화 기업은 국가 간의 차이에 대해 최대한 반응하는 것이고 초국적기업은 위에서 언급된 두 가지 요구에 대한 측면을 동시에 모두 수용하는 것이라고 하였다.

Perlmutter(1969)는 다국적기업이 추구하는 목표, 통제방식, 의사소통, 자원배분, 전략, 구조 및 문화 등에 따라 다국적기업의 경영방식을 본국지향(ethnocentric), 현지지향(polycentric), 세계지향(geocentric) 등 네 가지로 분류하였다(1985). 본국지향 방식은 본사가 대부분의 의사결정권한을 가지고 자회사들을 통제하는 방식이고, 현지지향 방식은 현지 자회사의 경영을 현지 관리자에게 일임하는 방식이며, 지역지향 방식은 경영환경이 유사한 국가들을 하나의 지역으로 통합해서 경영하는 방식이며, 세계지향 방식은 글로벌화와 현지화를 동시에 추구하는 경영방식으로 본사와 자회사, 자회사와 자회사 간에 글로벌 네트워크를 구성하여 협조하는 방식을 말한다.

Perlmutter의 다국적기업 분류방식과 자회사의 자율성관계를 살펴보면 본국지향 방식은 본사가 대부분의 의사결정권한을 가지고 있기 때문에 자회사의 자율성이 가장 적다고 할 수 있고, 현지지향 방식은 자회사의 경영을 현지 관리자에게 일임하는 방식이기 때문에 자회사의 자율성이 가장 많은 다국적 기업의 유형이라고 할 수 있다.

7) 자회사 유형과 자율성

다국적기업의 국제경영활동과 관련된 주요한 유형과 역할에 대한 연구들을 살펴보면 Holm and Pedersen(2000), Bartlett and Ghoshal(1990), Jarillo and Martinez(1990) 등의 연구가 있다.

(1) Holm and Pedersen의 연구

Holm and Pedersen(2000)은 자회사의 역량보유 정도와 그 역량(competence)을 다국적기업 전체에서 사용할 수 있는 정도(level of MNC use of subsidiary competence)에 따라 자회사의 유형을 center of excellence, unit of excellence, non-excellent unit center, unit with local threshold competence등의 네 가지로 분류하였다.

center of excellece로 발전한 다국적기업의 자회사들은 center와 excellence의 두 가지 중요한 특성을 가지고 있으며, 시장에서 다른 경쟁자들에 비해 경쟁우위를 가질 만한 확실한 역량을 가지고 있는 자회사는 excellent 하다고 할 수 있다. 이러한 자회사들의 역량이란 생산, 제품개발, 마케팅 등 기업의 기능별 부문에 있어서의 역량을 의미한다. center of excellence는 center와 excellent의 특성이 모두 필요하다. Holm and Pedersen은 자회사의 역량보유의 정도와 그 역량을 다국적기업 전체에서 사용할 수 있는 정도에 따라 자회사를 위에서 언급된 네 가지 유형으로 분류하였다. 첫째, center of excellence는 자회사가 보유한 역량이 우수하고 이러한 자회사의 역량이 다국적기업의 다른 unit에서 사용되는 정도가 높은 유형의 자회사이다. 둘째, unit of excellence는 자회사가 확실한 역량을 개발했지만 이러한 역량이 다국적기업 전체적으로 사용되지 못하고 특정 자회사에서만 독자적으로 사용되는 자회사 유형을 말한다. 셋째, units of local threshold competence는 다른 경쟁자들에 비해서 확실한 역량도 보유하지 못하고 다국적기업 전체적으로 자회사의 역량이 적용되고 있지 못한 자회사의 형태이다. 마지막으로 non excellent center는 다국적기업의 본사에서 center로 임명을 받았지만 아직 set up이 덜 돼서 확실한 역량을 개발하지 못한 상태의 자회사이거나 center of excellence의 위치에서 확실한 역량이 상실되어 non excellent center로 변화한 유형을 들 수 있다.

(2) Bartlett and Ghoshal의 연구

Bartlett and Ghoshal(1989)은 다국적기업의 자회사를 현지시장의 중요성과 자회사의 핵심역량 보유 정도에 따라 전략적 리더, 기여자, 실행자, 블랙홀의 네 가지 유형으로 분류하였다. 첫째, 전략적 리더(strategic leader)는 전략적으로 중요한 시장에 위치하고 있는 자회사가 높은 수준의 핵심역량을 보유하고 있는 경우이며, 둘째, 기여자(contributor)는 전략적으로 그다지 중요한 시장에 위치하고 있지는 않지만 높은 수준의 핵심역량을 보유하고 있는 자회사의 유형을 말한다. 셋째, 실행자(implementer)는 전략적으로 그다지 중요하지 않은 시장에 위치하고 있으면서 현지 업무만을 수행하는 자회사 유형이며, 넷째, 블랙홀(black hole)은 본사에서 경영자원을 투입하지만 핵심역량을 보유하지 못한 자회사 유형을 의미한다.

(3) Jarillo and Martinez의 연구

Jarillo and Martinez(1991)는 현지화 정도와 조직과의 통합 정도에 따라 자회사를 autonomous 자회사, active 자회사, receptive 자회사 등 세 가지 유형으로 분류하였다. 첫째, autonomous 자회사는 다른 유형의 자회사들과 비교해서 상대적으로 기업의 대부분의 기능적인 부문을 독립적으로 운영한다. 둘째, receptive한 자회사는 몇몇 기능 부문을 수행하며, 마지막으로 active한 유형의 자회사는 많은 기능별 부문을 수행하며, 본사 및 다른 자회사들과 상호의존적인 관계를 형성한다. 그래서 탄탄한 네트워크를 통한 active한 node를 구성하게 된다. 여기서 중요한 점은, 초국적 전략을 구사하는 모든 다국적기업들이 active한 전략을 구사하지는 않는다는 것이며, 사실상, 통합적인 다국적기업의 대부분의 자회사들은 receptive한 전략을 구사한다고 할 수 있다.

(4) Gupta and Govindrajan의 연구

Gupta and Govindrajan(1991)은 지식흐름의 패턴(knowledge flow pattern)을 기준으로 자회사의 유형을 integrated player, global innovator, implementer, local innovator등의 네 가지로 분류하였다. 먼저, Gupta and Govindrajan이 정의한 지식흐름이란 기술이나 능력과 같은 전문지식(expertise)이나 전략적 가치가 있는 외부시장(external market)의 자료(data)의 이전(transfer)을 의미한다. 전문지식유형의 이전은 구매기술(purchasing skills)과 같은 투입과정(input process), 제품디자인, 과정디자인, 포장디자인(product design, process design, packaging design)과 같

은 throughput(처리량)과정, 혹은 마케팅 노하우와 유통 전문지식과 같은 결과과정 등을 들 수 있다. 외부시장자료의 이전이란 핵심고객, 경쟁자, 공급자에 관련된 글로벌한 정보를 말한다. 하지만, 월 재무자료와 같은 기업 내부적인 행정 정보(internal administrative information) 등의 이전을 의미하는 것은 아니다. 위에서 언급된 지식흐름의 패턴에 따라 자회사의 유형을 분류한 것에 대해서 좀 더 자세하게 설명하면 두 가지 요인으로 요약할 수 있는데, 첫째, 자회사가 지식의 흐름을 본사 및 다른 자회사들에게 얼마나 유출(outflow)시키느냐 하는 점과, 둘째, 자회사가 본사 및 다른 자회사들로부터 지식을 얼마나 유입(inflow)하는가 하는 정도에 관한 것이다.

위에서 언급한 바와 같이 지식흐름의 패턴 면에서 분류된 네 가지 자회사의 유형 중 global innovator(high outflow, low inflow)의 역할은 다른 자회사들에게 근원(fountainhead)의 역할을 한다. 전통적으로 특히, 미국과 일본의 다국적기업들은 글로벌 혁신자의 역할을 국내에 위치한 본사에서 수행하였다. 그러나 Bartlett and Ghoshal(1989), Harrigan(1994), Ronstadt and Kramer(1992)등에 연구에 의해서 변화를 겪게 되었는데 그 내용은 다양한 국가의 다양성과 기술적 발전으로 변화를 가져오게 되었다는 이론적인 설명이다.

integrated player(high outflow, high inflow)의 역할도 global innovator의 역할과 유사한데, 왜냐하면 integrated player에서 창출된 지식을 다른 자회사들이 활용할 수 있는 책임을 내포하고 있기 때문이다. 하지만, 글로벌 혁신자 유형의 자회사와는 다르게 integrated player는 자사의 지식적 필요를 스스로 충족시킬만한 역량을 보유하지 못하였다. integrated player의 대표적인 사례로는 IBM사의 일본 자회사를 들 수 있다. implementer(low outflow, high inflow)의 역할은 직접 지식을 창출하지는 않지만 본사나 다른 자회사들로부터 많은 지식을 받아들이는 유형의 자회사이다. local innovator(low outflow, low inflow)는 대부분의 기능적인 부문에서 거의 완전하게 지역적인 책임을 맡고 있는 유형의 자회사로 전통적으로

multidomestic 다국적기업들이 local innovator의 역할을 수행하였다. 또한, local innovator의 역할은 초국적기업이나 글로벌기업에서도 나타날 수 있는 자회사 유형이다. local innovator의 사례로 켄터키 후라이드 치킨의 일본 자회사를 들 수 있는데 대부분의 켄터키 후라이드 치킨은 미국의 본사와 여러 가지 면에서 유사하지만 일본의 자회사는 메뉴, 규모, 건축적인 부분, 광고테마 등이 미국이나 다른 국가와는 매우 다르다.

한편, Gupta and Govindrajan의 연구에 대하여 Johnston(2005)은 Gupta and Govindrajan의 연구는 너무 자회사의 관점에서 연구가 진행되었고, 본사 및 자회사들끼리의 활발한(munificence)거래는 직접적으로 서로 상호의존성과 관련이 있기 때문에 다국적기업의 전체적인 통합의 정도(degree of integration)에 영향을 준다고 하였다. 또한, 본사 및 자회사들 사이에서 일어나는 지식의 유입과 유출을 통해서 자회사의 자율성 정도를 이해할 수 있음을 내포하고 있다고 하였다.

(5) Benito an Narula의 연구

Benito and Narula(2003)는 외부환경이 자회사의 역할에 어떠한 영향을 미치는지 연구하고자 하였는데, 외부환경은 자회사의 범위(scope)와 경쟁우위(level of competence)에 중요한 영향을 미친다.

Benito and Narula(2003)는 연구를 통해서 다국적기업의 자회사가 새로운 역할을 통해서 기업 전체를 발전시키는 것에 대한 중요성에 초점을 맞추면서, 높은 수준의 경쟁우위를 창출하는 자회사일수록 더 많은 자율성을 누린다고 하였다. 또한, 다국적기업 자회사의 유형을 경쟁우위 보유의 정도(level of competence)와 활동의 범위(scope of activities)에 따라 strategic center, highly specialized unit, miniature replica 등으로 분류하였다. 먼저, miniature replica는 많은 활동을 하지만 경쟁우위 수준이 낮은 유형의 자회사로 기본적으로 본사의 통제를 벗어나지 못하는 자회사이다. 이러한 유형의 자회사들은 전략적인 위치에서 규모와 범위의 경제를 통해서 가치를 창출하는 전형적인 유형이라고 할 수 있다. 한편, 활동의 범위는 낮지만 높은 수준의 경쟁우위 수준을 보유한 highly specialized unit은 지식(knowledge)과 경쟁력을 통해서 다국적기업 전체의 가치를 창출한다. 일반적으로 이러한 유형의 자회사들은 연구개발활동(research and development activities)과 관련된 자회사들이 많다.

Benito and Narula의 연구에 나타난 자회사의 유형과 자율성의 관계를 살펴보면 높은 수준의 경쟁우위를 보유한 자회사의 유형일수록 더 많은 자율성이 있다는 저자들의 이론을 바탕으로 보면 가장 많은 자율성을 가지는 자회사의 유형은 strategic center이며, 자율성이 가장 적은 유형의 자회사는 miniature replica라고 할 수 있다.

8) 다국적기업의 인적 자원관리

인적 자원관리(human resources management)는 조직 내의 인적 자원을 가장 효과적으로 활용하기 위한 활동인데, 다국적기업의 인적 자원관리는 국내기업들과 비교해서 더 복잡하기 때문에 고려해야 할 사항이 상대적으로 더 많다고 할 수 있다. 그 이유는 국가별로 노동시장(labor market), 문화(culture), 법률 시스템(legal system), 경제 시스템(economic system)이 다르기 때문에 선발. 승진. 성과 측정. 보상 등에 관한 사항도 일치하지 않기 때문이다.

✔ 외국인 파워 엘리트가 몰려온다.

재계의 외국인 파워가 거세다. LG전자가 최고경영자급 8명 중 6명을 외국인으로 채웠고, 기아자동차, SK텔레콤, 두산 등도 최근 잇따라 외국인 임원을 영입했다. 이 같은 바람은 새로운 일이 아니다. 10여 년 전 외환위기 때도 이미 경험했다. 1998년 OB맥주엔 벨기에 측 합작사인 인터브루 사장이 취임했다. 독일 코메르츠 방크와 합작한 외환은행도 외국인 임원을 선임했다. 대한항공은 2000년 초 미국 델타의 운항본부장을 부사장으로 영입했다. 그 당시 재계는 외국인 전문경영 시대가 올 것으로 예상했다. 하지만 아직까지는 그런 현상이 일어나지 않고 있는데, 그 이유는 당시 대부분의 외국인 임원의 영입이 실패로 돌아갔다. 대한항공만 비교적 성공한 편이었고 나머지 기업들은 모두 실패했다. 하지만 지금은 그때와는 상황이 조금 다르다고 할 수 있는데, 삼성전자, LG전자, 기아자동차 등 외국인 임원을 영입한 기업들은 글로벌 금융위기에도 불구하고 좋은 성과를 냈다. 외국인 임원 한 두 사람이 낸 성과는 아니지만 그래도 이들이 일정 부분 기여했다고 할 수 있다.

지난 1월 LG전자에 영입된 토머스 린튼 부사장(CPO: 최고 구매책임자)은 사업부별로 원자재. 부품을 구매했던 것을 전사적으로 통합하는 혁신을 단행했다. 올해 3조 원 비용절감 목표 가운데 1조 원을 린튼 부사장이 책임지고 있는데 목표를 초과달성할 것으로 전망된다. 이 회사 직원들은 사내 의사결정이 빨라진 데 대해 놀라고 있다.

이 회사의 글로벌 구매전략 그룹 소속 관계자는 린튼 부사장이 먼저 찾아와 의견을 묻고 의사결정을 해주니 업무처리가 빨라졌다고 말했다. 아우디 출신 디자이너 피터 슈라이어를 부사장으로 영입한 기아자동차는 지난해 슈라이어 부사장이 내놓은 쏘울과 포르테, 로체 이노베이션의 3가지 신차의 디자인 경영에 본격적으로 나섰다. 기아자동차 홍보팀은 슈라이어 부사장은 BMW가 그렇듯이 차종이 달라도 저건 우리 기아자동차라고 알아볼 수 있는 패밀리룩 디자인을 제안하고 완성한 사람이라고 하였다. 외환위기 때 우리나라에 온 외국인 임원들은 투자지분만큼 권리를 행사하거나 얼굴만 빌려주고 높은 연봉을 받는 경우가 많았지만 지금은 국내기업들의 꼭 필요한 부분을 적극적으로 지원하는 역할을 수행한다고 할 수 있다.

2002년 외국인으로선 처음 삼성전자 임원에 오른 데이비스 스틸 북미 총괄 상무는 외국인 임원으로서 한국기업에서 살아남을 수 있었던 이유로 유연성을 꼽았다. 유연성이란 다른 말로 한국문화 이해하기다. 스틸 상무는 삼성전자는 내가 자란 환경과 다른 문화적 배경을 가진 사람들이 모여 있는 곳인 만큼 내가 사고를 유연하게 하는 게 중요하다며 한국어를 배우고 한국 사람들과 친밀함을 쌓기 위해 정말 많이 노력했다고 했다.

LG전자 1호 외국인 임원인 더모트 보든 부사장(CMO: 최고 마케팅 책임자) 역시 한국은 관계 중심적인 사회라며 인맥 쌓는 게 중요하다고 생각해 이 부분을 신경 쓰고 있다고 했다.

그러나 여전히 외국인 임원이 조직에 적응하기는 쉽지 않다. 한 헤드헌팅 업체에서는 겉으로는 잘 드러나지 않지만 LG전자의 파격적인 외국인 임원 영입으로 인해 내부의 충격이 있었다며, 외국인 임원을 한두 명만 영입하면 도태되지만 한꺼번에 많이 영입하면 하나의 세력으로 자리 잡고, 거대한 글로벌 조직에 영향을 미치게 된다고 하였다.

자료 : 중앙일보, 2009년 10월 20일

위의 사례와 같이 호텔관광산업에서도 외국인 관리자들이 많이 영입되고 있으며, 특히, 글로벌화의 가속화로 예전과는 달리 많은 인적 자원들이 해외 근무를 경험하게 되기 때문에 글로벌한 관점에서의 인적 자원관리에 대한 필요성이 중요해지고 있다고 할 수 있다.

(1) 다국적기업의 인적 자원관리정책

다국적기업의 인적 자원관리정책은 크게 본국중심주의(ethnocentrism), 현지국중심주의(polycentrism), 세계중심주의(geocentrism)로 나눌 수 있다.

❶ 본국중심주의

본국중심주의(ethnocentrism) 인사정책은 기업이 본사(headquarters) 및 자회사(subsidiary)의 주요 책임자를 모두 본국 출신 관리자가 맡게 하는 형태의 인사정책을 말한다. 원래 이러한 형태의 인사정책은 일반적으로 한국, 일본 등 본국중심적인 성향이 강한 국가의 다국적기업들이 사용한 정책이었다.

다국적기업들이 본국중심주의 인사정책을 사용하는 이유는 첫째, 현지국에서 기업의 주요 책임자의 업무를 수행할만한 자격을 갖춘 인적 자원을 찾기 힘들다고 생각하기 때문이다. 특히 이러한 현상은 다국적기업들이 저개발국에 진출할 때 많이 나타나는 현상이다. 둘째, 다국적기업들은 본국중심주의 인사정책을 사용하는 것이 통일된 기업 문화를 유지하는 가장 좋은 방법으로 생각한다. 셋째, 다국적기업들은 그들의 핵심역량(core competencies)을 해외로 이전시켜 가치를 창조하려 할 때, 그들의 핵심역량을 가장 잘 이전시킬 수 있는 지식을 본국의 인적 자원들이 보유하고 있다고 생각한다.

위와 같은 여러 가지 장점에도 불구하고 본국중심주의 인사정책은 다음과 같은 문제점을 지니고 있다. 첫째, 현지국 직원들의 채용. 승진. 보수 등에 대한 대우가 본국에서 파견되는 직원들에 비해 좋지 않음으로 인해 현지국 직원들의 사기가 저하되고, 불만이 고조될 수 있다. 이러한 현상은 이직률의 증가와 생산성의 저하 등으로 이어질 수 있고, 유능한 현지국 직원들의 지원기피 현상으로 이어져 장기적으로 다국적기업의 입장에서 문제점을 내포할 수 있다. 둘째, 본국중심주의 인사정책은 지나친 본국중심적인 기업문화와 경영방식으로 인하여 현지국과의 문화적 차이를 이해하지 못하게 된다. 이러한 현상은 현지국에서의 마케팅과 경영방식에 문제가 생길 수 있다.

❷ 현지국중심주의

현지국중심주의(polycentrism) 인사정책은 현지국에서 채용한 인적 자원이 현지 자회사를 운영하도록 하는 인사정책이다. 현지국중심주의적 인사정책을 추구하는 글로벌 기업들은 본국에서 해외인력을 파견하는 것에 비해서 많은 비용을 절감할 수 있고, 현지국의 문화와 환경에 보다 잘 적응할 수 있다.

하지만 현지국중심주의 인사정책은 몇 가지 문제점을 가지고 있다. 첫째, 현지에서 채용된 직원들은 자신의 자회사 이외에 다른 국가의 자회사에서 일어나는 기업 활동에 대한 정보에 어둡고 관심이 낮아 자신이 근무하는 국가 중심으로 사고하는 편협성이 생길 수 있다. 또한, 다른 국가의 자회사에서는 근무하기가 어려운 문제점을 안고 있다. 언어장벽과 문화의 차이로 인해서 본사와 해외 자회사의 인적 자원교류가 긴밀하지 않아 본사와 해외 자회사간의 갈등이 일어날 소지가 있는 점도 현지국중심주의적인 인적 자원관리정책을 운영하는데 있어서 문제점이라고 할 수 있다.

❸ 세계중심주의

세계중심주의(geocentrism) 인사정책은 인적 자원의 국적에 관계없이 직원들을 채용하고 활용하는 인사정책이다. 글로벌 기업이 세계중심주의적인 인사정책을 실시하게 되면 기업이 보유한 인적 자원을 효과적으로 활용할 수 있다. 또한 다른 문호나 환경에 노출되더라도 효과적인 업무를 수행할 수 있는 인력을 양성하는데 도움이 된다. 하지만 이렇게 글로벌 기업에 적합한 인력을 양성하는 데는 많은 비용이 소요된다는 점과 나라마다 다른 관리정책과 고용 규제는 글로벌 기업이 세계중심주의적인 인적 자원관리 정책을 추구하는데 문제점이라고 할 수 있다.

■다국적기업 인적 자원관리정책 비교

인사정책	장점	단점
본국 중심주의	• 현지국에 적합한 관리자가 없는 것을 극복할 수 있음. • 통일된 기업문화 가능 • 본국 핵심역량 이전 용이	• 현지 직원들의 불만 고조 • 본국 위주의 사고방식이 지배함
현지국 중심주의	• 본국 위주의 사고방식 강요문제 약화 • 비용 절감	• 직원이동의 한계성 • 본사와 자회사의 거리감
세계 중심주의	• 효율적인 인력활용 가능 • 강력한 기업문화와 비공식적 관리 네트워크 구성 가능	• 국가별 출입국 관리 정책의 차이론 인한 인력이동의 문제점 • 비용 상승

(2) 해외파견 인적 자원관리

위에서 언급된 다국적기업의 인적 자원관리정책 3가지 중에서 본국중심주의(ethnocentrism) 인사정책과 세계중심주의(geocentrism) 인사정책은 해외파견인력의 비중이 큰 인적 자원관리정책이다. 해외파견인력과 관련된 가장 큰 주제 중 한 가지가 해외파견인력의 실패와 관련된 주제이다. 해외파견인력의 실패(expatriate failure)란 해외파견인력이 파견기간을 다 채우지 못하고 조기에 본국으로 귀환하는 것을 의미한다.

Tung의 연구결과에 따르면, 미국 · 유럽 · 일본의 다국적기업을 대상으로 조사한 결과 미국 다국적기업의 약 76%가 해외파견인력의 실패율이 10% 이상 된다고 보고하고 있다. 또한 Tung의 연구에 따르면 미국의 다국적기업들 중 약 7% 정도는 해외파견인력의 실패율이 20% 이상이라고 보고하고 있다. 또한 다음에 나타나는 바와 같이 미국 다국적기업들은 유럽과 일본 다국적기업들과 비교해서 훨씬 높은 해외 파견인력의 실패율을 나타낸다고 하였다. 해외파견인력을 활용하는 데는 선발 · 훈련 · 평가 및 귀환 후 재적응의 문제가 발생하게 된다.

구분	조기귀환비율 %(recall rate percent)	기업 %(percent of companies)
미국 다국적기업	20~40% 10~20% 〈10%	7% 69% 24%
유럽 다국적기업	11~15% 6~10% 〈5%	3% 38% 59%
유럽 다국적기업	11~19% 6~10% 〈5%	14% 10% 76%

자료 : R.L. Tung, "Selection and training procedures of U.S., European, and Japanese multinationals", California Management Review, 25(1982), pp. 57-71.

❶ 선발

해외파견인력 실패율을 줄이려면 미리 적절한 인력선발과정을 통해서 해외파견업무에 알맞은 인력을 선발하는 것이 중요하다. 기업들은 해외파견인력을 선발함에 있어 단순히 업무능력만을 고려해서 선발하게 되면 실패할 가능성이 커진다. 그렇기 때문에 기업들은 배우자를 포함한 가족문제나 파견 관리자의 다른 문화에 대한 적응 능력 등 다양한 측면에서 선발기준을 마련하는 것이 적절하다.

Mendenhall과 Oddou는 해외파견인력이 갖추어야할 자질로서 해외파견인력의 자신감(self-orientation), 타인에 대한 이해능력(others-orientation), 감지력(perceptual ability), 문화수용능력(cultural toughness) 등 4가지가 필요하다고 하였다.

❷ 훈련

해외파견인력 실패의 가장 일반적인 두 가지 요인은 해외파견인력의 배우자를 포함한 가족이 새로운 현지 환경에 실패하는 것과 해외파견 관리자가 현지의 새로운 환경에 잘 적응하지 못하는 것이다. 이러한 문제점은 훈련(training)을 통해서 상당 부분 극복할 수 있다. 하지만 일반적으로 아직까지도 많은 기업들이 해외파견인력의 훈련부분에 있어서 체계적인 관리가 미흡한 상태이다.

해외파견인력과 그 배우자 및 가족들을 위한 훈련은 문화적응훈련(cultural training), 언어적응훈련(language training), 업무적응훈련(practical training)등이 있다.

❸ 성과측정

다국적기업의 입장에서 가장 어려운 업무 중 하나는 해외파견인력의 업무성과를 측정하는 일이다. 해외파견인력의 성과를 객관적으로 측정하는 일은 매우 어려운데, 일반적으로 해외파견인력의 성과측정은 본국의 관리책임자와 현지국의 관리책임자가 동시에 평가하게 된다. 이와 같은 평가시스템은 본국의 평가자와 현지국의 평가자가 서로 다른 평가 기준을 적용할 수 있는 문제점을 안고 있다. 현지국관리자는 해외파견관리자가 얼마나 효과적으로 현지국의 경영환경에 적응하여 문화적 차이를 극복하고 현지업무를 잘 관리하는가에 초점을 두는 반면, 본사에서는 현지관리자의 활동이 본사가 추구하는 전략과 얼마나 일치하는가에 초점을 두기 쉽다(장세진, 2004: 376-377).

일반적으로 본국평가자들은 지리적으로 해외자회사와 멀리 떨어져 있기 때문에 외형적으로 드러난 자료만으로 해외파견인력들을 평가하지만 경기변동사항과 환율변동 등 해외파견인력을 평가하는데 외부적인 여러 변수들도 고려되어야 한다. 많은 해외파견인력들은 본사의 해외파견인력에 대한 평가가 적절하지 못하다고 생각한다. 따라서 이러한 적절하지 못한 해외파견인력에 대한 성과평가(performance appraisal)는 해외근무를 기피하는 현상을 유발시킬 수 있다.

❹ 보상

위에서 언급된 해외파견인력의 성과측정과 더불어 다국적기업의 인적 자원관리정책에서 중요한 주제가 되는 것이 해외파견인력의 급여수준과 그 밖의 보상에 관한 문제이다. 특히 세계중심주의(geocentrism)적인 인사정책을 사용하는 글로벌 기업에서는 이와 같은 급여 수준의 결정이 중요한 문제로 대두된다. 그 이유는 현지국 중심적인 글로벌 기업에서는 현지 수준에 맞는 임금을 지불하는 것만으로 충분할 것이고, 본국 중심적인 글로벌 기업에서는 본국에서 파견된 인력의 급여를 어떻게 설정할 것인가는 단순한 문제이다. 그러나 세계중심주의적인 기업처럼 국적과 관계없이 인력을 세계 각 국가의 자회사에서 활용하는 경우에는 해외파견인력에 대해 어느 정도의 급여를 지불하는 것이 상당히 복잡한 문제가 될 수 있다.

이와 같은 문제에 있어 임금수준결정 방법 중 가장 일반적으로 사용되는 방법은 각 국가별로 물가수준과 생활환경에 따라 동일한 수준의 구매력

(purchasing power)을 가질 수 있도록 하는 방법이다. 또한, 해외파견인력에게 급여를 지불할 때 고려해야 할 점은 해외근무에 대한 수당, 생활비 보조 및 자녀들의 교육보조비 등의 수당, 의료보험, 연금, 세금 등의 문제를 고려해야 한다.

❺ 귀환 후 재적응

다국적기업은 해외파견인력을 선정하고 훈련시키는 것도 중요하지만, 해외파견인력들이 본국으로 돌아왔을 때 다시 본국의 업무에 잘 적응할 수 있도록 하는 일도 매우 중요하다. 한 조사에 의하면 본국으로 돌아가는 근무자의 60~70%가 본인들이 어떤 위치(position)에서 근무할지를 알지 못했고, 60%의 응답자는 조직 내에서 그들의 역할과 경력의 진행에 대해서 알지 못했으며, 77%가 실질적으로 해외에서 근무할 때보다 낮은 수준의 업무를 수행하였다(Hill, 2001:46). 또한 본국으로 돌아온 15%의 해외근무자들이 1년 이내에 직장을 그만 두었고, 40%는 3년 이내에 직장을 그만두었다(Grant, 2001:469).

이러한 문제들을 해결하는 방법인 인적 자원계획(human resources planning)인데, 해외파견인력의 선발과 훈련뿐만 아니라 이들이 해외업무를 마치고 본국으로 돌아왔을 때 그들의 지식과 경험을 조직 내에서 어떻게 효과적으로 활용할 것인가에 대한 프로그램 개발이 필요하다.

12

서비스 매너

호 텔
경영론

제12장

서비스 매너

서비스와 관련된 직무를 수행하는 서비스 제공자(service provider)들은 에티켓과 매너가 중요한 부분이라고 할 수 있는데 두 단어의 어원을 살펴보면 먼저, 에티켓(etiquette)은 영어에서 예절, 동업자 간의 불문율이란 의미이며 그 유래는 프랑스 베르사이유 궁전의 입장권에서 유래되었는데, 그 입장권에는 궁전 내에서 유의해야 할 예의가 수록되었다고 하여 그 입장권(ticket)에서 etiquette이란 용어가 유래하였다고 한다.

manner의 어원은 manuarius라는 라틴어에서 유래하였는데 manu(손을 의미)와 arius(방식이나 방법을 의미) 단어의 복합어이다.

다른 부분에서도 에티켓과 매너는 중요한 부분이라고 할 수 있지만 특히, 서비스 제공자에게 서비스 매너는 가장 중요한 부분이라고 할 수 있다. 이를 통해서 고객에게 존경을 표하며, 이러한 커뮤니케이션을 통하여 고객들은 본인이 품질 높은 서비스를 제공받는 느낌을 받을 수 있기 때문에 이를 통하여 존중받는다는 감정을 느낄 수 있다.

에티켓과 매너의 차이점은 에티켓은 사람이 기본적으로 취해야할 행동(action)과 형식(form)이며, 매너는 사람이 지켜야 할 태도(attitude)와 방식

(way)이다. 즉, 인사를 한다는 행위는 에티켓이며 그 인사를 공손하게 하느냐 그렇지 않느냐 하는 것은 매너에 속한다고 할 수 있다(고상동 외, 2011, p.116).

1. 글로벌 서비스 매너

1) 테이블 매너

(1) 한식 테이블 매너

한식 테이블 매너는 식탁배치에 있어서 출입문에서 멀리 떨어진 안쪽이 상석이므로 윗사람이 안도록 하며, 테이블에서는 바른 자세로 앉으며 손윗사람이 수저를 든 후에 아랫사람이 따라서 들도록 한다. 식사 중에는 소리를 내지 않으며 숟가락과 젓가락을 한손으로 쥐지 않는다. 입속에는 적당한 양의 음식을 넣어 씹을 수 있도록 하며 입에 음식이 있을 때에는 말하는 것을 하지 않는 것이 좋은 테이블 매너라고 할 수 있다.

또한, 국물이 있는 음식을 먹을 때에는 소리를 내지 않고 떠서 먹도록 하며 밥이나 반찬을 뒤적이며 먹는 것은 좋지 않으며, 젓가락으로 고명을 털면서 먹지 않도록 한다. 식사를 마친 후에는 수저를 가지런히 오른편에 놓으며 식사 중에 아주 다급한 일이 아니면 자리를 뜨지 않는 것이 테이블 매너라고 할 수 있다.

(2) 일식 테이블 매너

일식의 테이블 매너는 다도의 영향을 많이 받아 요리가 들어오면 말차를 마실 때처럼 인사를 하고 받는다. 일본요리에서는 식사 전과 식사 후에 인사를 반드시 하는데 고개를 숙여 인사하는 것이 기본이라고 할 수 있다. 일식의 테이블 매너는 식사 시 뚜껑이 있는 그릇은 식사 전에 전부 열어서 낸다. 왼쪽에 있는 그릇은 왼손으로 열어서 왼쪽에 놓고 오른쪽에 있는 것은 오른쪽에 내려 놓는다.

공기뚜껑은 포개어 놓지 않으며 음식을 다 먹은 뒤엔 모두 원래대로 덮어둔다. 젓가락은 나무로 만들어진 것을 사용하며 우리나라와 마찬가지로 손에 쥐는 쪽이 아래쪽보다 굵어서 사용하기 쉽다. 가정에서는 대개 검정색은 아버지용, 빨간색은 어머니용 등으로 개인 젓가락을 정해두고 사용하고 있다. 일반적으로 손님을 대접할 때는 일회용 나무젓가락을 사용한다.

또한, 식사 중에 젓가락을 잠시 내려놓을 경우 젓가락 받침대가 있으면 젓가락 아래쪽 부분을 그 받침대에 올려놓으며, 음식을 먹을 때에는 접시를 자기 가까이 가져가서 나누어 덜어 먹는다. 음식이 큰 접시에 담겨져 있을 때에는 각 개인접시로 덜어내는데 사용하는 전용 젓가락을 사용하며, 전용 젓가락이 없을 경우에는 개인 젓가락의 방향을 거꾸로 바꿔 사용한다. 그 이유는 자기 입에 닿았던 부분을 공동 음식에 대는 것은 다른 사람에게 불쾌감을 준다고 생각하기 때문이다.

(3) 중식 테이블 매너

중식당에는 회전탁자가 놓여 있는데 서빙하는 사람이 요리가 담긴 큰 접시를 회전판 위에 얹어 놓으면 호스트는 공동 젓가락으로 자기가 먹을 만큼 덜어낸 뒤 다른 사람 앞으로 접시가 가도록 놓는다. 회전탁자는 시계방향으로 돌리는 것이 원칙이며 자기 앞에 접시가 오면 앞접시에 적당한 양을 덜어 놓으며 한 번씩 덜어낸 다음에도 남아 있는 요리는 몇 번이고 가져와도 예의에 어긋나지 않는다. 중식의 테이블 매너는 식사하기 전 매너, 식사 중 매너, 식사 후 매너로 구분하는데, 식사 전의 매너는 일반적으로 중식은 대부분 코스메뉴이므로 직원의 서빙 여부를 확인하고 서빙이 가능한 메뉴를 주문하며 원탁 테이블의 경우 입구에서 가장 안쪽의 중앙이 상석이다. 또한, 좌석에 앉으면 냅킨을 두 겹으로 펴서 무릎위에 놓으며 뜨거운 물수건이 나오면 손을 씻는다.

중식의 테이블 매너 중 식사 중 예절은 다음과 같다. 먼저, 식사 중 젓가락을 사용하지 않을 때에는 접시 끝에 걸쳐놓고 식사가 끝나면 받침대에 처음과 같이 올려놓으며, 국물이 있는 음식은 마시지 말고 숟가락으로 떠먹는다. 앞접시의 음식을 다 먹고 큰 접시의 음식을 덜어올 때는 옆 사람 앞에 놓인 앞접시에 먼저 음식을 덜어주고 음식이 남아 있을 경우에도 형식적으로 조금 덜어준다.

중국음식은 요리접시를 중심으로 둘러 앉아 덜어먹는 음식이므로 적당한 양의 음식을 자기 앞에 덜어 먹고, 새로운 요리가 나올 때마다 새로운 접시를 사용하도록 한다.

중식 테이블 매너의 식사 중 매너로 다른 부분은 음식은 주빈이 먹기 시작하면 먹도록 하며 고기종류나 생선이 전체적으로 나올 경우에는 대부분 접대하는 사람이 나누어 주기 때문에 기다리는 것이 좋고, 아니면 주빈이 먼저 덜어간 다음에 던다.

중식의 식사 후 테이블 매너를 살펴보면, 중국식당에서는 녹차, 우롱차, 홍차 등의 차가 제공되는데 한 가지 음식을 먹은 후에는 한 모금의 차로 남아 있는 음식의 맛과 향을 제거하고 새로 나온 음식을 먹으면 된다.

또한, 이전부터 중국은 식사에 관해서도 엄격한 격식이 있어서 좌석을 정할 때의 명단은 연장자 순서에 의하며, 초청을 하였을 때에는 초청자 측에서 미리 각 개인의 명단을 식탁에 배치하며 좌석배치는 주인과 주빈이 마주보도록 배치한다.

(4) 양식 테이블 매너

❶ 식사 중 자리를 뜰 때

일단 자리에 앉은 다음에는 자주 들락거리지 않으며, 부득이하게 자리를 뜰 때에는 잠깐 실례한다는 인사를 하며 냅킨은 적당히 접어놓고 가거나 테이블 위에 얹어 놓는다.

❷ 조미료를 사용할 때

음식에 소금, 후추를 무조건 뿌리는 것은 조리사에 대한 예의가 아니다. 특히 가정집에 초대받았을 때에는 되도록 나온 그대로의 음식을 맛있게 먹으며 조미료가 필요한데 손이 잘 닿지 않는다면 옆 사람에게 부탁해서 전달받는다.

❸ 기침, 재채기, 하품

기침이나 재채기가 나올 때에는 손수건으로 입과 코를 가린다. 손수건이 없으면 급한 대로 냅킨이나 손을 사용한다. 기침이 계속 나오면 실례한다는 말로 양해를 구하고 자리를 뜬다. 코를 풀고 싶을 때에도 테이블에서 나오는 것이 좋으며, 가볍게 코를 닦을 때에는 손수건이나 휴지를 사용하며 냅킨을 사용해서는 안 되고 닦을 때에도 마찬가지다.

❹ 음식이나 음료를 사양할 때

술이나 주스 등을 마시고 싶지 않을 때에는 사양한 후 감사한다는 인사를 덧붙이며 음식을 남기는 것은 좋은 매너가 아니므로 먹지 못할 음료나 음식은 주문하지 말거나 미리 거절하도록 한다.

❺ 뜨거운 음식을 먹었을 때

음식이 너무 뜨거우면 즉시 찬 음료를 마시며 마실 것이 가까이 없을 때에는 종이 냅킨에 뱉어서 그릇 한 쪽에 놓아두도록 한다.

❻ 이물질을 먹었을 때

음식에 돌, 머리카락 등이 들어 있을 때에는 서빙하는 사람을 불러 잘못을 지적하고 음식의 교체를 요구할 수 있다. 가정집에 초대받은 상황이라면 남의 눈에 띄지 않게 빨리 제거한 후 식사를 계속한다. 이미 입안에 들어간 상태라도 되도록 조용히 뱉어서 처리한다.

❼ 음식이 이 사이에 끼었을 때

손님과 마주 앉은 상태에서는 이쑤시개를 사용하지 않아야 하며 식사를 마친 후 조용한 곳에서 사용하도록 한다.

2) 글로벌 서비스 매너 및 금기사항

(1) 중국의 비즈니스 매너 및 금기사항

❶ 중국의 비즈니스 매너

- 박쥐는 행운을 전해주는 동물로 여기며, 학이나 거북 등은 사람을 바보로 취급하는 말로 여긴다.
- 중국인들은 자기가 사용하던 젓가락으로 음식을 집어주는 습관이 있다.
- 괘종시계는 장례식의 의미가 있으므로 선물하지 않는다.
- 작은 일에도 박수를 잘 친다.
- 사업하는 사람 사이에는 개인적인 우정과 신용을 매우 중요하게 생각한다.

❷ 금기사항

- 중국문화에서 청색과 백색은 장례식 색깔이므로 사용하지 않는 것이 좋다. 짚신과 시계, 흰색인 황새와 두루미, 검은색, 파란색이 많이 들어간 것은 죽음을 의미한다.
- 괘종시계처럼 종이 달린 시계는 끝낸다는 의미로 죽음의 의미가 있으므로 선물하지 않는다.
- 배도 이별의 의미가 있어서 중국에서 선물하지 않는다.
- 우리에게 장수라는 긍정적인 의미를 갖는 거북이는 발음이 욕설과 비슷해서 선물하지 않는다.
- 우산은 이별이라는 말과 발음이 비슷하여 선물하지 않는다.
- 꽃이 생명이 짧음을 의미하고 장례용이기 때문에 선물하지 않는다.
- 손수건은 슬픔과 눈물을 상징하므로 선물하지 않는다.

- 현금을 줄때는 축의금과 선물은 짝수로, 부의금은 홀수로 금액을 주어야 한다.
- 저녁식사나 파티에 초대를 받은 경우는 먹을 것을 선물로 가져가지 않는다.

(2) 일본의 비즈니스 매너 및 금기사항

❶ 일본의 비즈니스 매너

- 일본의 비즈니스 매너는 예의바르고 친절하며, 질서를 잘 지키고 단결력이 강한 민족이며 복수를 중시하며 배타적인 면이 강하다.
- 나이, 직위, 상황 등에 따라 경어를 사용하는 것이 일반화되어 있고 철저하다.
- 남의 아이에게는 항상 경어를 사용한다.
- 명함은 아랫사람과 방문자가 먼저 건네야 한다.
- 여러 사람과 명함을 교환할 때는 직급순서에 따라 행한다.
- 명함을 건넬 때는 회사와 자기 이름을 밝히며 인사를 덧붙인다.
- 명함을 받을 때에는 공손히 받으며 명함을 주의 깊게 보면서 이름을 다시 확인한다.
- 다른 회사를 방문할 때에는 사전약속을 통해 일시, 방문자, 용건 등을 정한다.
- 약속시간을 엄수하며, 늦을 경우에는 상대방의 상황과 맞추어서 사후처리를 한다.
- 방문 시에는 자신의 신분과 찾아온 용건을 말하고 첫 대면일 경우에는 명함을 교환한다.

❷ 금기사항

- 선물은 짝으로 된 세트를 주는 것이 좋으나 4개는 불행을 가져온다고 믿으므로 선물하지 않는다.
- 2차 대전에 관한 화제는 피하는 것이 좋다.

- 자기 젓가락으로 상대방에게 음식을 집어주지 않는다.
- 등 뒤에서는 손뼉을 치지 않는다.
- 젓가락을 입으로 빨지 않는다.
- 밥상을 가로질러 건너편에 있는 것을 먹지 않는다.
- 한 번 음식을 집었다가 먹지 않고 다시 놓지 않는다.
- 젓가락을 들고 망설이지 않는다.
- 상반신을 앞으로 숙여가며 먹지 않는다.
- 음식을 푹 찔러가며 먹지 않는다.
- 입안에 음식이 있을 때 다른 음식을 먹지 않는다.
- 위에 있는 것을 치우고 밑에 있는 것을 먹지 않는다.
- 그릇과 젓가락을 함께 들지 않는다.
- 입 주위를 혀로 핥으면서 먹지 않는다.
- 약속을 중시하며 약속을 지키지 않는 것은 명예를 훼손하는 것이다.
- 질서를 지키지 않으면 비난의 대상이 된다.
- 개인의 신상에 관한 질문은 예의가 아니다.
- 칼은 관계의 단절을 의미하기 때문에 선물하지 않는다.
- 흰색은 죽음을 의미하는 것으로 인식하며, 반짝이는 포장지나 리본은 사용하지 않는다.

(3) 인도의 서비스 매너

- 신분제도가 남아 있고, 혼인 여부는 부모가 결정한다.
- 신분이 낮은 사람에게는 이름을 불러야 하며, 존칭어를 사용하면 같은 부류의 사람으로 생각한다.
- 카스트제도, 파키스탄과의 관계, 채식주의 등은 화제로 삼지 않는다.
- 장례식에 사용하는 자스민이나 소를 이용한 선물을 하지 않는다.
- 여성은 전통의상인 사리를 입어야 한다.
- 외모로 사람을 판단하는 관습이 있어서 복장에 신경을 써야 한다.

- 남자와 인사할 때는 악수를, 여자에게는 합장을 하면서 허리를 숙인다.
- 여성과 단 둘이 대화를 나누거나 건드리는 행동은 피해야 한다.
- 힌두교도는 쇠고기를 먹지 않으며 신성시한다.
- 음식을 전할 때는 오른손을 쓴다.
- 회교도에게는 술이 절대 금물이며 라마단의 기간 중 금식 규칙을 철저히 지킨다.
- 손을 이용하여 음식을 먹을 때에는 반드시 오른손을 사용하고 왼손은 화장실에서만 사용한다.
- 명함이나 선물을 전달할 때와 악수를 할 때는 오른손을 사용한다.

(4) 영국의 서비스 매너

- 왕실을 조롱하는 언동을 하면 안 된다.
- 길에서 침을 뱉으면 안 된다.
- 줄서서 기다리는 것에 익숙해져야 한다.
- 코를 푸는 것은 예의에 벗어나는 것이 아니다.
- 사다리 밑으로 지나가거나 방 안에서 우산을 펴는 것은 좋지 않은 징조라고 느낀다.
- 길을 걷다가 지나가는 검은 고양이를 보면 행운의 상징이라고 생각한다.
- 음주를 절제해야 하며 공식석상에서 돈과 관련된 얘기를 하면 신사적이지 않다고 생각한다.
- 소리 내 웃는 것은 신사가 아니라고 생각한다.

(5) 미국의 서비스 매너

- 여성을 배려하는 것이 생활화되어 있기 때문에 모든 공공장소에서 여성들을 배려한다.
- 자동차에서 내리거나 탈 때 여성을 배려해서 여성이 짐을 들지 않도록 해야 한다.

- 소수민족, 종교 등은 대화의 화제로 삼지 않는다.
- 신발은 옷의 연장으로 생각하기 때문에 신발을 벗지 않는다.
- 일반적으로 약속이나 예약은 일주일 전에 하는 것이 좋다.
- 비즈니스 미팅 시에는 정장을 입는 것이 좋다.
- 줄서기가 생활화되어 있기 때문에 절대적으로 차례를 지켜야 한다.
- 선물은 받은 즉시 풀어보아야 한다.
- 남성이 실내에서 모자를 쓰는 것은 예의에 어긋난다.
- 일반적으로 점심식사는 간단히 하고 저녁식사는 풍성하게 한다.
- 식사도중 식사만 하는 것보다 대화를 나누면서 식사를 하는 것이 좋다.

2) 인사매너

인사는 사람과 사람 사이의 커뮤니케이션에서 가장 기본이 되면서 중요한 요소이며 인사에 관한 일반적인 정의와 중요성에 관한 설명은 다음과 같다(고상동 외, p.125).

(1) 사전적 의미

- 상대방의 안부를 묻거나 공경의 뜻을 표하기 위하여 예를 갖추거나 표현하는 일
- 서로 알지 못하던 사람끼리 성명을 통하여 자기를 소개하는 일
- 인간관계에서 지켜야할 예의 있는 언행 또는 그 일

(2) 인사의 중요성

- 인사는 도덕과 윤리형성의 기본이며 모든 예절의 기본이 되는 표현이다.
- 인사는 마음의 문을 여는 열쇠이다.
- 인사는 자신의 인격을 표현하는 최초의 행동이다.
- 인사는 서비스의 기본이자 척도이다.

- 인사는 개인적 소양을 나타내는 자기표현이다.
- 상대방에게 예절의 시작이며 기본이다.
- 상사에 대한 존경심과 동료 및 하급자에 대한 애정의 외적 표현이다.

(3) 인사의 3가지 요소

- 표정
- 말씨
- 태도

(4) 인사법

올바른 인사법에 대한 설명은 다음과 같다.

- 인사는 내가 먼저
- 표정은 밝게
- 상대방의 시선을 바라보며
- 밝은 목소리의 인사말
- 허리를 굽혀서
- 인사를 잘 받는 것은 또 한 번의 인사

✔ 우리가 관광한국 미소 국가대표

"미소는 상대방이 자연스럽게 다가올 수 있는 열쇠 역할을 해요" 한국철도공사 원주관리역장 홍영신씨의 얘기다.

그에게 또 다른 직함이 있다. 미소 국가대표다.

그는 '우리나라에서 미소가 제일 아름다운 역장이라네요"라며 환하게 웃었다.

2016~2018 한국방문의 해를 앞두고 재단법인 한국방문위원회(위원장 박삼구)가 최근 관광산업 종사자를 대상으로 10기 미소국가대표를 선발했다.

전국 지자체와 유관기관이 추천한 이들로 다시 찾고 싶은 한국의 이미지를 전파하는 역할을 맡는다.

출입국과 세관은 물론 관광안내. 교통. 쇼핑. 숙박 등 외국인과 접촉이 많은 분야들을 총망라했다.

2010년 1기를 시작으로 현재 전국의 미소 국가대표는 190명이 넘는다.

선후배 미소 국가대표들이 얼마 전 서울 광화문 인근에 모였다.

철학과 노하우를 나누기 위한 자리였다.

이들은 미소를 안심, 친근감, 따뜻함, 그리고 상대방에 대한 배려라고 정의했다.

자료 : 중앙일보, 2015년 12월 15일 요약 정리

2. 이미지 메이킹

이미지 컨설턴트인 이종선은 다음과 같이 5star의 PI를 만들고 이것을 본인인 근무하는 기업체의 브랜드와 연결시킬 것을 강조하고 있는데 PI는 Personal Image의 줄임말이다(김혜영 외, 2014 p.253 참조). 또한, 이미지 메이킹(image making)이란 말 그대로 이미지 만들기로 개인이 내적으로 가지고 있는 성격을 밖으로 표출하는 행위라고 할 수 있다.

용모(appearance)는 외적인 것으로 내적인 특성인 개성(personality)와 구분된다고 할 수 있으며 업종이나 업장에 따라서 약간의 차이가 있을 수 있지만 일반적으로 아래와 같은 원칙으로 요약할 수 있다.

- 자신의 개성을 나타내는 것은 좋으나 보편타당성이 있도록 한다.
- 항상 단정하고 청결을 유지한다.
- 업무에 효율적인 용모와 복장이 되도록 한다.
- 자신의 인격 및 회사의 이미지를 고려한다.
- 지나친 화려함이나 유행은 지향한다.

■남직원의 용모복장 체크리스트

구분	체크리스트
머리	• 눈을 가리지 않는가. • 잠을 잔 흔적을 없는가. • 냄새는 나지 않는가.
얼굴	• 전체적은 용모단정한가.
복장	• 색상과 무늬는 적당한가. • 다림질은 잘되어 있는가. • 길이의 적당함과 단추는 적당한가.

1) 인사

구분	목례	보통례	정중례
속도			
	하나 : 구부림 둘 : 폄	하나, 둘 : 구부림 셋 : 멈춤 넷 : 폄	하나, 둘 : 구부림 셋 : 멈춤 넷, 다섯: 폄
각도	15도	30도	45도
시선	발 5~6m 전방	발 1.5~2m 전방	발 1m 전방
양손위치	남 : 왼손을 오른손에 얹어 아랫배에 가볍게 대거나 차렷 자세에서 주먹을 가볍게 쥐고 바지의 재봉선에 갖다 댄다. 여 : 오른손에 왼손을 얹어 아랫배에 가볍게 갖다 댄다.		
발	뒤꿈치를 붙이고 양 발의 각도를 남성은 30도, 여성은 15도 정도로 벌린다.		
표정	상대방의 눈과 마주치며 상냥하게 반가운 표정으로 미소를 띤다.		
등, 허리 ,머리	엉덩이, 허리에서 등, 머리까지 일직선을 유지한다. 머리만 숙이거나 새우등처럼 굽지 않도록 한다.		
인사말	"솔"톤으로 TPO애 맞는 접객어를 말하며, 인사말 끝을 살짝 올린다.		
다리	곧게 펴고 무릎을 붙인다.		

2) 용모 및 복장

1. 상의는 너무 화려하지 않은가?
2. 일어설 때 상의 단추를 잠그는가?
3. 주머니가 불룩할 정도로 상의가 많이 넣어져 있지 않은가?
4. 바지는 다림질 되어 있고 무릎이 나와 있지 않은가?
5. 벨트가 너무 꽉 조여 있지 않은가?
6. 손은 더럽지 않은가?
7. 손톱이 길지 않은가? =조금 긴 거 같습니다.
8. 양말은 냄새나지 않은가?
9. 양말은 신고 있는가?
10. 구든 잘 닦여 있는가?
11. 구두 굽이 닳아져 있는가?
12. 구두색상이나 형태가 비즈니스에 적당한가?
13. 가방의 형태가 망가져 있지 않은가?
14. 지갑은 깨끗이 손질 되어 있지 않은가?
15. 명함은 명함지갑에 넣고 매수는 적당한가?
16. 머리는 청결하고 손질이 되어 있는가?
17. 머리는 일하기 쉬운 머리형인가?
18. 앞머리가 눈을 가리지 않는가?
19. 머리는 유니폼에 잘 어울리는가?
20. 머리 액세서리가 너무 눈에 띄지 않는가?
21. 화장은 청결하고 건강한 느낌을 주고 있는가?
22. 화장 피부처리 및 부분화장이 흐트러지지는 않았나?
23. 립스틱 색깔은 적절한가?
24. 복장은 구겨지지 않았는가?
25. 유니폼에 얼룩은 없는가?
26. 유니폼은 깨끗이 잘 다림질 되어 있는가?

27. 유니폼 스커트의 단처리는 깔끔한가?

28. 어깨에 비듬이나 머리카락이 붙어 있지는 않은가?

29. 통근사에 복장은 단정한가?

3) 미소

웃음은 많은 것을 가져다주며 행복해지고 긍정적 사고, 창의력이 높아진다.

■ 미소 테스트

번호	내용
1	당신은 자신의 웃는 얼굴에 자신이 있습니까?
2	당신의 웃는 얼굴에 대하여 남의 칭찬을 받은 적이 있습니까?
3	당신의 눈 표정을 다양하게 연출할 수 있습니까?
4	눈웃음을 연출할 수 있습니까?
5	시선을 마주하며 웃는 것이 쑥스럽게 느껴지지 않습니까?
6	웃을 때 손으로 입을 가리지 않습니까?
7	당신의 치아모양에 자신이 있습니까?
8	웃을 때 입 꼬리가 위를 향하고 있습니까?
9	목젖이 보일 정도로 크게 웃는 일이 자주 있습니까?
10	자신의 웃는 얼굴을 더 밝게 바꾸고 싶은 생각이 있습니까?
총점	7점 이상 : 살인미소입니다. 모두가 당신의 미소에 행복해집니다. 4~6점 이상 : 당신의 미소는 아름다워요. 조금 더 보여주세요. 1~3점 : 누군가 당신을 보면 얼굴을 찡그리고 있군요. 웃어볼까요?

4) 전화 매너

호텔서비스의 특성상 고객들 혹은 잠재적 고객들과 전화로 커뮤니케이션을 해야 하는 경우가 상당히 많이 일어나게 된다. 따라서 전화 매너는 호텔서비스에서는 매우 중요한 부분이며, 다른 서비스에 대한 고객들의 만족도가 높더라도 전화 매너가 제대로 갖추어져 있지 않으면 그 호텔에 대한 고객들의 이미지가 부정적일 수 있다.

전화 매너에서는 전화를 받는 경우와 전화를 거는 경우로 나누어서 살펴 볼 수 있으며 그 내용은 다음과 같다(김성대 외, p.407 참조).

(1) 전화를 받는 경우

- 고객을 맞이하는 마음으로 전화를 받는다.
- 벨이 여러 번 울리기 전에 전화를 받는다.
- 발음은 정확하고 밝게 한다.
- 부서와 이름을 밝힌다.
- 메모준비를 하고 용건을 경청한다.
- 내용은 간단하고 명료하게 한다.
- 마무리 인사말을 잊지 않는다.
- 상대방이 먼저 전화를 끊은 후 전화를 끊는다.

(2) 전화를 거는 경우

- 용건을 명료하게 정리하여 메모한다.
- 전화번호를 확실하게 확인한다.
- 발음은 정확하고 밝게 한다.
- 간단한 인사말을 하고 용건을 말한다.
- 대화에 집중한다.
- 요점을 반드시 복창한다.
- 마무리 인사말을 잊지 않는다.

5) 고객의 불평처리

호텔을 이용하는 고객의 불평은 호텔의 서비스 또는 손님의 성향에 따라서 발생할 수 있는데, 호텔의 입장에서는 아무리 좋은 서비스를 제공하였다고 생각하더라도 호텔서비스를 받는 고객이 서비스가 허용구간에서 벗어나 있다는 생각이 들면 불평을 하게 된다.

호텔을 운영하면서 가장 중요한 부분 중 하나는 고객의 불평처리를 원활하게 하여 불평을 호소하는 고객을 자사의 고객으로 만드는 것인데, 이는 매우 어려운 부분이라고 할 수 있다.

고객의 불평처리가 원활하게 처리되지 않으면 그 고객뿐만 아니라 좋지 않은 평판(reputation)이 형성되어 특히 서비스를 통하여 고객만족을 실현해야 하는 호텔의 입장에서는 매우 어려운 상황이 연출될 수 있다.

고객의 불평과 관련된 처리 절차 및 내용은 다음과 같다(김성대 외, 2013, p.420 참조).

(1) 사과를 한다

- 장소를 옮기고 고객을 자리에 앉힌다.
- 상황을 판단하여 혼자 해결하기 힘들 때는 상사에게 인계한다.

(2) 경청을 한다

- 고객의 입장에서 말을 끝까지 듣는다.
- 고객과 논쟁하지 않는다.
- 문제점을 메모하고 다시 한 번 사과한다.

(3) 사실을 확인하여 문제점을 파악한다

- 고객의 잘못을 말하지 않으며, 고객의 관점으로 바꾸어 재검토한다.
- 자기의 의견이나 평가는 넣지 않는다.
- 객관적으로 사실을 파악한 후 전례를 찾아 비교해 본다.

(4) 대안을 찾는다

- 고객의 요구사항을 파악하고 회사의 정책과 비교하여 신속하게 결정한다.
- 성급하게 해결하려는 인상을 주어서는 안 된다.

(5) 대안을 고객에게 제시하고 동의를 구한다

- 쉬운 말로 설명한다.
- 고객의 반응을 살핀다.

(6) 즉각 처리한다

- 현장에서 본인이 처리할 수 있는 부분은 즉시 처리한다. 처리 불가능한 것은 부서장에게 즉시 보고한다.
- 고객이 기다리고 있는 경우 처리과정을 설명한다.

(7) 결과를 확인한다

- 고객의 만족도를 확인한다.
- 다시 재발하지 않도록 노력한다.
- 다른 종사원들과 고객 불평 사례를 공유한다.

(8) 사례연구를 실시한다

- 보고서를 작성한다.
- 사례교육 시 활용하며 적극적인 서비스개선에 활용한다.

6) 고객 불평 처리 시 금기사항

- 고객의 불평을 경청할 때 절대 미소 짓거나 웃지 않는다.
- 고객을 기다리게 하거나 서 있게 하지 않는다.
- 대수롭지 않게 생각하지 않는다.
- 고객 불평의 크고 작음을 가리지 않는다.
- 말을 가로막지 않고 끝까지 경청한다.

참고문헌

고상동 외, 호텔서비스매너와 실무, 백산출판사, 2019

김권식외, 호텔객실실무, 한올, 2007

김성대외, 호텔객실실무론, 대왕사 , 2013

김성용, 서비스경영전략, 기문사, 2010

김종의외, 마케팅, 형설출판사, 2003

김진섭, 관광학원론, 대왕사, 1996

김혜영외, 호텔서비스이론과실무, 이프레스, 2014

미래서비스아카데미, 서비스매너, 새로미, 2006

박기홍외, 디지털경제와 인터넷혁명, 을유문화사, 2000

박대환 외, 호텔객실영업론, 백산출판사, 2018

박소연 외, 서비스리더십과 커뮤니케이션, 한올, 2005

박영기 외, 호텔객실관리, 기문사, 2020

안광호외, 호텔객실서비스실무, 기문사, 2012

원융희 외, 최신관광인사관리, 백산출판사, 2004

유도재, 호텔경영론, 백산출판사, 2020

이명식, 서비스마케팅, 형설, 2010

이유재, 서비스마케팅, 학현사, 2021

이정학, 서비스경영, 기문사, 2014

이정학, 호텔경영의 이해, 기문사, 2018

장세진, 경영전략, 박영사, 2018

장세진, 글로벌경영, 박영사, 2019

전인수, 서비스마케팅, 석정, 2005

정규엽, 호텔외식관광마케팅, 센게이지러닝코리아, 2017

채서일 외, 마케팅조사론, 비앤엠북스, 2019

채신석 외, 호텔경영론, 백산출판사, 2020

최병권, 미래기업의 인재코드, 새로운제안 2005

최병호, 외식경영의 이해, 백산출판사, 2020

최병호 외, 호텔외식연회컨벤션실무, 2016

한국여성교양학회예절연구회, 글로벌서비스매너, 신정, 2010

Aaker, David A., Strategic Market Management, 6th ed., John Wiley, 2001.
American Marketing Association, "AMA Board Approves New Marketing Definition," Marketing News, March 1, 1985.
Barich and Kotler, "A Framework for Image Management", Sloan Management Review, 1991.
Barlett, C. and S. Ghoshal, Managing Across Borders, Harvard Business School Press, 1989.
Bartlett, C.A., and Ghoshal, S.(1989). Managing Across Borders. The Transnational Solution, Boston, MA: Harvard Business School Press.
Berry, Leonard L, A. Parasuraman, and Valarie A. Zeithmal, "Understnading Customer Expectations of Services", Sloan Management Review, 1991.
Birkinshaw, J.M. and Morrison, A.J.(1995). Configurations of strategy and structure in subsidiaries of multinational corporations. Journal of International Business Studies, vol. 26, pp.729-754.
Terpstra, V., International Marketing 3rd ed., Hinsdale, Dryden Press, 1988.
Zeithmal, Valarie A. and Mary Jo Bitner, Service Marketing, McGraw-Hill Co., 1996.

■ **김 성 용**

- George Washington University 테크노경영학(석사)
- 홍익대학교 대학원 경영학과 박사과정 수료(경영학박사)
- 홍익대학교 경영학과 출강

현) 한국관광대학 호텔경영과 교수

호텔경영론

2022년 3월 10일 초 판 인쇄
2022년 3월 20일 초 판 발행

저 자 김 성 용
발행인 한 인 환
발행처 도서출판 **기 문 사**
등 록 1978. 8. 9. NO. 6-0637
주 소 서울시 동대문구 안암로 50-1(용두동) 홍신빌딩 3층
전 화 02) 2265-7214/922-8662~8663
팩 스 02) 922-8772

homepage : www.kimoonsa.co.kr
e-mail : book@kimoonsa.co.kr

ISBN : 978-89-7723-912-8 93320

저자와의 협의하에 인지생략

정가 : 20,000원